This *Dictionary* has been compiled to meet the need
stress and morphology of Russian personal name
approximately 23,000 surnames and describes gene
determine the stress of surnames not listed. It also f
of surnames, with their stress shifts, and lists the n
given names and their principal diminutives.

Dictionary of Russian Personal Names

Dictionary of Russian Personal Names

With a Revised Guide to Stress and Morphology

MORTON BENSON

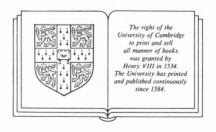

The right of the
University of Cambridge
to print and sell
all manner of books
was granted by
Henry VIII in 1534.
The University has printed
and published continuously
since 1584.

CAMBRIDGE UNIVERSITY PRESS

CAMBRIDGE

NEW YORK   PORT CHESTER   MELBOURNE   SYDNEY

Published by the Press Syndicate of the University of Cambridge
The Pitt Building, Trumpington Street, Cambridge CB2 1RP
40 West 20th Street, New York, NY 10011-4211, USA
10 Stamford Road, Oakleigh, Victoria 3166, Australia

© Cambridge University Press 1992

First published 1964 by University of Pennsylvania Press
Second edition, revised 1967 by University of Pennsylvania Press
First published by Cambridge University Press 1992

Printed in the United States of America

Library of Congress Cataloging-in-Publication Data
Benson, Morton.
Dictionary of Russian personal names : with a revised guide to
stress and morphology / Morton Benson.
p.   cm.
Includes bibliographical references.
ISBN 0-521-41165-3
1. Names, Personal – Russian – Dictionaries – English.   2. Names,
Personal – Soviet Union – Dictionaries – English.   3. Russian language –
Inflection.   I. Title.
CS2811.B4   1992
929.4′0947 – dc20   91–34064
                                                          CIP

A catalog record for this book is available from the British Library.

ISBN 0-521-41165-3 hardback

CONTENTS

Preface   *page* vii

Chapter I. RECONSTRUCTION OF THE ORIGINAL CYRILLIC FROM THE ENGLISH TRANSLITERATION   1

Chapter II. RUSSIAN SURNAMES   2

    A. Rules for Determining the Stress of Russian Surnames   2
        Surname Stress and the Stress of Source Words   2
        Surname Stress and Surname 'Endings'   3

    B. The Declension of Surnames; the Stress within the Declension: *A Linguistic Description*   5
        Possessive-Adjectival Declension   5
        Descriptive-Adjectival Declension   6
        Nominal Declension   6
        Undeclined Surnames   8
        Declension of Compound Names   8
        Stress Patterns in the Declension of Surnames   8

    C. The Declension of Surnames; the Stress within the Declension: *A Practical Guide*   9
        Types of Declensions   9
        Guide to the Stress of Surnames When Declined   10

    D. Stressed List of Selected Surnames   11

    E. Individual Pronunciations   148

Chapter III. RUSSIAN GIVEN NAMES   150

    A. General Description   150
        Introduction   150
        Derivation of Diminutives   150
        Gender Differentiation of Diminutives   153
        Types of Diminutives to Be Listed in Section B   153

CONTENTS

Stylistic Coloring of Given Names   154

Declension and Stress   155

Formation of Patronymics   155

B. Most Frequently Used Names and Their Basic Diminutive Forms   157

C. Alphabetical List of Diminutive Forms   163

D. Less Frequently Used Names   168

Selected Bibliography   173

PREFACE

This *Dictionary* was compiled to meet the need for a reference work on the stress and morphology of Russian personal names. The *Dictionary* is intended primarily for students and teachers of Russian. It can also be useful to others – radio and television announcers, government officials, scientists, research workers, librarians, and so on – who find it necessary to pronounce Russian surnames.

The major goals of this *Dictionary* are: (1) to indicate the prevalent stress or variant stresses in a large list of selected Russian surnames, (2) to describe the general rules that will enable the reader to determine the stress of surnames not given in the *Dictionary*, (3) to describe the declension of Russian surnames and their stress throughout the declension, and (4) to list the basic diminutives of the most frequently used Russian given names and to describe the formation of diminutives.

Users of this *Dictionary* should keep in mind that there is much individual and dialectal variety in the accentuation of Russian surnames. The *Dictionary* seeks to describe only the prevalent usage among educated speakers. No two native speakers of Russian, when presented with any considerable number of surnames, will agree on all stresses.

The Selected Bibliography lists the main published sources that have been used for this *Dictionary*. The most important published sources of stressed Russian surnames were the *Большая советская энциклопедия*, the *Малая советская энциклопедия*, Bylinski's *Словарь ударений* and Deatherage's "Soviet Surnames: A Handbook" (see Selected Bibliography).

I am deeply grateful to those persons who offered advice and help during the compilation of the *Dictionary*. Professor S. I. Ozhegov, Associate Director of the Russian Language Institute of the Soviet Academy of Sciences, made extremely useful suggestions to me during our discussions in Moscow about various aspects of the *Dictionary*.

The principal native informant and consultant in the United States was Professor Vladimir Markov of the University of California at Los Angeles. Other native informants in this country were Zinaida Churilin, Anatol Flaume, Tatiana Flaume, Nadezhda Ievins, Galina Postovsky, and Nina Soudakoff.

Eight native speakers of Russian residing in the Soviet Union also participated in work on the *Dictionary*. They placed the stresses on approximately 2,000 surnames whose accentuation appeared the most difficult to determine, marked given names that they considered to be most frequently used in Soviet Russia, and stressed a list of surnames derived from nouns.

The following consultants contributed to the compilation of the *Dictionary*: Professor Thomas Magner of the Pennsylvania State University, Professor Ralph Matlaw of the University of Chicago, Professor Anthony Salys of the University of Pennsylvania, Professor Edward Stankiewicz of the University of Chicago, Professor Irwin Weil of Brandeis University, and Professor Gleb Zekulin of McGill University.

I also want to acknowledge the contribution to the project made by my wife, Evelyn, who helped with the editing and proofreading of the manuscript.

Major efforts to improve this *Dictionary* have been made since the first edition appeared in 1964. Helpful suggestions, proposed in reviews and in letters sent to me, have been incorporated. Misprints have been corrected.

The continued support of colleagues at the Russian Language Institute of the Soviet Academy of Sciences, dating back to the meetings with the late Professor Ozhegov in 1962 and 1963, has been especially valuable. Their recent studies, headed by Professor L. P. Kalakutskaja, Chief Research Associate of the Institute, have shown that in the last few decades changes have taken place, not in the stress of Russian surnames, but in the declension of certain types of surnames. Such surnames, formerly not declined, are now undergoing declension with increasing frequency. Professor Kalakutskaja has graciously placed her monograph, devoted to the declension of Russian names, at my disposal, and her findings have been incorporated into Sections B and C of Chapter II.

Once again, I would appreciate receiving comments from readers of the *Dictionary*.

M. B.
Williams Hall
University of Pennsylvania

Note: On pages ix, x, and xi following, the reader will find two tables showing various transliteration systems. See page 1 for an explanation.

Table 1: 'Popular' transliteration

	English		Russian
a	Mikh*a*il	а	Михаи́л
	see also *ia* and *ya*		
b	Lo*b*ov	б	Ло́бов
(c)	Ni*c*olai	к	Никола́й
ch	Puga*ch*ev	ч	Пуга чёв
(ch)	Ra*ch*maninov	х	Рахма́нинов
(ch)	*Ch*aliapin	ш	Шаля́пин
	see also (*sch*), *sh, shch,* and (*tch*)		
d	Fyo*d*or	д	Фёдор
e	Ch*e*khov	е	Че́хов
e	Kisel*e*v	ё	Киселёв
e	*E*ichenbaum	э	Эйхенба́ум
	see also *ie* and *ye*		
f	A*f*anasenko	Ф	Афана́сенко
(ff)	Sero*ff*	в	Серо́в
g	Sollo*g*ub	г	Соллогу́б
(gh)	Ser*gh*eyevich	г	Серге́евич
h	see (*gh*), *kh, sh, shch,* and *zh*		
i	S*i*ntsov	и	Синцо́в
i	Belsk*i*	ий	Бе́льский
i	Chu*i*kov	й	Чуйко́в
(i)	Zino*v*iev	ь	Зино́вьев
	(the *ie* could also be considered the equivalent of the Russian *e,* with omission of the soft sign; see *ie*)		
ia	Khachatur*ia*n	я	Хачатуря́н
(ia)	Ber*ia*	ия	Бе́рия
ie	Rudn*ie*v	е	Ру́днев
(iu)	Fet*iu*kovich	ю	Фетюко́вич
(ja)	Van*ja*	я	Ва́ня
k	Nabo*k*ov	к	Набо́ков
kh	Sholo*kh*ov	х	Шо́лохов
l	Vita*l*y	л	Вита́лий
m	So*m*ov	м	Со́мов

(continued)

Table 1: 'Popular' transliteration (*Continued*)

English		Russian	
n	Pushki*n*	н	Пу́шкин
o	Pan*o*v	о	Пано́в
(ou)	M*ou*ssorgsky	у	Му́соргский
p	*P*rishvin	п	*П*ри́швин
r	Vale*ri*	р	Вале́рий
s	Bryu*s*ov	с	Брю́сов
sh	Sa*sh*a	ш	Са́ша
(sh)	Radi*sh*ev	щ	Ради́щев
(sch)	*Sch*evchenko	ш	Шевче́нко
shch	Khru*shch*ev	щ	Хрущёв
see also *ts*			
t	Shu*t*ov	т	Шу́тов
(tch)	Paskevi*tch*	ч	Паске́вич
ts	Kol*ts*ov	ц	Кольцо́в
(tsch)	*Tsch*aikovsky	ч	Чайко́вский
(tz)	Vasne*tz*ov	ц	Васнецо́в
u	R*u*din	у	Ру́дин
see also (*iu*), (*ou*), and *yu*			
v	Belo*v*	в	Бело́в
(x)	Ma*x*imov	кс	Макси́мов
y	Kr*y*lov	ы	Крыло́в
y	Bedn*y*	ый	Бе́дный
y	Gork*y*	ий	Го́рький
y	Il*y*ich	ь	Ильи́ч
y	Nikola*y*	й	Никола́й
ya	V*ya*zemski	я	Вя́земский
ye	Dosto*ye*vski	е	Достое́вский
yo	F*yo*dorov	ё	Фёдоров
yu	Mil*yu*tin	ю	Милю́тин
z	By*z*ov	з	Бызо́в
zh	Bre*zh*nev	ж	Бре́жнев

Some Russian names are not transliterated into English, but are rendered in traditional spellings, often under French or German influence. Here are several examples: Ге́рцен – Herzen; Глиэ́р – Glière; Кюи́ – Cui; Феофа́н –Theofan; Эренбу́рг – Ehrenburg; Эйзенште́йн – Eisenstein; and so forth.

Table 2: Other systems of transliteration

Cyrillic Alphabet		U.S. Board on Geographic Names	Library of Congress	"Linguistic" System
Upright	Cursive			
А а	*А а*	a		
Б б	*Б б*	b		
В в	*В в*	v		
Г г	*Г г*	g		
Д д	*Д д*	d		
Е е	*Е е*	ye, e	e	e
Ё ё	*Ё ё*	yë, ë	ë	e, ë
Ж ж	*Ж ж*	zh		ž
З з	*З з*	z		
И и	*И и*	i		
Й й	*Й й*	y	ĭ	j
К к	*К к*	k		
Л л	*Л л*	l		
М м	*М м*	m		
Н н	*Н н*	n		
О о	*О о*	o		
П п	*П п*	p		
Р р	*Р р*	r		
С с	*С с*	s		
Т т	*Т т*	t		
У у	*У у*	u		
Ф ф	*Ф ф*	f		
Х х	*Х х*	kh		x, ch
Ц ц	*Ц ц*	ts	t͡s	c
Ч ч	*Ч ч*	ch		č
Ш ш	*Ш ш*	sh		š
Щ щ	*Щ щ*	shch		šč
Ъ ъ	*Ъ ъ*	"	"	"
Ы ы	*Ы ы*	y		
Ь ь	*Ь ь*	'	'	'
Э э	*Э э*	e	ė	è
Ю ю	*Ю ю*	yu	i͡u	ju
Я я	*Я я*	ya	i͡a	ja

Note: If a letter used in the U.S. Board on Geographic Names system also occurs in the Library of Congress system or the "Linguistic" system, the letter is not repeated.

I

RECONSTRUCTION OF THE ORIGINAL CYRILLIC FROM THE ENGLISH TRANSLITERATION

Research workers, radio announcers, scientists, and others, who do not have a knowledge of Russian, often find it necessary or desirable to know how to pronounce Russian names with the correct stress. The major purpose of this chapter is to make it possible for such persons to utilize the *Dictionary*. By applying the information provided here, anyone will be able, in most instances, to reconstruct the Cyrillic spelling of a name that has been transliterated into English and find the original form in the *Dictionary*. The entry in the *Dictionary* will show which syllable should be stressed. This chapter does not treat the Russian sound system: anyone interested in a complete description of Russian phonetics should consult a good beginners' grammar of the language.

The Cyrillic alphabet used in Russian consists of the following letters: Аа Бб Вв Гг Дд Ее Ёё Жж Зз Ии Йй Кк Лл Мм Нн Оо Пп Рр Сс Тт Уу Фф Хх Цц Чч Шш Щщ Ъъ Ыы Ьь Ээ Юю Яя. The letters *е* and *ё* are considered to be the same letter in alphabetizing.

The preceding two tables show which Cyrillic letters can correspond to the English letters used in transliteration. Table 1 shows most (not all!) varieties of the 'popular' transliteration used in the press, reference works, belletristic literature, and so on. The names were taken mostly from American newspapers, the *New York Times Index*, the *Encyclopaedia Britannica*, and the *Encyclopedia Americana*.

Table 2 shows the transliteration systems used by the U.S. Board on Geographic Names, by the Library of Congress, and by linguists. These systems are exact; they are not subject to the inconsistencies, variants, and discrepancies that occur in the popular transliteration shown in Table 1.

Each line of Table 1 treats an English letter that is used in the English transliteration of Russian names. The first column in each line shows the English letter or letter combination being dealt with. The second column shows an actual transliterated name with the letter in question in italics. Column three lists the Cyrillic letter that corresponds to the letter in the first column. The last column shows the original Cyrillic form of the name given in column two; the letter under discussion is once again in italics. English letters and letter combinations that are rarely used in transliteration are shown in parentheses.

The inconsistencies in transliteration mentioned above may lead to the same Russian name being transliterated in several forms. Examples: Berdiayev, Berdiaev, Berdyaev = Бердя́ев; Chaikovski, Chaikovsky, Tschaikovsky, Tchaikovsky = Чайко́вский.

II

RUSSIAN SURNAMES

A. Rules for Determining the Stress of Russian Surnames

The stress of Russian surnames often seems hopelessly complex to the non-native speaker. An examination of a large number of Russian surnames reveals, however, that their stress is not so chaotic as it may seem at first glance. The purpose of this section is to show that the stress of most surnames does fit into a system. To be sure, numerous exceptions and individually preferred stresses deviate from the general system. Note that this section deals with the stress of the *nominative form* of surnames. In Section B the stress of oblique case forms will be described.

The stress in many Russian surnames can be determined on the basis of two major factors: (1) the stress of the source word (usually a noun), from which the surname is derived; (2) the form of the last syllable or last two syllables of the surname (as represented in the traditional orthography), especially when the surname is not related by the native speaker to a source noun.

In theory, the first factor above should be sufficient to explain surname stress: presumably every Russian surname has come from a source word, native or foreign (often a name or nickname). Since, however, the derivation of many surnames has been obscured by time and space, the second factor has shown itself to be extremely helpful in describing the stress in a large number of names. We turn now to an examination of both factors.

Surname Stress and the Stress of Source Words

The relationship between the stress in a surname and the stress in the word from which the name is derived may be summarized as follows.

1. If the stress of a masculine- or feminine-declension source noun (this noun can be a given name) remains on the stem throughout its declension, the stress in the surname is on the corresponding syllable. Examples: Вóронов – вóрон, вóрона 'raven'; Ворóнин – ворóна 'crow'; Мóлотов – мóлот 'hammer'; Бáрсов – барс 'leopard'.

2. Surnames derived from masculine-declension polysyllabic nouns that in their declension have constant stress on the case endings are usually stressed on the *ов* (*ев*): Гончарóв – гончáр, гончарá 'potter'; Орлóв – орёл, орлá 'eagle'; Судакóв – судáк, судакá 'pike perch'.

3. Surnames derived from monosyllabic masculine nouns with constant

stress on the case endings offer variety in their accentuation. Some have the stress on the *ов*; some are stressed on the stem; a few allow variant stresses. Examples: Гри́бов – гриб, гриба́ 'mushroom'; Ершо́в – ёрш, ерша́ 'ruff' (fish); Жу́ков – жук, жука́ 'beetle'; Хо́лмо́в – холм, холма́ 'hill'.

4. In surnames derived from nouns with shifting stress (stress that in the declension is not always on the stem or not always on the ending), the stress is usually on the stem. Examples: Во́лков – волк 'wolf'; Ко́нев – конь 'horse'; Пи́сарев – пи́сарь 'clerk'.

5. If a name is derived from a neuter noun, the stress of the name is usually the same as the singular of the noun. Мо́рев – мо́ре 'sea'; Перо́в – перо́ 'feather'; Стекло́в – стекло́ 'glass'.

6. If the surname is derived from a noun with stressed *a* in the nominative singular, the stress is on the stem in many instances; in other instances, the stress is on the *ин*. Examples: Бороди́н – борода́ 'beard'; Княжни́н – княжна́ 'princess'; Ко́зин – коза́ 'goat'; Руди́н – руда́ 'ore'. In several instances, variant stresses are encountered: Ка́мки́н – камка́ 'colored silken fabric'; О́вцы́н – овца́ 'sheep'.

7. In surnames derived from adjectives that have a stem-stressed feminine short form, the stress is on the stem: Бога́тов – бога́тый, бога́та 'rich'. When the source adjective has the stress on the final *a* in the feminine short form, the derived surname is usually stressed on the *ов*: Бело́в – бе́лый, бела́ 'white'; Смирно́в – сми́рный, смирна́ 'quiet'.

8. If the surname consists of two roots (usually adjective plus noun suffixed with *ов*), the stress is on the second root: Благонра́вов, Черногла́зов.

There are, of course, exceptions to all of the accentual types just listed. Some of the exceptions are attributable to obsolete or dialectal stresses. For example, the stresses in Соколо́в and (the variant) Ивано́в deviate from the expected stem stress. (See type 1 above, p. 2.) These deviations are apparently due to the dialectal stresses соко́л, сокола́ and Ива́н, Ивана́. In addition, obsolete noun-declensional stresses may explain the absence of a clearly defined stress pattern in surnames derived from end-stressed monosyllabic nouns. (See type 3 above.) For example, Kiparsky has shown (pp. 70–80) that in old Russian certain monosyllabic nouns, including гриб and жук, possibly had stem stress (now obsolete) in their declension.

Surname Stress and Surname 'Endings'

We now turn to the relationship between the stress in surnames and their 'endings', i.e., the last syllable or last two syllables, as written in the traditional orthography. Many such endings usually correspond to a certain surname stress. For example, note the stress in the following names: Аза́ров. Казбе́ров, Лапи́ров, Модо́ров, Хетагу́ров, Насы́ров, Изю́ров, Гиля́ров. On the basis of such examples, we can state that surnames ending in *ров* preceded by a vowel usually have penult stress in Russian. (The foreign origin of several of the examples does not affect this pattern.) It must be added that the stress of a source word often prevails over the ending stress pattern. Consequently, in the following surnames, the ending stress pattern described above is replaced by the stress of the source noun: Столяро́в from столя́р, столяра́ 'carpenter'; Си́доров from Си́дор (a name); Ду́доров from ду́дора 'rubbish' (dialectal).

A listing of the most important ending stress patterns now follows. Several endings of foreign origin are included, such as the following: *дзе* (i.e., *адзе* and *идзе*), *ели, швили* (Georgian); *ян (янц)* (Armenian); *ай, ей* (Central Asian, Tartar); *гейм, зон, сон, штам, штейн* (Jewish, German). If an ending occurs with a particular stress only in specific environments, this will be indicated.

1. In surnames with the following endings, penult stress prevails. One example is given for each ending. (The examples will show that endings that begin with a consonant usually occur after a vowel.): *аго* – Бела́го; *аджев* – Ала́джев; *айло* – Яга́йло; *ахов* – Шема́хов; *бин* – Кала́бин; *бов* – Гари́бов; *бьев* – Аля́бьев; *вин* – Маля́вин; *гин* – Кула́гин; *гов* – Оде́гов; *дзе* – Таби́дзе; *дин* – Аку́ндин; *дов* – Захи́дов; *дьев* – Ува́дьев; *ев* (after vowels) – Бусла́ев; *евич* – Мацке́вич; *еков* – Саде́ков; *ели* – Эрде́ли; *енко* – Петре́нко (many exceptions); *ехов* (when the vowel in the preceding syllable is not *е*) – Сале́хов; *жин* – Моло́жин; *зин* – Хару́зин; *зов* – Абы́зов; *ищев* – Ради́щев; *кин* – Лома́кин; *лин* – Ера́клин; *лов* (after vowels) – Бруси́лов; *льев* – Танфи́льев; *мин* – Галя́мин; *мов* – Раги́мов; *нин* (after vowels) – Сату́нин; *нов* (after vowels except *и*) – Додо́нов; *ньев* – Те́ньев; *оков* – Жаро́ков; *онков* – Ужо́нков; *пин* – Шаля́пин; *пов* – Дуле́пов; *рин* – Каю́рин; *ров* (after vowels) – Басы́ров; *рьев* – Аза́рьев; *син* – Добру́син; *ский (цкий)* – Нагу́рский; *сов* – Коко́сов; *сьев* – Евда́сьев; *тев* – Альме́тев; *тин* – Махо́тин; *тов* – Вахи́тов; *тьев* – Шереме́тьев; *фов* – Заре́фов; *фьев* – Садо́фьев; *хин* – Меле́хин; *цев* – Ма́льцев; *цын (цин)* – Голи́цын; *чин* – Ану́чин; *швили* – Чейшви́ли; *шин* – Воло́шин.

2. In surnames with the following endings, ultimate stress prevails: *ай* – Сабса́й; *ак (як)* – Щерба́к; *аков (яков)* – Бутако́в (many exceptions); *арь* – Граба́рь; *ачев (ачов)* – Пугачёв; *гейм* – Оппенге́йм; *ей* – Старбе́й; *жов* – Межо́в; *зон* – Левинзо́н; *ков* (after consonants) – Машко́в (many exceptions); *нин* (after consonants) – Юхни́н; *ово* – Дурново́; *ой* – Благо́й; *ров* (after consonants) – Савро́в; *сон* – Идельсо́н; *ук (юк)* – Башу́к; *уков (юков)* – Сертуко́в; *ун* – Вургу́н; *унов* – Годуно́в; *цов* – Зеленцо́в; *чов (чёв)* – Семичо́в (Горбачёв); *шов* – Карташо́в; *штам* – Мандельшта́м;

штейн – Бернште́йн; *ык* – Павлы́к; *ых (их)* – Черны́х; *ян (янц)* –
Шаумя́н.

3. In surnames with the following endings, antepenult stress prevails:
ехов (when *e* is in the preceding syllable) – Ме́лехов; *ешев* (when *e* is in the
preceding syllable) – Ле́мешев; *иков* – Чи́чиков; *ихов* – Ве́дихов; *ичев* –
Ма́ркичев; *охов* (when *o* is in the preceding syllable) – Шо́лохов; *ченко*
(after consonants) – Вро́нченко; *щенко* – Глу́щенко; *ычев* – Ко́стычев;
ышев – Ба́нтышев.

4. A few endings are associated with two stresses rather than with one
stress. For example, names in *лев* and *рев* after vowels occur with antepenult
and ultimate stress. Often, both stresses are allowable in the same name: Гу́ри-
лёв, Жи́гарёв, Ко́корев, Ту́полев, Ше́велёв, Ше́вырёв.

It has been pointed out above that the stress of a source noun may prevail over an
ending stress pattern. However, there are instances in which the ending stress
pattern prevails over the stress of the source noun or it may create a variant stress.
An example is afforded by the surname Латыше́в. The source noun латы́ш,
латыша́ 'Latvian' gives Латышёв. However, analogy with names of the stress
type А́лышев, Ба́нтышев, Дро́бышев, Кара́мышев, Ма́лышев, О́лы-
шев, По́стышев, Ча́лышев, Ю́рышев, Я́нышев, and so forth, results in
the variant Ла́тышев. (That is, surnames in *ышев* usually have antepenult
stress; see 3 above.)

B. The Declension of Surnames; the Stress
within the Declension: *A Linguistic Description*

Possessive-Adjectival Declension

Russian surnames that have the suffixes *ов (ев)* or *ин* follow the possessive-adjectival declension. The masculine singular prepositional, however,
has *e* instead of *ом*. Examples:

Masculine	Feminine	Plural
Петро́в	Петро́ва	Петро́вы
Петро́ва	Петро́вой	Петро́вых
Петро́ву	Петро́вой	Петро́вым
Петро́ва	Петро́ву	Петро́вых
Петро́вым	Петро́вой	Петро́выми
Петро́ве	Петро́вой	Петро́вых

Masculine	Feminine	Plural
Ильи́н	Ильина́	Ильины́
Ильина́	Ильино́й	Ильины́х
Ильину́	Ильино́й	Ильины́м
Ильина́	Ильину́	Ильины́х
Ильины́м	Ильино́й	Ильины́ми
Ильине́	Ильино́й	Ильины́х

Descriptive-Adjectival Declension

Surnames ending in *кий, хий, чий, ний, ый,* and *ой* are declined like descriptive adjectives. Examples: Бе́льский, Долгору́кий, Безу́хий, Оса́дчий, Бескра́йний, Паше́нный, Толсто́й. (For Бо́кий, however, see below under *Nominal Declension*.) The great majority of the surnames of the descriptive-adjectival declension end in *ский*. Examples of this declension follow.

Masculine	Feminine	Plural
Бе́льский	Бе́льская	Бе́льские
Бе́льского	Бе́льской	Бе́льских
Бе́льскому	Бе́льской	Бе́льским
Бе́льского	Бе́льскую	Бе́льских
Бе́льским	Бе́льской	Бе́льскими
Бе́льском	Бе́льской	Бе́льских
Толсто́й	Толста́я	Толсты́е
Толсто́го	Толсто́й	Толсты́х
Толсто́му	Толсто́й	Толсты́м
Толсто́го	Толсту́ю	Толсты́х
Толсты́м	Толсто́й	Толсты́ми
Толсто́м	Толсто́й	Толсты́х

Nominal Declension

Surnames without the suffixes *ов* or *ин* that end in a consonant (this would include the non-adjectival ending *й,* as in Бокий) are declined in the masculine and plural like nouns, according to their endings. In the nominal declension, the feminine is not declined, except for names in *а,* such as Глинка (see below).

This is true of both Russian and foreign surnames. Examples of the nominal declension:

Masculine	Feminine	Plural
Попо́вич	Попо́вич	Попо́вичи
Попо́вича	Попо́вич	Попо́вичей
Попо́вичу	Попо́вич	Попо́вичам
Попо́вича	Попо́вич	Попо́вичей
Попо́вичем	Попо́вич	Попо́вичами
Попо́виче	Попо́вич	Попо́вичах
Сабса́й	Сабса́й	Сабса́и
Сабса́я	Сабса́й	Сабса́ев
Сабса́ю	Сабса́й	Сабса́ям
Сабса́я	Сабса́й	Сабса́ев
Сабса́ем	Сабса́й	Сабса́ями
Сабса́е	Сабса́й	Сабса́ях

Thus, in speaking about a woman, one would say: Я видел Попо́вич, Я говорил с Попо́вич, у Надежды Мандельшта́м, and so on.

Names in *ий* that do not belong to the types of surnames declined like descriptive adjectives (see above) are declined nominally: Бо́кий, Бо́кия; Велиза́рий, Велиза́рия; Гу́дзий, Гу́дзия.

If a foreign surname ends in *ов* or *ин*, it follows the nominal declension. Thus, for Ви́рхов (Virchow, scientist), Да́рвин (Darwin, scientist), Фра́нклин (Franklin, scientist), Ча́плин (Chaplin, actor) the instrumental singular forms are Ви́рховом, Да́рвином, Фра́нклином, Ча́плином. Assimilated surnames of foreign origin, however, follow the possessive-adjectival declension. For example, the instrumental singular of Фонви́зин is Фонви́зиным. (Surnames entered in this *Dictionary* can be considered to be assimilated.) If a name such as Ча́плин denotes a Russian, it is declined according to the possessive-adjectival declension: Ча́плиным.

Note that foreign feminine surnames ending in a consonant, including those in *ов* and *ин*, are not declined: письмо мадам Ви́рхов, с разрешения госпожи Ча́плин.

If a surname of the nominal declension ends in *ок* or *ец*, the *о* or *е* is usually fleeting: Богомо́лец, Богомо́льца; Жукове́ц, Жуковца́; Козано́к, Козанка́. Note, however, Кузне́ц, Кузнеца́, declined like the homophonous common noun meaning 'blacksmith'.

Russian surnames in *a* and *я* are declined like nouns of the *a* declension: Глйнка, Глйнки; Долбня, Долбнй; Щéрба, Щéрбы. The genitive-accusative plural forms of these names are: Глйнок, Долбнéй, Щерб. When such a name refers to a woman, it is declined in the same manner. Consequently, the sentence Я видел Щéрбу could mean either 'I saw Mr. Shcherba' or 'I saw Mrs. Shcherba'.

Undeclined Surnames

Russian surnames in *го, во, ых*, and *их* are usually not declined: Белáго, Верйго, Захáво, Хитровó, Черны́х, Долгйх. However, in colloquial speech and belletristic literature, names in *ых* and *их* may be declined when they refer to a male: Черныхá. Names in *ко* are usually not declined: Королéнко, Тимошéнко. In colloquial speech, and in belletristic literature, such names may be declined when they refer either to a male or to a female. When declined, they follow the *a* declension: Королéнки.

Foreign surnames and Russian surnames of foreign origin that end in a vowel, except unstressed *a*, are not declined: Брýно, Дюмá, Зархй, Кер-Оглы́, Стрýве. Such names in unstressed *a* (*я*) are declined according to the *a* declension: Касаблáнка, Касаблáнки.

Note that the second part of Соколóв-Скаля́ is not declined. Dobromyslov and Rozental (Добромыслов и Розенталь) have pointed out (p. 52) that surnames are often not declined in Russian, especially in official documents, if the declensional forms greatly obscure the original nominative form or appear too 'strange'. Therefore, (гражданина) Вовчóк, (гражданину) Воронéц, (о гражданине) Долбня́.

Declension of Compound Names

Each part of a compound name is declined separately, in accordance with the rules stated above. Here are several examples: Васйльев-Буглáй, Васйльева-Буглáя; Рймский-Кóрсаков, Рймского-Кóрсакова; Суховó-Кобы́лин, Суховó-Кобы́лина. For the declension of Соколóв-Скаля́, see above.

Stress Patterns in the Declension of Surnames

The various stress patterns that occur in the declension of surnames in Russian may be summarized as follows. Russian surnames with the suffix *ов* have stem stress, i.e., the stress remains on the syllable stressed in the masculine nominative: Петро́в, Петро́ва. (See complete declension above.) Stem stress is also found in names with the unstressed suffix *ин*: Воло́дин, Воло́дина. Names with stressed *ин* have, however, end stress, i.e., the stress is on the case endings: Ильи́н, Ильина́. (See complete declension above.) In surnames of the descriptive-adjectival declension, the stress is fixed by the nominative singular: Бе́льский, Бе́льского; Толсто́й, Толсто́го. (See complete declension above.)

Surnames of the nominal declension normally have end stress if they end in one of the following stressed suffixes: *ак-як, арь, ач, аш, ик, ич, иш, ук-юк, ун, ык, яр*. Examples: *ак-як*: Колча́к, Колчака́; *арь*: Граба́рь, Грабаря́; *ач*: Пуга́ч; *аш*: Гарма́ш; *ик*: Мучни́к; *ич*: Хоми́ч; *иш*: Кули́ш; *ук-юк*: Павлю́к; *ун*: Миклу́н; *ык*: Рябы́к; *яр*: Дихтя́р. End stress in these surnames corresponds to the accentual system of Russian nouns. All the following nouns, for example, have end stress: кула́к, врата́рь, скрипа́ч, торга́ш, печни́к, кули́ч, сунду́к, болту́н, башлы́к, столя́р.

If a surname coincides in form with a common noun, the name normally has the same stress in its declension: Кова́ль, Коваля́ – кова́ль, коваля́, 'blacksmith'. Consequently, the following names also have end stress: Гонча́р, Кома́р, Кузне́ц, Жук. Regarding monosyllabic names of this type, Superanskaya (Суперанская, 1957, p. 81) points, however, to the desirability of pronouncing them with stem stress in order to differentiate them from the homophonic common nouns.

Stem stress in the declension of foreign surnames is normal: Бальза́к, Бальза́ка; Раси́н, Раси́на. Assimilated names of foreign origin, however, follow the Russian stress pattern: Карамзи́н, Карамзина́. Names listed in this *Dictionary* can be assumed to be assimilated. The stress of Пастерна́к is Пастернака́ or Пастерна́ка.

C. The Declension of Surnames; the Stress within the Declension: *A Practical Guide*

This section presents a simplified summary of the linguistic material given in the preceding section. Six rules summarize the types of declensions and five rules summarize the types of stress that surnames have when declined. This section is designed solely to serve as a *practical* guide.

Types of Declensions

1. Surnames in *ов* (*ев*) and *ин* follow the possessive-adjectival declension. (See pages 5–6.)

2. Surnames in *кий, хий, чий, ний, ый*, and *ой* are declined like descriptive adjectives. (See page 6.) Some names in *ий* are declined nominally. (See page 7.) Surnames of this type are: Аскна́зий, Бо́кий, Велиза́рий, Гу́дзий.

3. Surnames in a consonant (except those in *ов* and *ин*) are declined like nouns. (See pages 6–7.) Keep in mind that the *й* is a consonant in Russian. *Note*: When surnames in a consonant are declined like nouns, they remain undeclined when referring to a woman. Examples: Ба́бель, Вагра́м, Гордо́н, Го́фман, Марчу́к, Пло́тник, Сига́л, Старбе́й, Якубсо́н.

4. If a surname, declined like a noun, ends in *ок* or *ец*, the *о* or *е* is usually dropped in the declension. (See page 7.) Such surnames are: Басо́к, Богомо́лец, Жукове́ц, Зубо́к, Козано́к, Козоно́к, Кото́к, Лобо́к, Попо́к, Самуйлёнок, Ту́рок, Черто́к, Чуло́к, Щеголёнок. However, remember Кузне́ц, Кузнеца́.

5. Surnames in *а* and *я* are declined like nouns of the *-а* declension, like комната, неделя. (See page 8.) Examples: Булы́га, Гли́нка, Исто́ма, Ка́пица, Лу́рия, Потебня́.

6. Certain types of surnames are not declined.

　　a. Surnames in *го* and *во* are not declined. (See page 8.) Examples: Бела́го, Ве́риго, Дубя́го, Дурно́го, Жива́го, Заха́во, Коре́йво, Хитрово́.

　　b. Surnames in *ых* and *их* are usually not declined; however, in colloquial speech and in belletristic literature they may be declined: Седы́х, Седыха́. Other examples of such surnames are: Долги́х, Кручёных, Ры́жих, Черны́х.

　　c. Surnames in *ко* are usually not declined. (See page 8.) However, in colloquial speech and in belletristic literature they may be declined: Короле́нко, Короле́нки, Короле́нке, and so forth. Other examples of such surnames are: Громе́ко, Дыбе́нко, Ле́вченко, Мосе́нко, Сема́шко, Фроле́нко, Черне́нко.

　　d. Surnames in *е, и, о, у*, and *ы* are not declined. (See page 8.) Examples: Бу́дде, Ди́мо, Китта́ры, Коцебу́, Кюй, Ланда́у, Стру́ве, Чейшви́ли.

　　e. Surnames in stressed *а*, following a vowel are not declined: Бенуа́, Вильбоа́. (See page 8.)

Guide to the Stress of Surnames When Declined

1. In the overwhelming majority of Russian surnames, the stress remains on the same syllable as in the nominative singular throughout the declension. See

the complete declensions of Петро́в, Бе́льский, Попо́вич, and Сабса́й on pages 5–7.

2. In surnames ending in stressed *ин* in the nominative singular, the stress shifts to the endings. See the complete declension of Ильи́н on page 6. Other examples: А́льги́н, Басарги́н, Бла́ги́н, Борозди́н, Ботви́н, Бре́зги́н, Вологди́н, Герлови́н, Голови́н, Дуги́н.

3. Surnames usually have the stress on the case endings if they have one of the following suffixes: *а́к, я́к, а́рь, я́рь, а́ч, а́ш, я́ш, и́к, и́ч, и́ш, у́к, ю́к, у́н, ы́к, я́р.* An example is: Марша́к, Маршака́. Other such surnames are: Щерба́к, Беля́к, Рудня́к, Бонда́рь, Пушка́рь, Дехтя́рь, Жига́ч, Сука́ч, Бара́ш, Кана́ш, Кудря́ш, Борови́к, Кули́к, Хоми́ч, Кули́ш, Грищу́к, Кравчу́к, Данилю́к, Матю́к, Горбу́н, Резу́н, Рябы́к, Смоля́р.

4. Surnames have stress on the case endings, i.e., have mobile stress, if the homophonous common noun has such a stress: Кова́ль, Ковала́. Other surnames of this type are: Гонча́р, Кома́р, Кузне́ц.

5. All one-syllable surnames in this *Dictionary* have the stress on their case endings, i.e., have mobile stress: Жук, Жука́. Other surnames of this type are: Борщ, Брещ, Бык, Вол, Грач, Ёрш, Клещ, Лещ, Меч, Мыш, Плющ, Прыщ, Сук, Сыч, Шлык.

D. Stressed List of Selected Surnames

This section lists approximately 23,000 stressed surnames that have been selected as follows:

1. Names of major characters in the best-known works of the following authors: Aksakov, Andreev, Babel, Bely, Bulgakov, Bunin, Chapygin, Chernyshevski, Chexov, Dostoevski, Ehrenburg, Fadeev, Fedin, Fonvizin, Furmanov, Garshin, Gladkov, Gogol, Goncharov, Gorbatov, Gorki, Griboedov, Grigorovich, Herzen, Ilf and Petrov, Vs. Ivanov, Kapnist, Karamzin, Kataev, Kaverin, Kornejchuk, Korolenko, Kuprin, Lavrenev, Leonov, Lermontov, Leskov, Mamin-Sibiryak, Marlinski, Mayakovski, Melnikov, N. Nekrasov, V. Nekrasov, A. Ostrovski, N. Ostrovski, Panferov, Panova, Pasternak, Paustovski, Pavlenko, Pilnyak, Pisemski, Polevoj, Pomyalovski, Prishvin, Pushkin, Remizov, Saltykov-Shchedrin, Serafimovich, Sholoxov, Simonov, Sologub, Suxovo-Kobylin, A. N. Tolstoj, L. Tolstoj, Trenev, Turgenev, Tvardovski, Uspenski, Veresaev, and Zoshchenko. Foreign surnames and nicknames occurring in these works are not included.

2. Surnames of persons whom the *Great Soviet Encyclopedia* lists as 'Russian' or 'Soviet'.

3. Names found in the 1960 *Moscow Telephone Book* that fall into the following categories:

a. all names ending in the Russian suffixes *ов* and *ин*;

b. names ending in other Russian or Slavic suffixes (such as *ович, ский, ик, ко*) if they occur at least twice;

c. other names (i.e., names that are non-Russian and non-Slavic from the historical viewpoint) if they occur at least three times.

In regard to the selection and listing of surnames, the following must also be noted. (1) Monosyllabic surnames of all types described above are included only if they have stress on the case endings in their declension: Жук, Жукá. (2) Double names are not listed if their component parts appear in the *Dictionary* as separate names. (3) Surnames marked with an asterisk are also listed in Section E in this chapter.

Note: Surnames entered in this *Dictionary* can be considered to be assimilated. That is, surnames of foreign origin ending in *ов* or *ин* have the *ым* ending in the instrumental singular and are declined in the feminine.

Note: If a surname is not included in the *Dictionary*, its stress can almost always be determined by applying the rules given in Section A in this chapter.

The Russian Alphabet

А а	К к	Х х
Б б	Л л	Ц ц
В в	М м	Ч ч
Г г	Н н	Ш ш
Д д	О о	Щ щ
Е е	П п	ъ
Ё ё	Р р	ы
Ж ж	С с	ь
З з	Т т	Э э
И и	У у	Ю ю
Й й	Ф ф	Я я

А

Ааро́нов
Аба́бков
Абаде́ев
Аба́джев
Аба́ев
Аба́зов
Абаке́лия
Абаку́мов
Абакя́н
Абала́ков
Абала́тский
Аба́лин
Абали́шников
Аба́лкин
Аба́лов
Аба́нин
Абано́симов
Абарша́лин
Аба́рышев
Аба́сов
Абату́рин
Аба́шев
Абаше́ли
Абаше́нко
Абаши́дзе
Аба́шин
Абга́ров
Абде́ршин
Абдраши́тов
Абдукады́ров
Абдула́ев
Абдулажа́нов
Абдулга́ниев
Абду́лин
Абдулла́ев
Абду́лов
Абдурахма́нов
Абегя́н
Абезга́уз
А́белев

Абе́лов
Абеля́н
Абеля́ров
Абеля́шев
Абердю́н
Абесало́мов
Абжали́лов
А́бишев
А́бкин
Абла́зов
Абла́й
Абла́мов
Абле́симов
Аблеу́хов
А́блов
А́бов
Або́гин
Аболи́мов
Або́лин
Аболи́хин
Аболо́нков
Абоно́синов
Аборе́нков
Абра́менко
Абра́менков
Абрамзо́н
Абра́мкин
Абра́мов
Абрамо́вич
Абра́мочкин
Абра́мский
Абрамсо́н
Абра́мцев
Абра́мченко
Абра́мычев
Абра́симов
Абра́хин
Абра́шин
Абре́зков
Абрико́сов
А́брин
Абро́симов*

Абро́син
Абро́скин
Абро́чнов
Абрю́тин
Абсаля́мов
Абубаки́ров
Абубе́ков
Абуде́ев
Абу́ев
Абу́зин
Абу́лов
Абульгаса́н
Абы́зов
Абы́сов
Ава́ев
Аваки́мов
Ава́ков
Авакя́н
Авалиа́ни
Ава́лов
Аване́сов
Ава́нов
Ава́тков
Авваку́мов
Авдаку́шин
Авде́ев
Авде́енко
Авдо́нин
Авдо́тьев
Авдо́шин
Авдюко́в
Авдю́нин
Авдю́шин
Авелья́нов
Авена́риус
Авени́ров
Аве́ньев
Авверба́х
Авербу́х
Авере́нков
Аве́рин
Аве́ричев

Аве́ркиев
Аве́ркин
Аве́рниев
Аве́ров
Аве́рченко
Аве́рченков
Аверья́нов
Авети́сов
Аветися́н
Ави́вов
Ави́лов
Авксе́нтьев
Аво́шников
Авраа́мов
Авра́менко
Авра́мов
Авра́син
Авра́шков
А́врин
Авро́ров
Авру́син
Авру́тин
Авсе́ев
Авсе́енко
Авсе́нев
Авта́ев
Автамо́нов
Автокра́тов
Автоне́ев
Автоно́мов
Авту́хов
Авхимо́вич
Авху́ко́в
А́вцин
Агаба́бов
Агабе́ков
Агаджа́нов
Агаджаня́н
Ага́ев
Агажа́нов
Ага́льцев
Агальцо́в

Агамалов
Агамджанов
Агамемнонов
Аганесов
Аганин
Агапитов
Агапкин
Агапов
Агапьев
Агарин
Агарков
Агаронов
Агарышев
Агасиев
Агатов
Агафеев
Агафинов
Агафоненков
Агафонов
Агашин
Агашков
Агаян
Аггеев
Агеев
Агеенко
Агеенков
Агейкин
Агеноров
Агибалов
Агин
Агинский
Агиш
Агишев
Агишин
Аглинцев
Агнаев
Агнивцев
Агошков
Аграбчев
Аграев
Аграмаков
Агранатов

Агранов
Агранович
Арановский
Аграфенин
Аграчёв
Агренев
Агронин
Агронский
Агроскин
Агудальчев
Агумов
Агуреев
Агурейкин
Ададуров
Адаев
Адамов
Адамович
Адамюк
Адамян
Адаричев
Адаскин
Адашев
Адельгейм
Аджемов
Адзитаров
Адилов
Адлеров
Адлин
Адмовский
Адов
Адодуров
Адолин
Адольфов
Адонин
Адоньев
Адоратский
Адрианов
Адуев
Адшев
Адясов
Ажаев
Ажгибков

Ажиганов
Ажнин
Ажогин
Азабеков
Азадовский
Азаев
Азаматов
Азарбеков
Азаренко
Азаренков
Азаров
Азарьев
Азарьин
Азбелев
Азбукин
Азгур
Азиев
Азизбеков
Азизов
Азимов
Азин
Азлецкий
Азов
Азовский
Азовцев
Азуманов
Азяков
Айгин
Айтов
Айвазов
Айвазовский
Айгенин
Айдимиров
Айдинбеков
Айдинов
Айзенберг
Айзенштадт
Айзин
Айляров
Аймурзаев
Айналов
Айнгорн

Айни
Айрапетов
Айриев
Айтиев
Айткулов
Акалаев
Аканов
Акатнов
Акатов
Акбашев
Акберов
Аквилонов
Аквилянов
Акиев
Акилов
Акименков
Акимов
Акимочкин
Акимушкин
Акимцев
Акин
Акиндинов
Акинин
Акинфов
Акиньшин
Акишев
Акишин
Аккалаев
Аккерман
Аккермен
Аккуратнов
Аккуратов
Акмаев
Акованцев
Акользин
Акопов
Акопян
Аксаков
Аксаров
Аксельрод
Аксёнов
Аксентьев

Аксю́тин	Александри́йский	Али́мкин	Алфи́мов
Аку́лин	Алекса́ндрин	Алимку́лов	Алха́зов
Акули́нин	Алекса́ндров	Али́мов	Алхи́мов
Акули́шнин	Александро́вич	Али́мпиев	Алче́вский
Аку́лов	Александро́вский	Алипа́нов	Алы́бин
Аку́льшин	Алекса́нов	Алипе́нков	Алы́мов
Аку́ндин	Алексанья́н	Али́пов	Алы́рин
Аку́тин	Алекса́хин	Али́сов	А́лышев
Акчу́рин	Алексе́ев	Али́тин	Альбе́тков
Акше́нцев	Алексе́енко	Алифа́нов	А́льбин
Алабе́рди́н	Але́ксенко	Алиха́нов	Альби́цкий
Ала́бин	Але́ксин	Алиханья́н	А́льбов
Алабя́н	Але́ксов	Алиха́шкин	Альбокри́нов
Алаве́рдов	Алема́нов	Али́ш	А́льги́н
Аладжа́лов	Алема́сов	Алка́ев	Альме́тев
Ала́джев	Але́нев	А́лкин	Альпе́рин
Ала́дов	Але́нин	Аллахве́рдов	Альперо́вич
Ала́душкин	Алени́цын	Алле́нов	А́льпин
Ала́дышкин	Але́ничев	Аллилу́ев	А́льпов
Ала́дьев	Але́нтьев	Алма́ев	Альтаме́нтов
Ала́дьин	Але́ппский	Алма́зов	А́льтман
Ала́ев	Але́син	Алмо́ев	А́льтов
Алака́ев	Алеске́р	Алнаска́ров	Альтшу́лер
Аланда́ров	Алеско́вский	А́лов	Альтшу́ллер
Ала́нин	Алёхин	Алпа́ткин	Алья́нов
Ала́ничев	Алёхов	Алпа́тов	Алю́нин
Алато́рцев	Алёшин	Алпа́тьев	Алю́тин
Алафу́зов	Але́шкин	Алпе́ев	Аля́бин
Алахве́рдов	Але́шков	Алтаба́ев	Аля́бьев
Алаше́ев	Алешко́вский	Алта́ев	Аля́вдин
Алба́нтов	Але́шников	Алтуня́н	Аля́ев
Алдаба́ев	Алёщенко	Алту́фьев	Алякри́нский
Алда́нов	Алибе́ков	Алту́хин	Аля́мов
Алда́тов	Алиге́бов	Алту́хо́в	Амали́цкий
Алда́шин	Алиге́р	Алты́нников	Аманжо́лов
Алдо́хин	Али́ев	Алты́нов	Ама́нов
Алдо́шин	А́ликов	Алтынсари́н	Ама́ров
Алду́шин	Али́кчин	Алфе́ев	Ама́тов
Але́ев	Алима́рин	Алфе́ров	Амба́рнов
Але́йников	Алимджа́н	Алфёров	Амба́ров
Але́кин	Али́мин	Алфе́рьев	Амбарцу́мов

Амбарцумя́н
Амбо́дик
Амбро́сов
Амбру́мов
Амеле́хин
Аме́лин
Аме́личев
Аме́лькин
Аме́льченко
Амени́цкий
Аме́нтов
Амерха́нов
Амете́вский
Ами́нин
Ами́нов
Амира́гов
Амирджа́нов
Ами́ров
Амиросла́нов
Амирха́нов
Ами́тин
Аммо́сов
Амо́лин
Амо́сов
Ампи́лов
Ампило́гов
Ампле́ев
А́мтман-Бри́едит
Аму́ров
Аму́рский
Амфитеа́тров
Амчисла́вский
Анаде́нков
Анае́вский
Ана́нов
Ана́ньев
Ана́ньин
Ananя́н
Анапо́льский
Ана́сов
Анастасе́вич

Анаста́сов
Анаста́сьев
Анаста́сьин
Анато́лин
Анато́льев
Анаце́вич
Ана́шин
Ана́шкин
Анга́ров
Ангеле́вич
Анге́лин
Ангиле́йко
Анджапари́дзе
Анджие́вский
Андзау́ров
Андове́ров
Андра́чников
Андра́шников
Андре́ев
Андре́евич
Андре́евский
Андре́енко
Андре́енков
Андре́йкин
Андре́йчик
Андриа́нкин
Андриа́нов
Андрие́вский
Андрие́нко
А́ндрин
Андрия́шев
Андрия́шин
Андро́вский
Андро́ников
Андро́нников
Андро́нов
Андро́пов
Андро́сов
Андрощу́к
Андрусе́вич
Андру́сов

Андру́щенко
Андрю́хин
Андрю́шин
Андрю́щенко
Анжу́
Аника́нов
Анике́ев
Ани́кин
Аникухин
Аникушин
А́нин
Ани́симов
Ани́син
Анисифо́ров
Ани́скин
Ани́сков
Ани́сов
Анистра́тов
А́ничкин
А́ничков*
Ани́шкин
Ани́щенко
Анкуди́нов
А́нненков
А́нненский
Ано́дин
Ано́йченко
Ано́пов
Ано́приков
Ано́ров
Ано́сов
Аносо́вич
Ано́хин
Аноше́нков
Ано́шин
Ано́шкин
Анпе́тков
Анпе́тов
Анпи́лов
Анпило́гов
Ансе́ров

Ансо́лин
Ансо́нов
Анта́ров
Антимо́нов
Анти́пенко
Анти́пин
Анти́пов
Анти́пьев
Анти́шин
Антоко́льскиi
Антоне́нко
Антоне́нков
Анто́нов
Антоно́вич
Антоно́вский
Анто́нцев
Антоню́к
Антопо́льски
Антосе́нков
Анто́шин
Антоще́нко
Антоще́нков
Антро́пов
Анту́шев
Антю́нин
Антюфе́ев
Антю́хин
Антю́хов
Антю́шев
Ану́лов
Ануре́ев
Ану́рин
Ану́ров
Ану́фриев
Ануфрие́нко
Ану́чин
Ану́чкин
Анфе́ров
Анфи́лов
Анфило́гов
Анфи́мов

Анцы́гин
Анцы́шкин
Анчико́вский
Анчихо́ров
Анчуко́в
А́ншин
Аншпа́тов
Аншуко́в
Апало́нов
Апа́льков
Апана́сенко
Апа́рин
Апа́рников
Апа́рцев
Апа́сов
Апелле́сов
Апе́нин
Апе́тов
Апи́рин
Апленко́вич
Апле́тин
Апло́мбов
Аполло́нов
Апо́столов
Аппо́лов
Апра́ксин
Апре́лев
Апре́сов
Апро́дов
Апря́тин
А́псит
Апте́карев
Апте́карь
Аптекма́н
А́птов
Апту́хтин
Апу́шкин
Апы́хтин
Арази́
Араке́лов
Аракеля́н

Аракишви́ли
Аракче́ев
Ара́лов
Арано́вич
Арапе́тов
Ара́пников
Ара́пов
Арасла́нов
Ара́тов
Арба́тов
Арбе́ков
Арбе́нев
Арби́нин
Арбу́зкин
Арбу́зников
Арбу́зов
Арва́тов
Арга́сов
Аргуно́в
Аргути́нский
Арда́ев
Арда́ров
Арда́шев
Арда́шников
А́рдов
Ардува́нов
Арема́ев
Аре́нков
А́ренс
Аре́нский
Аре́тов
Аре́фьев
Аржако́в
Аржа́ников
Аржа́нков
Аржа́нов
Арже́ников
Арже́нов
Арзума́нов
Арзуманя́н
А́рин

Аристаке́сов
Ариста́рхов
А́ристов
Арифу́лов
Арифха́нов
Арка́дьев
Арка́дин
Арка́нов
Арка́тов
Арка́шкин
А́ркин
Арлаза́ров
Армаде́ров
Армяни́нов
Арнау́тов
Арнау́тский
А́рников
Арно́льд
Арно́льди
Арно́льдов
Арншта́м
Арнште́йн
Аро́нин
Аро́нов
Ароно́вич
Аронсо́н
Ароншта́м
Аро́сев
Арофи́кин
Арсе́нин
Арсе́нтьев
Арсе́ньев
Арсланку́ров
Артаба́ев
Артама́нов
Артама́сов
Артама́шев
Артамо́нов
Артамо́шкин
Арта́нов
Арта́ри

Арте́менко
Артёменко
Атрёмин
Артёмов
Артемо́вский
Артёмьев
Артоболе́вский
Арто́мкин
Артомо́нов
Артуно́вский
Арту́ров
Арты́нов
Артю́хин
Артю́хов
Артю́шин
Ару́ин
Ару́лин
Ару́нов
Аруста́мов
Арути́нов
Арутю́нов
Арутюня́н
Арутюня́нц
Аруша́нов
Арушаня́н
Арха́нгелов
Арха́нгельский
Арха́ров
Архиме́дов
Архиме́нков
Архи́пенко
Архи́пов
Архире́ев
Арцимо́вич
Арцихо́вский
Арцише́вский
Арцыба́шев
Арчако́в
Арчако́вский
Арчи́лов
Арша́вский

Аршинов
Арьев
Арямов
Арясов
Асадов
Асадчиков
Асаев
Асалин
Асанов
Асатуров
Асафов
Асафьев
Асеев
Асейкин
Асенков
Асинкритов
Асипов
Аскаев
Аскалепов
Аскеров
Аскназий
Аскользин
Аскоченский
Асланов
Асмаров
Асмолов
Асонов
Асосков
Ассанов
Ассатуров
Ассекритов
Ассовский
Ассур
Аставин
Астангов
Астанин
Астапаев
Астапенков
Астапов
Астапович
Астауров

Астафьев
Астахов
Асташев
Асташенков
Асташкин
Астраков
Астрамов
Астраханцев
Астрахов
Астрейко
Астрин
Астров
Асушкин
Асюнькин
Атабеков
Атаманов
Атаманчуков
Атанов
Атарбеков
Атаринов
Атаров
Атарщиков
Аташев
Атласов
Атовмьян
Аточкин
Атрыганьев
Атряхин
Аттаров
Атуев
Атясов
Аукин
Аулов
Аушев
Ауэзов
Ауэр
Ауэрбах
Афакиров
Афалов
Афанасенко
Афанасов

Афанасьев
Афасенков
Афендиков
Афердов
Афиногенов
Афонасов
Афоничев
Афонский
Афончиков
Афонькин
Афраймович
Афремов
Ахалшенов
Ахальцев
Аханов
Ахапкин
Ахвердов
Ахвледиани
Ахлестин
Ахлибинин
Ахлопин
Ахматов
Ахмедов
Ахмеров
Ахметзонов
Ахметов
Ахнозаров
Ахобадзе
Ахов
Ахремчик
Ахроменков
Ахромов
Ахросимов
Ахтямов
Ахунбабаев
Ахунбаев
Ахутин
Ахшарумов
Ацаркин
Ачарян
Ачеенков

Ачкасов
Ачмианов
Ачуковский
Ашанин
Ашарин
Ашенбреннер
Ашинов
Ашитков
Ашихлин
Ашихмин
Ашкенази
Ашкинази
Ашмарин
Ашметьев
Ашпин
Ашрафи
Ашурков
Ашуров
Аянов

Б

Баазов
Бабаев
Бабаевский
Бабайцев
Бабак
Бабакаев
Бабакин
Бабаков
Бабанин
Бабанов
Бабарин
Бабарыкин
Бабасинов
Бабахин
Бабашев
Бабашкин
Бабаянц
Бабель

Бабе́нко	Багдаса́ров	База́кин	Бакале́йников
Ба́бенко́в	Багда́тьев	Базале́ев	Бакало́вич
Ба́бёрнов	Ба́гин	База́нов	Бака́нов
Ба́биков	Баги́ров	База́ров	Ба́карёв
Ба́бин	Багла́ев	База́рьев	Баке́ев
Баби́нский	Ба́гликов	Базде́ев	Баке́ркин
Бабинцо́в	Баго́ров	Ба́зев	Ба́кин
Баби́цин	Багра́ев	Базе́дов	Ба́кинов
Баби́цкий	Багра́мов	Базе́кин	Баки́ров
Ба́бич	Баграмя́н	Базенко́в	Бакиха́нов
Ба́бичев	Багратио́н	Бази́ев	Бакла́ев
Бабиче́нко	Багре́ев	Базиле́вич	Бакла́нов
Бабке́вич	Багрецо́в	Базиле́вский	Бакла́шев
Ба́бкин	Багри́цкий	Ба́зин	Баклашо́в
Бабко́в	Багро́в	Базко́в	Баклуно́в
Бабко́вский	Багро́вый	Ба́зло́в	Баклу́шин
Ба́бов	Багря́нцев	Ба́зов	Баклыко́в
Бабо́нин	Бада́ев	Базуно́в	Баклы́шкин
Ба́бочкин	Бада́лов	Базу́ров	Бакте́ев
Бабо́шин	Бада́мшин	Базы́кин	Ба́кулев
Бабо́шкин	Бада́нин	Ба́зылёв	Баку́лин
Бабу́нин	Баданко́в	Базыме́нский	Баку́н
Бабу́лин	Бада́нов	Базюко́в	Баку́нин
Бабу́рин	Бада́шев	Байба́ко́в	Баку́ничев
Бабу́ров	Бадерди́нов	Байборо́дов	Баку́нц
Бабу́хин	Бади́гин	Байга́нин	Баку́ров
Бабуше́нков	Ба́диков	Байда́ко́в	Баку́сов
Ба́бушкин	Бадо́вский	Байда́лин	Баку́ткин
Ба́бченко	Бадуно́в	Байдуко́в	Ба́кушев
Бабы́кин	Бадьи́н	Байка́лов	Баку́шин
Бабы́шкин	Бадя́гин	Ба́йко́в*	Бакше́ев
Бава́ров	Ба́ев	Байку́зов	Бакши́ев
Ба́вин	Бае́вский	Баймако́в	Бакши́нов
Ба́врин	Бажа́н	Байсеи́тов	Бакшта́ев
Бавстру́к	Бажа́нов	Байсио́нов	Бакшу́ров
Ба́вшин	Баже́лов	Байтеряко́в	Балаба́йкин
Бавы́кин	Баже́нов	Байце́ров	Балаба́н
Бага́ев	Ба́жин	Байцу́ров	Балаба́нов
Бага́йцев	Ба́жинов	Бака́ев	Балаба́нцев
Багале́й	Бажо́в	Бака́кин	Балабе́в
Бага́шев	База́ев	Бакале́ев	Бала́бин

Балавин
Балаганов
Балагин
Балагуров
Балаев
Балакаев
Балакин
Балакирев
Балакирский
Балаклавский
Балакщеев
Балакшин
Балалаев
Балалайкин
Балалуев
Баламут
Баламутенко
Баламутов
Баландин
Баланин
Баланкерев
Баланкин
Балановский
Баласанян
Балатьев
Балаханов
Балашёв
Балашов
Балаян
Балбеков
Балботов
Балглеев
Балдано
Балдин
Балдуев
Балдынов
Балев
Балеев
Балезин
Балиев
Балин

Балинский
Балиханов
Балихин
Балканов
Балкин
Баллин
Балмасов
Балмашнов
Балмусов
Балобанов
Балов
Баловнёв
Балтаев
Балтин
Балтушис
Балуев
Балунов
Балухин
Балушкин
Балык
Балыкин
Балыков
Балынин
Балычёв
Бальзаминов
Бальзанов
Бальмонт*
Баляев
Балякин
Балясин
Балясинский
Балясников
Балясов
Бамбаев
Бандаков
Бандалин
Бандурин
Бандуровский
Банзаров
Банин
Банкетов

Банкин
Банков
Банников
Баннин
Банов
Бантышев
Банцеров
Баныкин
Банькевич
Баньковский
Бабохин
Барабанщиков
Барабаскин
Барабашев
Барабашов
Барабошев
Барабошкин
Баракин
Бараков
Бараненков
Баранецкий
Баранин
Баранков
Баранников
Баранов
Баранович
Барановский
Баранский
Баранцев
Баранцевич
Баранчев
Баранчевский
Баранчиков
Бараташвили
Баратбеков
Баратинский
Баратов
Баратынский
Бараш
Барашкин
Барашнев

Барбарин
Барбарисов
Барбасов
Барбаумов
Барбашев
Барбашин
Барбашов
Барбинов
Барболин
Барванов
Барвашов
Барвин
Баргов
Бардадин
Барданов
Бардин*
Бардыгин
Бардышев
Баренбаум
Барзилов
Барзин
Барзуков
Бариев
Баринов
Баричев
Баркалов
Барканов
Баркин
Барклай-де-Толли
Баркман
Барков
Барковский
Барменков
Бармин
Барминцев
Бармотин
Бармуков
Барнаулов
Баров
Бароненков
Баронин

Баро́нников	Басаврю́к	Ба́ткин	Бахно́в
Баро́нов	Басаврюко́в	Батля́ев	Ба́хов
Баротбе́ков	Баса́ев	Батма́нов	Бахо́вкин
Барса́мов	Басала́ев	Ба́тов	Бахраме́ев
Ба́рский	Баса́нов	Бато́рин	Бахру́шин
Барско́в	Басарги́н	Бато́ршин	Бахрюко́в
Ба́рсов	Басарди́н	Батрако́в	Бахте́ев
Барсу́к	Басе́вич	Бату́ев	Бахтея́ров
Барсуко́в	Ба́серов	Бату́зов	Бахтиа́ров
Барсуно́в	Баси́лов	Бату́лов	Бахти́нов
Барташёв	Ба́син	Бату́рин	Бахти́нский
Барте́нев	Баси́стов	Бату́ринский	Баху́лов
Барте́ньев	Баси́стый	Бату́ркин	Баху́рин
Бартне́ев	Баска́ев	Батурло́в	Ба́хусов
Бартня́нский	Баска́ков	Бату́ров	Бахче́ев
Барто́	Баске́вич	Бату́хин	Ба́хчиев
Ба́ртольд	Ба́скин	Ба́тчиков	Баца́нов
Бартоше́вич	Ба́сков	Батше́ев	Бачерико́в
Бару́лин	Ба́слин	Баты́гин	Ба́чин
Бару́личев	Басма́нов	Баты́ев	Бачи́нский
Ба́рхатов	Басни́н	Батырёв	Бачма́нов
Ба́рхин	Ба́сов	Баты́ров	Бачу́гин
Бархо́тин	Басо́к	Ба́тышев	Бачу́рин
Бархо́тлев	Бассарги́н	Батья́н	Баша́гин
Бархуда́ров	Басса́ров	Батю́ев	Баша́ев
Бархударя́н	Ба́ссин	Батюко́в	Баша́рин
Ба́рцев	Ба́стов	Ба́тюшкин	Баша́шкин
Ба́рченков	Бастрюко́в	Ба́тюшков	Ба́шев
Барчуко́в	Басурма́нов	Ба́уер	Баши́лкин
Барша́й	Басы́ров	Бауко́в	Баши́лов
Ба́ршев	Басю́бин	Бау́лин	Башинджагя́н
Барыбин	Бата́ев	Ба́уман	Башка́тов
Барыбкин	Бата́лин	Ба́харев	Башки́н
Барыкин	Бата́лов	Бахва́лов	Башки́ров
Барыко́в	Батами́ров	Бахи́лин	Башки́рцев
Барынин	Бата́нов	Бахи́лов	Башко́в
Ба́рышев	Бате́нин	Бахи́тов	Башла́вин
Барышко́в	Ба́тенко́в	Бахме́тов	Башмако́в
Барышников	Ба́тенько́в	Бахме́тьев	Башма́рин
Баря́нов	Бате́хин	Ба́хмутов	Башмаче́нков
Баря́тинский	Бати́щев	Бахму́тский	Башма́чников

Башмашников	Беженцев	Бекман	Беловенцев
Баштаков	Безбородко	Бекович	Беловзоров
Башук	Безбородов	Бекренев	Беловицкий
Башуров	Безгинов	Бекрицкий	Беловодов
Башуцкий	Безекирский	Бекунов	Беловолов
Баюков	Безенчук	Белавин	Белоголов
Баяджиев	Беззаботнов	Белаго	Белоголовов
Баялинов	Безземельный	Беланов	Белогорлов
Баянов	Беззубов	Белановский	Белогоров
Баясов	Безлепкин	Беларёв	Белогорский
Бебчук	Безлуков	Белахов	Белогубов
Бегак	Безменов	Белашов	Белогуров
Бегам	Безмыгин	Белевцев	Белодедов
Бегетов	Безногов	Белелюбский	Белозёров
Бегимов	Безносиков	Беленицын	Белозёрский
Бегинин	Безносов	Беленкин	Белоклоков
Бегичев	Безобразов	Беленков	Белоконев
Бегишев	Безперчий	Беленов	Белоконов
Беглов	Безпяткин	Беленцов	Белокопытов
Бегляров	Безредка	Беленький	Белокуров
Бегун	Безроднов	Беленьков	Белоногов
Бегунков	Безруков	Белёсов	Белопольский
Бегунов	Безрученко	Белестов	Белопяткин
Бегунцов	Безуглов	Белехов	Белоруков
Бегушин	Безумов	Белецкий	Белорусев
Бегушкин	Безухий	Белик	Белоруссов
Бедарёв	Безухов	Беликов	Белорусцев
Бедердинов	Безыменский	Белинков	Белоручев
Бедин	Безяев	Белинович	Белосельский
Беднов	Бей-Биенко	Белинский	Белосмудцев
Бедный	Бейлин	Белицкий	Белостоцкий
Бедняков	Бейлинсон	Беличев	Белотелов
Бедов	Бейльштейн	Беличенко	Белоусов
Бедовов	Бекасинников	Беличкин	Белохвостиков
Бедонегов	Бекасов	Белкачёв	Белохвостов
Бедрединов	Бекенев	Белкин	Белоцветов
Бедрин	Бекетов	Белков	Белоцерков
Бедрицкий	Бекин	Беллонин	Белоцерковский
Бедрягин	Беккер	Белобородов	Белошапкин
Бежаев	Беклешов	Белов	Белошапко
Бежанов	Беклин	Белованов	Белугин

Белу́хин	Бене́цкий	Берёзкин	Бернада́кин
Бе́лый	Бе́нзов	Бере́зко	Берна́дский
Белы́х	Бениами́нов	Бе́резнёв	Берна́рдский
Бе́лышев	Бени́лов	Березнико́в	Берна́цкий
Бельведе́рский	Бени́н	Березни́цкий	Бе́рнер
Бельведо́нский	Бенисла́вский	Берёзов	Бе́рников
Бе́льдов	Бени́цкий	Березовико́в	Берно́в
Бе́лькинд	Бенкендо́рф	Березу́цкий	Бернште́йн
Бе́льский	Бентуга́нов	Березя́тов	Берри́йский
Бе́льтов	Бенуа́	Беренде́ев	Берсе́нев
Бельцо́в	Бенцма́нов	Берендюко́в	Берсе́нь-Беклеми́шев
Бе́льчев	Бенько́	Берензо́н	Бе́ртельс
Бе́льченко	Бенько́в	Беренште́йн	Берте́нев
Бе́льчик	Бе́ньчик	Бе́реснев	Берти́нов
Бе́льчиков	Берба́сов	Бересте́цкий	Бе́рхин
Белюно́в	Бербе́ров	Бе́рестнёв	Берша́дский
Белю́тин	Бергго́льц	Бе́рестов	Бершо́в
Беля́вин	Бергельсо́н	Берестюко́в	Бесе́дин
Беля́вский	Бергенге́йм	Берза́рин	Бесе́днов
Беля́ев	Бе́ргер	Бе́рзин	Беси́ев
Беля́к	Берго́льцев	Бе́рзинь	Бескиба́лов
Беляко́в	Берда́кин	Бе́ринг	Бе́скин
Беля́нин	Бе́рдин	Бе́рингов	Беско́в
Беля́нов	Берди́чевский	Бе́ринов	Бескода́ров
Беля́нцев	Бе́рдников	Бериташви́ли	Бескра́йний
Беля́нчиков	Бе́рдов	Бе́рия	Бескро́внов
Беля́сов	Бердо́вцев	Берка́лов	Бески́рников
Беля́цкий	Бердоно́сов	Беркенге́йм	Бесло́в
Бе́мбель	Бердя́ев	Бе́ркин	Бе́сов
Бемште́йн	Берего́вский	Бе́ркман	Беспа́лов
Бе́ндер	Бере́дин	Берко́в	Беспа́лый
Бенде́рин	Бережи́нский	Берко́вич	Беспа́ндин
Бе́ндеров	Бережко́в	Берко́шев	Есполи́тов
Бенде́рский	Бережно́в	Берла́га	Беспо́лов
Бе́ндиков	Бережно́й	Бе́рлизов	Беспоща́дный
Беневоле́нский	Береза́нский	Берли́нер	Бесса́лько
Бенеди́ктов	Бередо́в	Берли́нский	Бессара́бов
Бенеля́вдов	Берёзенцев	Берло́в	Бессеме́нов
Бененсо́н	Берёзин	Берло́вич	Бессемя́нов
Бенефа́ктов	Берёзин	Бе́рман	Бессме́ртнов
Бенефи́сов	Берёзи́нский	Бе́рмин	Бессме́ртный

Бессо́льцин
Бессо́нницын
Бессо́нов
Бессу́днов
Бессча́стнов
Бесту́жев
Бесфами́льный
Бесхле́бнов
Бесча́стнов
Бесчи́нский
Бесяко́в
Бе́телев
Бе́теров
Бете́хтин
Бе́тешев
Бе́тин
Бётлингк
Бето́нов
Бетри́щев
Бехбу́тов
Бе́хтенев
Бе́хтерев
Бе́хтин
Бецко́й
Бе́чин
Бешенко́вский
Бе́шенцев
Бешме́тов
Бешня́к
Биа́нки
Биба́нов
Би́биков
Би́бин
Би́бичев
Би́бишев
Бига́шев
Бигда́й
Биге́ев
Бигу́сов
Биде́нко
Би́зев

Бизю́кин
Бизюко́в
Бизя́ев
Бикба́ев
Бикке́нин
Бикку́лов
Бикма́тов
Бикмеджа́нов
Бику́сов
Била́лов
Биле́нкин
Биле́нко
Бильба́сов
Бильдя́нов
Билю́тин
Биля́рский
Бимба́ев
Бинда́сов
Би́нкин
Би́нов
Бинюко́в
Би́рин
Би́ричев
Би́ркин
Би́рман
Бирно́в
Биро́н
Биру́лин
Би́рхман
Бирча́нский
Биршо́в
Бирюзо́в
Бирюзо́вский
Бирюко́в
Бирюшо́в
Би́серов
Бисю́рин
Бися́рин
Бителёв
Би́ткин
Битко́в

Битуно́в
Битюго́в
Битюко́в
Бихме́тов
Бица́дзе
Би́цкий
Бичу́га
Бичу́рин
Биша́ев
Бла́гин
Благи́нин
Бла́гирёв
Бла́гов
Благова́ров
Благове́щенский
Благови́дов
Благово́лин
Благода́ров
Благода́тов
Благо́ев
Благо́й
Благонра́вов
Благосве́тлов
Благоскло́нов
Благосла́вов
Благу́шин
Блаже́вич
Блаже́йко
Блаже́ннов
Блаже́нный
Блаже́нов
Бла́жин
Блажко́
Блажно́в
Бла́зкин
Бла́ндов
Бланманжо́в
Бла́нтер
Блатушко́в
Бледнёв
Блледно́в

Бле́клов
Бле́скин
Бле́херов
Бле́хман
Бли́жников
Близнако́в
Близне́нко́в
Близни́н
Близню́к
Близнюко́в
Близня́к
Блинко́в
Бли́нников
Блино́в
Блино́вский
Блинцо́вский
Блиста́нов
Блисти́нов
Бло́нский
Блохи́н
Блохи́нцев
Блоше́нков
Блу́мбах
Блуменфе́льд
Блю́дин
Блю́мберг
Блюмента́ль
Блю́мкин
Блю́хер
Бля́вкин
Бля́хин
Бля́хман
Бна́тов
Бобако́в
Бобе́лин
Бобе́рко
Бо́биков
Бо́бин
Бо́бичев
Бо́бкин
Бобко́в

Бо́бов
Бобо́вич
Боборы́кин
Бобо́шкин
Бобрако́в
Бобре́цкий
Бо́бриков
Бо́бринский
Бобро́в
Бобро́вников
Бобро́вский
Бобро́к
Бобру́йский
Бобру́сов
Бобры́нин
Бо́брышев
Бобуно́в
Бо́бчинский
Бобылёв
Бобы́нин
Бобыни́цын
Бобырёв
Бо́бышев
Бобышо́в
Бо́вин
Бовы́кин
Богае́вский
Боганко́в
Бога́нов
Бога́тин
Бога́ткин
Бога́тков
Бога́тов
Богатырёв
Богачёв
Богда́ев
Бо́гдан
Богданке́вич
Богда́нов
Богдано́вич
Богдано́вский

Богда́нчиков
Богдаса́ров
Богда́тьев
Богдаше́вский
Богда́шкин
Богде́нко
Богейчу́к
Бо́гин
Богла́ев
Богобо́рцев
Бо́гов
Богода́ев
Богоду́хо́вский
Боголю́бов
Боголю́бский
Богома́зов
Богоми́льский
Богомо́лец
Богомо́лкин
Богомо́лов
Богомо́льный
Богора́з
Богори́дов
Бо́горов
Богоро́дицкий
Богоро́дский
Богбо́рский
Богосло́вский
Богоявле́нский
Богрецо́в
Богро́в
Богу́н
Богуно́в
Богу́нский
Богусла́вский
Бо́гушев
Богуше́вич
Бода́нов
Бодаре́вский
Боде́ев
Бо́дин

Бодна́рский
Бодовско́в
Бо́дриков
Бо́дрин
Бодри́хин
Бодро́в
Бодря́гин
Бодряко́в
Боду́лин
Бодунко́в
Бодуно́в
Бодуэ́н де Куртенэ́
Бодя́ев
Бодя́жин
Бодя́ко
Бодя́нский
Бо́ев
Бое́чин
Божа́нов
Боже́нко
Боже́нов
Боженб́к
Божеря́нов
Божко́
Божко́в
Бо́жнев
Бо́зин
Бо́зов
Бойкачёв
Бо́йко́
Бо́йко́в
Бойцо́в
Бойче́вский
Бо́йченко
Бокадо́ров
Бо́канёв
Бокарёв
Бока́риус
Бо́кий
Бо́кин
Бокле́вский

Боклуно́в
Бо́ков
Боконба́ев
Бокуня́ев
Бокши́цкий
Бокште́йн
Болва́нцев
Болга́ринов
Бо́лго́в
Болдако́в
Бо́лдарев
Бо́лде́нко́в
Бо́лдин
Бо́лдо́в
Болдума́н
Бо́лдырев
Бо́лдышев
Болесла́вский
Бо́лкин
Болко́нский
Болкуно́в
Бо́логов
Болого́вский
Боло́зин
Болоне́нков
Боло́нин
Боло́нов
Боло́тин
Боло́тинов
Боло́тников
Бо́ло́тов*
Боло́тский
Болта́ев
Болта́сов
Бо́лти́н
Бо́лтинов
Болтруке́вич
Болтуно́в
Болту́хин
Болту́шкин
Бо́лтышев

Болтя́нский
Болхова́тин
Болхова́тинов
Бо́лхо́вский
Больно́в
Бо́льский
Большако́в
Больша́нин
Бо́льшев
Большинцо́в
Большо́в
Большо́й
Большуно́в
Бо́мбин
Бо́мкин
Бомште́йн
Бонапа́ртов
Бона́рцев
Бо́ндарев
Бондаре́вский
Бондаре́нко
Бондарчу́к
Бонда́рь
Бо́ндиков
Бо́ндин
Бо́ндырев
Бо́нин
Бо́нкин
Бораблёв
Боратьíнский
Бо́ргман
Бордо́нов
Бордуко́в
Бордуля́к
Бордюко́в
Бордя́нов
Боре́йко
Боре́сков
Борзе́нков
Бо́рзо́в
Борийчу́к

Бо́рин
Борисе́вич
Борисе́нко
Бори́скин
Бори́сков
Бори́сов
Борисо́вич
Борисо́вский
Борися́к
Бори́цкий
Бо́ркин
Борко́вский
Борма́тов
Бормаше́нко
Бо́рмотов
Борново́лков
Бо́робов
Бо́ров
Борови́к
Боровико́в
Боровико́вский
Борови́нский
Борови́тинов
Борови́цков
Боро́вкин
Боровко́в
Боровлёв
Боровнико́в
Бо́ровов
Борово́й
Бо́ровский
Боровя́гин
Борода́вкин
Борода́вченко
Бородачёв
Бороде́нко
Бороди́н
Бороди́нский
Боро́дкин
Бо́родов
Бороду́ев

Бороду́лин
Борозде́нков
Борозди́н
Боро́здный
Боро́нин
Борони́хин
Бо́рохов
Бо́рский
Бортке́вич
Бо́ртников
Бортня́нский
Боруно́в
Боруха́нов
Бору́хин
Бо́рухов
Борухо́вин
Бо́рхин
Борцо́в
Борщ
Бо́рщёв
Борще́вский
Борщо́в
Борщуко́в
Бо́рычев
Борю́шин
Боря́н
Боря́тин
Боря́ти́нский
Бо́сиков
Бо́син
Босоно́гов
Босто́рин
Босула́ев
Бо́сый
Ботви́н
Ботви́нкин
Ботви́нник
Ботви́нникоь
Ботви́нов
Ботвино́вский
Бо́тиков

Бо́тин
Бо́ткин
Бо́тников
Бо́тов
Бото́ев
Боха́нов
Бо́хин
Бо́хов
Бо́хти́н
Боцви́нов
Боци́ев
Бочарников
Бо́чвар
Бо́чин
Бочи́нин
Бочка́лов
Бочкарёв
Бо́чкин
Бочко́в
Бочма́нов
Бо́чнев
Бочтарёв
Бошня́к
Бо́штарёв
Бою́ров
Бояджи́ев
Боя́рин
Боя́ринов
Боя́ринцев
Боя́ркин
Боя́ров
Боя́рский
Боя́ршинов
Боя́ришников
Бра́верман
Бра́вин
Бра́вичев
Брагиле́вский
Бра́гин
Браже́вич
Бра́жкин

Бра́жник
Бра́жников
Бра́йцев
Бра́мин
Брандуко́в
Брани́цкий
Брасла́вский
Брасло́в
Братви́хин
Брате́нев
Брате́нко́в
Бра́тин
Брати́щенко
Брату́сь
Брату́хин
Бра́тцев
Бра́тченко
Бра́тчиков
Братяко́в
Бра́унер
Браунште́йн
Брацла́вский
Брачко́вский
Бра́шман
Бре́гман
Бреди́хин
Бредю́к
Бре́ев
Бре́жнев
Бре́згин
Брезгуно́в
Бре́йтбург
Брендако́в
Бре́нер
Бренко́
Бре́ннер
Бре́скин
Бресла́вский
Бре́хов
Бреховски́х
Брешко́вский

Брещ
Бри́вин
Брига́днов
Бриги́дин
Бридько́
Бри́едис
Бри́ков
Бри́линг
Бриллиа́нтов
Бриллиа́тов
Бри́ллинг
Бри́скин
Брискин̇дов
Бри́сов
Брита́ев
Бритве́нко
Бри́твин
Бри́тиков
Бри́тов
Бри́цке
Бри́чкин
Брова́льский
Бро́вка
Бро́вкин
Бро́вченко
Броде́цкий
Бро́дкин
Бро́дов
Бродо́вич
Бро́дский
Бродя́гин
Бро́зин
Бройни́цкий
Бро́мберг
Бромле́й
Броне́вский
Бро́нин
Бро́нников
Бро́нский
Бронште́йн
Бро́скин

Бро́хин
Бру́ев
Бруе́вич
Бруенко́в
Брузжа́к
Бру́ков
Бруко́вский
Бру́ни
Брунно́в
Бруно́в
Брусе́нин
Бруси́лов
Брусило́вский
Бру́син
Бру́скин
Бруско́в
Бру́снев
Брусни́кин
Брусни́цын
Брусни́чкин
Бру́сов
Бруха́нский
Брушли́нский
Бруя́кин
Брызга́лов
Бры́кин
Бры́ков
Бры́ксин
Бры́лин
Бры́лкин
Бры́лов
Бры́ндин
Бры́нзов
Бры́нкин
Бры́нцев
Бры́син
Бры́скин
Бры́сов
Брычёв
Брюзги́н
Брюлло́в

Брюло́в
Брю́нин
Брю́сов
Брюха́лов
Брюха́нов
Брюха́тов
Брюхачёв
Брюхи́н
Брю́хов
Брюшко́в
Бря́брин
Бря́гин
Бря́нкин
Бря́нский
Бря́нцев
Буадчи́дзе
Буачи́дзе
Бубе́нников
Бубенно́в
Бубе́нцев
Бубенцо́в
Бубе́нчиков
Бубе́шко
Бубле́ев
Бубле́йников
Бу́бликов
Бу́блин
Бу́бнов
Бу́бчиков
Буга́ев
Буга́евский
Бугае́нко
Буга́йский
Буга́ков
Бугорко́в
Бугри́мов
Бугри́нов
Бугро́в
Бугу́лов
Буда́гов
Буда́ев

Будако́в
Буда́нов
Буда́нцев
Буда́рин
Буда́хин
Буда́шкин
Бу́дде
Буде́вский
Буде́нный
Будзи́нский
Буди́лин
Буди́лов
Будило́вич
Бу́дин
Буди́нов
Будке́вич
Бу́дкер
Бу́дкин
Будко́в
Будко́вский
Бу́днев
Будне́вич
Бу́дник
Бу́дников
Будни́цкий
Будри́н
Буду́кин
Бу́дченко́в
Бу́дылёв
Буды́лов
Будю́кин
Будяко́в
Будя́нский
Бу́ев
Буе́вич
Буера́кин
Бужи́нский
Бужу́рин
Бузалёв
Буза́нов
Буздако́в

Бузда́лин
Бу́зди́н
Бузе́скул
Бу́зин
Бузи́нкин
Бузино́в
Бузко́в
Бу́зников
Бу́зов
Бузуко́в
Бузулу́ков
Бузуно́в
Бузыка́нов
Бузы́кин
Бузырёв
Буйко́
Буйна́кский
Буйни́цкий
Бука́нов
Букарёв
Бука́тов
Букварёв
Буке́тов
Бу́кин
Букле́ев
Букло́в
Бу́ков
Букове́цкий
Буко́вин
Буко́вский
Буко́вшин
Букре́ев
Буку́ров
Букште́йн
Букшты́нов
Була́вин
Була́вкин
Була́ев
Була́евский
Булако́в
Була́ненков

Була́нин
Була́нов
Була́нцев
Була́ткин
Була́тников
Була́тов
Булато́вич
Була́хов
Булахо́вский
Булга́ков
Булга́нин
Булга́нов
Булга́рин
Булдако́в
Булда́нов
Буле́вский
Були́мов
Бу́лкин
Було́нский
Бу́лочников
Булы́га
Булы́гин
Булы́жников
Бу́лычёв
Булычо́в
Бу́лышев
Бу́льба
Бульбе́нко
Бульдя́ев
Бума́жный
Бумште́йн
Буна́ев
Буна́к
Бунако́в
Бу́нге
Бу́ндин
Бундюко́в
Буне́гин
Буниа́тов
Буниатя́н
Бунимо́вич

Бу́нин
Бу́нкин
Бунто́вников
Бу́нчиков
Бунчу́к
Бунчуко́в
Буня́ев
Буняко́вский
Бура́го
Бурако́в
Бураха́нов
Бура́шников
Бурга́сов
Бургу́нский
Бурдачёв
Бурде́нко
Бурде́нков
Бурджа́лов
Бу́рди́н
Бурдо́вский
Бурдо́нский
Бурду́н
Бурды́кин
Бурдюго́в
Буре́ев
Буре́нин
Буре́нко
Буренко́в
Буржи́нский
Бури́ев
Бу́риков
Бурилёв
Бу́рин
Бури́нский
Буриче́нков
Бурка́цкий
Бу́ркин
Бурко́в
Бурко́вский
Бурла́к
Бурлако́в

Бурлаче́нко
Бурли́н
Бурло́в
Бурлю́к
Бурля́ев
Бурма́кин
Бу́рман
Бурме́йстер
Бурми́лов
Бурми́стров
Бурна́ш
Бурнашо́в
Буро́бин
Бу́ров
Буро́вин
Буртако́в
Буру́кин
Буруче́нков
Бурха́нов
Бу́рцев
Бурцо́в *
Бу́ршин
Бурште́йн
Бу́рштин
Буры́кин
Буры́личев
Буры́нин
Бурэ́
Буряко́в
Буря́тский
Буса́лов
Буса́нов
Буса́ров
Бу́скин
Бусла́ев
Буслако́в
Бу́ссов
Бусу́рин
Бусурма́нов
Бусы́гин
Буся́цкий

Бутако́в
Бута́нов
Буташе́вич
Буте́ев
Буте́нко
Бу́тиков
Бу́тин
Бутке́вич
Бутко́
Бутко́в
Бу́тлеров
Бу́тников
Буто́вич
Бутовский
Буто́рин
Бу́точников
Бутриме́нко
Бутри́мов
Буту́зкин
Буту́зов
Буту́лов
Буту́рин
Буту́сов
Буты́гин
Бутылёв
Буты́лкин
Бутыля́к
Буты́рин
Буты́шкин
Бутю́гин
Буха́льцев
Буха́нов
Буха́нцев
Бу́харев
Буха́рин
Буха́рцев
Бухво́стов
Бухе́ев
Бу́холев
Бухта́нов
Бухте́ев

Бу́хтин
Бухтия́ров
Бухту́рин
Буце́нин
Буча́нов
Бученко́в
Бу́чин
Бучи́нский
Бучи́хин
Бу́чма
Бу́чнев
Бу́шев
Бу́шин
Буши́нский
Буши́хин
Бушко́в
Бушма́нов
Бушма́рин
Бу́шмелев
Бу́шнев
Бушняко́в
Бушу́ев
Буюно́в
Буя́лов
Буя́льский
Буя́нов
Быбышев
Быда́рин
Бызо́в
Бык
Быкадо́ров
Быка́нов
Быко́в*
Быко́вский
Была́нин
Были́нин
Были́нкин
Были́нский
Было́в
Бы́рдин
Бырю́шкин

Быстрецо́в
Быстри́цкий
Быстро́в
Быстряко́в
Быте́нский
Быха́лов
Быха́нов
Бы́хов
Быченко́в
Бычи́хин
Бычко́
Бычко́в
Бычко́вский
Бышо́в
Бяду́ля
Бя́ков
Бя́лик
Бялко́вский
Бя́льский
Бя́рбин

В

Вави́лин
Вави́ло
Вави́лов
Вави́лушкин
Ва́вин
Ваву́лин
Вага́ев
Вага́нов
Вагжа́нов
Ва́гин
Ва́гишев
Ва́гнер
Вагра́м
Вагра́нский
Ваде́ев
Веде́рников
Ва́дик

Вадко́вский
Важда́ев
Важее́вский
Важе́нин
Важно́в
Ва́зов
Вазю́лин
Ва́йдов
Ва́йнберг
Ва́йнер
Ва́йнеров
Вайнше́нкер
Вайнште́йн
Ва́йсберг
Ва́йсман
Ва́йсфельд
Вакаленчу́к
Ва́карёв
Ва́ксин
Ва́ксман
Ва́ксов
Вакуле́нко
Ваку́лин
Вакулинчу́к
Ва́куров
Вала́гин
Вала́ев
Валда́ев
Валды́ркин
Вале́вский
Вале́ев
Валенко́в
Валенти́нов
Вале́нцев
Вале́рин
Вале́тов
Вали́ев
Ва́ликов
Ва́лин
Валиха́нов
Валко́вский

Ва́ллин
Ва́лов
Валобин
Валу́ев
Валу́йцев
Валу́хов
Ва́льберх
Ва́льден
Ва́льдман
Валько́в
Ва́льтер
Ва́льцев
Валя́ев
Валя́шко
Ва́ндышев
Ване́ев
Ва́нин
Ва́ничкин
Ванко́в
Ва́нников
Ванно́вский
Ванто́рин
Ванцо́в
Ванше́нкин
Ванько́в
Ванюко́в
Ваню́шин
Ваню́шкин
Ваня́кин
Ваня́шин
Вара́вин
Вара́ев
Вара́кин
Вара́ко́в
Вара́ксин
Варва́рин
Варва́ркин
Варве́цкий
Варви́нский
Ва́рга
Варга́зин

Варга́нов
Ва́ргин
Вардання́н
Варде́ев
Ва́рдин
Варе́гин
Ва́режкин
Варе́нников
Варенцо́в
Варёнышев
Ва́рес
Варе́шин
Ва́ричев
Варку́ев
Варла́мкин
Варла́мов
Варла́нов
Варлашо́в
Варна́ев
Ва́рнек
Варпахо́вский
Варсано́фьев
Варсо́бин
Вартаза́ров
Варта́нов
Вартапе́тов
Варунця́н
Варфоломе́ев
Варша́вский
Вары́вдин
Вары́гин
Варю́хин
Васа́дзе
Васе́нин
Васенко́в
Василе́вич
Василе́вский
Василе́нко
Василе́нков
Васили́син
Васили́шин

Васи́льев
Васи́льев-Бугла́й
Васи́льевский
Василько́ *
Василько́в
Василько́вский
Васи́льченко
Васи́льчиков
Ва́син
Васке́вич
Васко́в
Ва́снев
Васнецо́в
Васько́в
Васья́нов
Васюко́в
Васю́нин
Васю́ничев
Васю́нькин
Васю́тин
Васю́тинский
Васю́тичев
Васю́тчев
Васю́хин
Вася́ев
Вася́ткин
Вата́гин
Вата́жин
Ватко́вский
Ва́трин
Ватру́хин
Ватру́шин
Вату́лин
Вату́тин
Ва́улин
Ваха́лин
Ваха́тов
Вахи́тов
Вахлако́в
Вахле́ев
Вахлю́ев

Ва́хмистров
Вахни́н
Ва́хов
Вахо́нин
Вахраме́ев
Ва́хрушев
Вахру́шин
Вахру́шкин
Вахта́нгов
Ва́хтин
Ваху́ркин
Ваци́лин
Вачна́дзе
Ва́шенцев
Ва́шкин
Вашко́в
Ва́щенко
Ва́щенков
Введе́нский
Вдове́нко
Вдо́вин
Вдо́вьев
Ве́бер
Ве́дель
Ведене́ев
Веде́нин
Ведени́сов
Веде́ничев
Веде́нкин
Веде́нко́в
Веде́нчев
Веденя́ев
Веденя́пин
Веде́рников
Ведеров
Ве́дихов
Ве́дро́в
Ве́дьмин
Ведю́шкин
Ведя́кин
Ве́жинов

Вези́ров
Ве́йкин
Ве́йнберг
Ве́йсбейн
Ве́йсман
Вейтко́в
Ве́йцкин
Ве́йцман
Веки́лов
Ве́кслер
Ве́куа
Ве́кшин
Ве́лежев
Веленчу́к
Веле́цкий
Велие́ев
Велижа́нин
Велиза́рий
Велика́нов
Велика́тов
Великжа́нин
Ве́ликов
Велико́вский
Великодво́рцев
Великопо́льский
Велича́нский
Вели́чкин
Вели́чко
Величко́вский
Величу́тин
Велла́нский
Вельве́ров
Ве́лькин
Ве́льмин
Ве́льский
Вельти́щев
Ве́льтман
Вельчани́нов
Вельями́нов
Ве́мочкин
Венге́ров

Венгеро́вский
Венге́рцев
Ве́нгров
Ве́ндин
Веневи́тинов
Вене́вцев
Венеди́ктов
Вене́лин
Венециа́нов
Вениами́нов
Веникеев
Ве́ников
Ве́нин
Венко́в
Ве́нтцель
Ве́нцлова
Венюко́в
Веня́вин
Ве́прев
Вепре́йский
Вепхва́дзе
Верби́цкий
Верга́сов
Вергу́н
Вердере́вский
Верёвка
Верёвкин
Вере́йский
Вере́жников
Верезу́бов
Вере́ин
Вере́мьев
Верени́кин
Вере́нчиков
Вереса́ев
Вереса́й
Ве́ресов
Верете́нников
Веретю́шкин
Ве́реха
Вереща́гин

Вержбило́вич
Вержби́цкий
Вержи́цкий
Верзи́лов
Вери́гин
Вери́го
Вери́жников
Верико́вский
Ве́рин
Ве́рмель
Верна́дский
Ве́рнев
Ве́рнер
Ве́рников
Верни́ко́вский
Верно́в
Ве́ров
Ве́рочкин
Верси́лов
Версто́вский
Ве́ртеров
Ве́ртов
Вертогра́дов
Вертола́ев
Верту́шкин
Ве́рушкин
Верхове́нский
Верхо́вский
Верхо́вцев
Верхола́нцев
Верхору́бов
Верхуно́в
Ве́рченко
Верши́гора
Верши́лов
Ве́ршин
Верши́нин
Верши́нский
Вершко́в
Ве́ршнёв
Вершо́в

Верюжский
Веселаго
Веселицкий
Весёлкин
Веселов
Весельков
Весенин
Веснин
Весницкий
Весничёв
Весновский
Весовщиков
Вестфален
Ветвицкий
Ветин
Веткин
Ветошкин
Ветошников
Ветров
Ветухов
Ветчинин
Ветчинкин
Вехов
Вечерин
Вечканов
Вечтомов
Вешкин
Вешкурцев
Вешников
Вешняков
Вещезёров
Вещиков
Взнуздаев
Взоров
Вивьен
Вигдорович
Вигель
Вигилянский
Виглин
Вигушин
Видавский

Видеман
Видинеев
Видишеев
Видов
Видонов
Видоплясов
Видюков
Видюлин
Видяпин
Видясов
Вижунов
Визгалин
Визе
Визиров
Викентьев
Викилинский
Викторенков
Викторинов
Викторов
Викуленков
Викулин
Викулов
Вилегин
Виленкин
Вилесов
Вилкин
Вилков
Вилларский
Вилльнев
Вильбоа
Вильвовский
Вильев
Вилькицкий
Вилькович
Вилюнов
Вильямс
Винаров
Виндавский
Винер
Винецкий
Виннер

Винник
Винников
Винниченко
Винов
Виновский
Виногоров
Виноградов
Виноградский
Винодаров
Винокур
Винокуров
Виноходов
Винский
Винтер
Винтов
Винчугов
Виньков
Виппер
Виргинский
Вирзин
Вирко
Вирлацкий
Вировец
Вирский
Вирта
Вирясов
Вискобойников
Висков
Висковатов
Висневский
Висса рибнов
Витали
Витачек
Витберг
Витвицкий
Витевский
Витин
Виткин
Витковский
Витлин
Витов

Витрам
Витте
Витторф
Витухин
Витчевский
Витчинкин
Витюгов
Виханский
Вихирёв
Вихляев
Вихлянцев
Вихман
Вихорев
Вихранов
Вихрев
Вихрин
Вихров
Вицын
Вичеревин
Вишенков
Вишератин
Вишкарёв
Вишков
Вишнёв
Вишневецкий
Вишневский
Вишнепольский
Вишня
Вишняков
Владимиров
Владимирский
Владимирцев
Владиславлев
Владиславский
Владомирский
Владыкин
Владычин
Влаков
Власенко
Власенков
Власкин

Власов
Властов
Власьев
Влахов
Влацкий
Внуков
Внучков
Вобликов
Воблый
Вовченко
Вовчок
Вовшин
Воднев
Водоватов
Водовик
Водовозов
Водолагин
Водопьянов
Водорезов
Водягин
Водянов
Водяшин
Воеводин
Воеводкин
Воеводский
Воейков
Вожаков
Вожеватов
Возвышаев
Воздвиженский
Возженников
Вознесенский
Возницын
Возовик
Возчиков
Возяков
Воинов
Войденов
Войдёнов
Войнаральский
Войнаровский

Войницев
Войницкий
Войнов
Войслав
Войтенков
Войтехов
Войтинский
Войтковский
Войтов
Войтович
Войханский
Войцеховский
Войцик
Войшин
Вокаев
Вол
Волбуев
Волвенков
Волгин
Волегов
Волженин
Волженский
Волжин
Волик
Воликов
Волин
Волков
Волковинский
Волковицкий
Волкович
Волковский
Волконский
Воллосович
Волнухин
Волнянский
Волобуев
Волов
Воловик
Волович
Воловщиков
Вологдин

Вологжанин
Вологженин
Володарский
Володенко
Володин
Володичев
Володкин
Володкович
Володский
Волокидин
Волоков
Волосатов
Волосенков
Волосков
Волоснов
Волосов
Волостнов
Волосюк
Волотеев
Волохов
Волоцкий
Волочаев
Волочков
Волошанин
Волошин
Волошинов
Волощук
Волуйский
Волхов
Волчанинов
Волчанский
Волчек
Волченков
Волчихин
Волчков
Волшин
Волынкин
Волынов
Волынский
Волынцев
Волыхин

Вольберг
Вольников
Вольнов
Вольпин
Вольский
Вольховский
Воляков
Вонсовский
Ворвулёв
Ворицкий
Воркуев
Ворносков
Воробейчик
Воробкевич
Воробков
Воробушкин
Воробьёв
Воровский
Ворогушин
Ворожбиев
Ворожейкин
Ворожцов
Ворон
Воронец
Воронин
Воронинский
Вороних
Воронихин
Вороницын
Воронкин
Воронков
Воронов
Воронович
Вороновский
Вороной
Воронский
Воронцов
воронько
Воронюк
Воропаев
Воропанов

Воротилин	Врубель	Высокосов	Габинов
Воротилов	Врублевский	Высотин	Габинский
Воротников	Всеволодов	Высотский	Габичвадзе
Воротов	Всехсвятский	Выставкин	Габов
Воротынский	Вторников	Вытягушкин	Габович
Воротынцев	Второв	Выходцев	Габриелев
Ворохов	Втулкин	Вычков	Габричевский
Ворошилин	Втюрин	Вышелесский	Габуев
Ворошилов	Вуйлов	Вышеславцев	Гавриков
Ворошин	Вукалов	Вышинский	Гавриленко
Вортман	Вуколаев	Вышневский	Гаврилин
Воршев	Вуколов	Вышнеградский	Гавриличев
Восканов	Вульман	Вьюгин	Гаврилкин
Восканян	Вульфсон	Вьюгов	Гаврилов
Воскобойников	Вургун	Вьюев	Гаврилович
Воскресенский	Вурдов	Вьюков	Гаврилюк
Вословский	Вустин	Вьюнников	Гаврин
Востоков	Вучетич	Вьюнов	Гавричев
Востриков	Выблов	Вьюрков	Гавришев
Востров	Выборгский	Вьюшин	Гавронский
Востроглазов	Выборнов	Вязакин	Гаврюшин
Востродымов	Выволочнов	Вязанкин	Гавурин
Востротин	Выговский	Вяземский	Гавшин
Вострышев	Выгодовский	Вязиков	Гаганов
Востряков	Выгодский	Вязков	Гагарин
Вотинов	Выгонов	Вязников	Гагаринов
Вотинцев	Выгорецкий	Вязов	Гагаринский
Вотчал	Выдряков	Вязовкин	Гагарченко
Вотяков	Выжигин	Вязовнин	Гагин
Вочнев	Выжлецов	Вялкин	Гаглов
Вощенков	Вымарёв	Вялов	Гадасин
Вощинский	Выпорков	Вяльцев	Гадаскин
Воячек	Выренков	Вяткин	Гаджибеков
Вразумихин	Выриков	Вятский	Гаджиев
Вральман	Вырин	Вяхирев	Гадиев
Врангель	Вырубов	Вяхрищев	Гадунов
Врасский	Вырыпаев		Гаев
Вревский	Выселков		Гаевский
Вреден	Выскворкин	Г	Газалов
Вронский	Выскрибцов		Газаров
Вронченко	Высокович	Габдуллин	Газданов

Газе́ев
Газе́нко
Газе́ров
Гази́ев
Га́зин
Га́зов
Гайга́ров
Гайда́й
Гайдама́кин
Гайда́р
Гайда́ров
Гайдебу́ров
Гайде́нков
Га́йдин
Гайдо́вский
Гайдуко́в
Гайко́в
Гайле́вич
Га́йнов
Гайту́ров
Га́клин
Га́ков
Гала́джев
Гала́ев
Галактио́нов
Гала́н
Гала́нин
Гала́нов
Гала́сьев
Гала́тский
Гала́хов
Галахо́вский
Гала́шин
Галде́ев
Га́лдин
Гале́ев
Гале́нин
Галёркин
Галиле́ев
Гали́лов
Гали́мов

Га́лин
Гали́нников
Гали́нов
Гали́нский
Галиу́ллин
Галиха́нов
Гали́цкий
Га́лич
Га́личев
Гали́шников
Галка́ускас
Га́лкин
Галко́вич
Га́лочкин
Галса́нов
Галте́ев
Галу́ев
Галу́зин
Галуно́в
Галустья́н
Галу́шин
Галу́шкин
Галу́шко
Галчи́х
Галы́нин
Га́лышев
Гальпе́рин
Га́льцев
Га́льцин
Гальцо́в
Га́льченко
Га́льчин
Галья́нов
Галюко́в
Галя́мин
Галято́вский
Галя́шкин
Гама́зин
Гамале́я
Гама́рник
Гамба́рин

Гамба́ров
Га́мбурцев
Гаме́ров
Гамза́тов
Га́мов
Гамо́зов
Га́ндельман
Га́ндер
Ганджу́нцев
Ганду́рин
Гане́ев
Гане́лин
Гане́цкий
Гане́шин
Га́нзин
Гани́ев
Га́нин
Га́нкин
Га́ннушкин
Га́нсен
Га́нский
Га́нслин
Га́нушкин
Га́нчев
Га́ншин
Ганы́кин
Га́ньшин
Ганю́шин
Ганю́шкин
Гапа́нов
Гапе́ев
Гапо́н
Гапоне́нко
Гапо́нов
Га́почко
Гапо́шкин
Гара́ев
Гара́мов
Гара́нин
Гара́нкин
Гара́шин

Га́рбер
Гарбови́цкий
Га́рбузов
Гарде́нин
Га́рдин
Гаре́ев
Гарето́вский
Гарза́нов
Гари́бов
Га́риков
Га́рин
Гарихму́сов
Гарка́ви
Гаркуно́в
Га́рлин
Га́рлов
Гарма́нов
Гарма́ш
Гармо́нов
Гарни́зов
Га́рнов
Га́ровников
Га́рочкин
Гарпе́нченко
Гарско́в
Гаруме́ков
Га́рцев
Га́ршин
Гары́нов
Гаса́нов
Гаси́лин
Гаси́лкин
Гаси́лов
Га́сов
Гаспа́ров
Гаспаря́н
Гасса́нов
Гасси́ев
Га́стев
Гате́ев
Гатиату́лин

Гати́лин
Гати́лов
Га́тов
Гатцу́к
Га́тчин
Га́узе
Га́ук
Га́ухман
Гафу́ров
Га́че́нко́в
Гачи́ев
Гачко́в
Гаша́лов
Га́шин
Гаши́нский
Га́шкин
Га́штов
Гашу́нин
Га́щенков
Гая́мов
Гварде́йцев
Гваську́в
Гвидоне́нко
Гви́лов
Гвини́ев
Гвоздарёв
Гво́здёв *
Гво́здиков
Гвозди́лов
Гво́зди́н
Гвоздко́в
Гво́здников
Гвоздо́в
Гда́лин
Гевели́нг
Геворко́в
Геге́лло
Ге́гин
Гегу́зин
Гедева́нов
Геденштро́м

Гедебо́нов
Ге́дике
Ге́дин
Геды́мин
Ге́зин
Гейда́ров
Ге́йден
Ге́йликман
Ге́йман
Ге́йшин
Ге́лин
Ге́ллер
Ге́льман
Гельти́щев
Ге́льфанд
Ге́льцер
Ге́ндель
Ге́ндельман
Ге́ндин
Ге́ндриков
Генду́нов
Генеату́лин
Генера́лов
Генеро́зов
Ге́ниев
Ге́нин
Ге́ништа
Генна́ди
Генна́диев
Ге́ннин
Гено́хов
Геода́ков
Гео́ргиев
Гео́ргиевский
Гера́нин
Гера́нкин
Герасиме́нко
Гера́симов
Герасимо́вич
Гера́син
Гера́скин

Гера́ськов
Герасю́тин
Гера́цкий
Гера́щенко
Ге́рбель
Ге́рбер
Ге́рлах
Герлови́н
Ге́рман
Германе́нко
Ге́рманов
Гермоге́нов
Геро́ев
Геро́нин
Герсева́нов
Ге́рцберг
Ге́рцев
Ге́рцен
Герценште́йн
Герцо́вский
Герцу́лин
Ге́рчиков
Гершано́вич
Гершго́рин
Гершерзо́н
Гершко́вич
Герште́йн
Гершу́н
Герье́
Ге́скин
Ге́тманов
Ге́цин
Ге́швенд
Геше́лин
Гиаци́нтов
Гибаду́лин
Гибе́ров
Ги́бин
Ги́бнер
Гига́нов
Гидири́мский

Ги́лельс
Гили́лов
Ги́лин
Гили́нский
Ги́льзин
Ги́льман
Гильферди́нг
Гиляре́вский
Гиля́ров
Гиляро́вский
Гиляшо́в
Гима́ев
Гимазе́тдин
Ги́мельфа́рб
Ги́мпельсо́н
Гинди́кин
Ги́ндин
Гине́син
Ги́нзберг
Ги́нзбург
Ги́нцбург
Ги́ппиус
Ги́ра
Гирба́сов
Ги́ргас
Гиргола́в
Ги́рев
Ги́рин
Ги́рлин
Гирса́нов
Гиру́сов
Ги́ршман
Ги́ршфельд
Ги́син
Ги́скин
Ги́тман
Ги́чев
Гла́вач
Гла́вче
Глаго́вский
Глаго́лев

Глаго́лов
Глаго́ль
Глаго́льев
Гла́дкий
Гла́дких
Гладкоборо́дов
Гладко́в
Гла́днев
Гла́дников
Гла́дченко
Гладште́йн
Гла́дышев
Глазако́в
Глаза́тов
Глазачёв
Глазко́
Глазко́в
Гла́зов
Глазуно́в
Глазы́рин
Гланско́в
Гласко́
Глафи́рин
Гле́бачев
Гле́бов
Глебо́вский
Глеза́ров
Гле́зер
Гле́зин
Гли́бов
Гливе́нко
Гли́кин
Гли́нка
Гли́нкин
Глинко́в
Гли́нский
Гли́чев
Глиэ́р
Гло́бов
Глова́цкий
Гло́зман

Гло́тов
Глу́бжин
Глубо́ков
Глубоко́вский
Глу́дкин
Глу́зман
Глу́мов
Глухарёв
Глухи́х
Глу́хов
Глухо́вский
Глуша́ев
Глушако́в
Глуша́нин
Глушенко́в
Глушко́в
Глушко́вский
Глу́щенко
Глы́зин
Гме́лин
Гмырёв *
Гмы́ря
Гнате́нко
Гнацю́к
Гне́вашев
Гне́вышев
Гнеде́нко
Гне́дин
Гне́дич
Гне́дкин
Гнедко́в
Гнедо́в
Гнедо́вский
Гнедо́й
Гнеды́х
Гне́син
Гне́тнёв
Гни́дин
Гно́ев
Гну́сарёв
Гну́скин

Гну́сов
Гну́тов
Гну́чев
Гбберман
Гббошев
Гобу́ев
Говоре́нков
Говорко́в
Гбворов
Говоро́ков
Говоруне́нко
Говору́хин
Говорю́хин
Говсе́ев
Гову́рин
Говя́дин
Говя́динов
Гбгин
Гбголев
Гбголь
Гбго́сов
Гого́цкий
Годзе́цкий
Гбдик
Године́р
Годле́вский
Гбднев
Гбдов
Годо́вский
Годуно́в
Гбев
Гбжев
Гбзин
Гбйкин
Гбйлов
Гбйхман
Гола́нов
Гблвин
Голдабе́нков
Гблдин
Голдобе́нков

Голдо́бин
Голдо́вский
Гблев
Голе́лов
Голенба́ков
Голенде́ров
Голени́щев
Голе́нкин
Голенко́в
Голи́ев
Гбликов
Голи́цев
Голи́цин
Голи́цын
Голичко́в
Гблишев
Гбллин
Гблов
Голова́н
Голова́не́нко
Голова́нов
Голова́стов
Голова́тый
Голова́цкий
Голова́цкин
Головачёв
Головаче́вский
Голова́шёв
Голова́шин
Голова́шкин
Голове́нкин
Голове́нко
Головик
Голови́н
Голови́нов
Головинский
Голо́вкин
Голо́вкинский
Головко́ *
Головлёв
Головле́нков

Головников
Головнин
Головня
Головтеев
Головченко
Головчинов
Головщенко
Голод
Голодков
Голодников
Голоднов
Голодный
Голодов
Голодушкин
Голоколосов
Гололобов
Голомидов
Голосков
Голосов
Голоузов
Голофтеев
Голохвастов
Голохвост
Голохматов
Голощапов
Голощёкин
Голуб
Голубашин
Голубев
Голубенко
Голубенков
Голубенцев
Голубин
Голубинский
Голубкин
Голубков
Голубковский
Голубов
Голубовицкий
Голубович
Голубовский

Голубушкин
Голубцов
Голубчиков
Голубчин
Голубятников
Голузин
Голунский
Голуховский
Голушкин
Голушков
Голый
Голынин
Голынкин
Голынский
Голышев
Голышков
Гольберг
Гольдабёнков
Гольдберг
Гольдгаммер
Гольденберг
Гольденвейзер
Гольдин
Гольдман
Гольдфарб
Гольдштейн
Гольман
Гольмстен
Гольнев
Гольников
Гольтянин
Гольтяпин
Гольфельд
Гольцев
Гольцин
Гольцман
Гольцов
Голягин
Голядкин
Голяев
Голяков

Голянов
Голяркин
Голятин
Голяшкин
Гомбоев
Гомозов
Гоморов
Гонорский
Гонтарёв
Гонцов
Гончар
Гончарёв
Гончаренко
Гончаров
Гончарук
Гончуков
Гоняшин
Гопин
Горанин
Горанков
Горанов
Горанский
Горащенко
Горб
Горбанёв
Горбатенко
Горбатенков
Горбатов
Горбачёв
Горбин
Горбов
Горбовицкий
Горбоносый
Горбулёв
Горбулин
Горбун
Горбунков
Горбунов
Горбунцов
Горбунчиков
Горбушин

Горданов
Гордеев
Горденин
Гордиенко
Гордиков
Гордин
Гординский
Гордлевский
Гордов
Гордон
Гордун
Гордюхин
Гордягин
Горев
Гореев
Горезин
Гореликов
Горелин
Горелкин
Горелов
Горелышев
Горемыкин
Горенко
Горенков
Горенштейн
Горетов
Горехвастов
Горецкий
Горешин
Горжевский
Горин
Горинов
Горицветов
Горич
Горичев
Горкин
Горланов
Горластый
Горлачёв
Горленко
Горлин

Го́рлов	Горча́ников	Гото́вцев	Гра́фчиков
Горми́цкий	Го́ршелёв	Го́тский	Грациа́нов
Го́рнев	Горше́нин	Го́тцев	Грациа́нский
Горни́цкий	Горше́нов	Го́тчиев	Грач
Го́рно́в	Горше́чников	Го́флин	Грачёв
Горноста́ев	Горше́шников	Го́фман	Гра́шин
Горнште́йн	Горшко́в	Го́хман	Гра́шнев
Го́рный	Горшколе́пов	Гохште́йн	Гра́щенко́в *
Горобцо́в	Горшуно́в	Го́цев	Гребе́льский
Го́ровиц	Горы́нин	Го́шев	Гре́бенев
Городе́цкий	Горы́нкин	Го́шкин	Гребе́нин
Городи́лов	Горы́шник	Граба́нов	Гребёнка
Городи́щев	Го́рький	Граба́рь	Гребёнкин
Городко́в	Го́рько́в	Гра́бин	Гребе́нников
Го́роднев	Горько́вский	Гра́бов	Гребе́нщико́в *
Городно́в	Горю́ев	Грабо́вский	Гре́бень
Городовико́в	Горюнко́в	Гра́ве	Гребенько́в
Горо́дский	Горюно́в	Гра́дов	Гребеню́к
Городцо́в	Горю́нцев	Гра́дусов	Гребешко́в
Горожа́нин	Горюхо́в	Гра́ев	Гребешо́в
Горожа́нкин	Горю́шин	Грае́вский	Гре́бнёв
Горомо́сов	Го́рюшкин	Гражда́нкин	Гре́бнер
Горо́хов	Горя́ев	Гра́кин	Гре́вцев
Горохо́вский	Горя́инов	Грамако́в	Гре́зин
Горохо́вцев	Горя́нин	Грамма́тиков	Грезно́в
Горо́шкин	Горя́нинов	Гра́мотин	Грека́лов
Горо́шков	Горя́нников	Грана́ткин	Гре́ков
Горпе́нко	Горя́нов	Грана́тов	Греку́лов
Го́рпи́н	Горя́нчиков	Гранату́ров	Гре́мин
Горпу́шкин	Горя́чев	Гранёнов	Гремисла́вский
Го́рский	Горяче́нков	Грани́льщиков	Гремя́кин
Го́рстин	Горя́чин	Гра́нин	Гремя́цкий
Го́рсткин	Горя́чкин	Гра́нкин	Гремя́чев
Горта́лов	Господарёв	Гранко́в	Гре́хов
Горты́нский	Господи́нов	Гра́нов	Гре́цкий
Горунда́ев	Го́стев	Грано́вский	Грецо́в
Го́рфин	Гостеми́лов	Гра́нцев	Греча́нин
Го́рцев	Гости́щев	Гра́фичев	Гречани́нов
Горчако́в	Госты́нский	Гра́фов	Греча́ный
Горчи́лин	Госуда́рев	Гра́фтио	Грече́нко
Горчи́шников	Го́тман	Графу́тко	Гре́чин

Гречи́шкин	Гриневе́цкий	Громенко́в	Грушево́й
Гречи́шников	Грине́вич	Громи́лин	Груше́вский
Гречи́щев	Грине́вский	Гро́ммов	Груше́цкий
Гре́чкин	Грине́нко	Громни́цкий	Гру́шкин
Гречко́	Гри́нин	Гро́мов	Грушко́
Гре́чнев	Грини́шин	Громово́й	Грушни́цкий
Гре́чников	Гринке́вич	Гро́мцев	Гры́дов
Гречу́ха	Гри́нфельд	Громы́ко	Гры́жин
Гречу́хин	Гринча́р	Громы́хин	Грызло́в
Грешно́в	Гри́нченко	Гро́нский	Грызуно́в
Гржима́ли	Гринштейн	Гроссге́йм	Гря́зев
Гриа́нин	Гринько́	Гро́ссман	Грязно́в
Гриба́кин	Грифцо́в	Гро́хов	Губа́кин
Грибанко́в	Грица́ев	Гро́хотов	Губанду́лин
Гриба́нов	Грица́й	Гро́шев	Губа́нин
Гриба́сов	Грице́нко	Гро́шиков	Губанко́в
Грибачёв	Грицко́	Грошко́в	Губа́нов
Гри́бин	Гриша́ев	Гро́шников	Губарёв
Грибко́в	Гриша́кин	Гру́бич	Губа́рь
Гри́бов	Гришако́в	Гру́дев	Губа́тый
Грибое́дов	Гришечкин	Груди́нин	Губе́нко
Грибу́нин	Гри́шин	Груди́нский	Губенко́в
Гривко́в	Гри́шкин	Гру́дский	Гу́бер
Гри́гов	Гришко́	Грудцо́в	Губе́рниев
Григолю́к	Гришко́в	Гру́здев	Гу́бин
Григоре́нко	Гришма́нов	Груздко́в	Гу́бичев
Гри́горов	Гришу́нин	Груздо́в	Гу́бкин
Григоро́вич	Грищу́к	Гру́зин	Губо́нин
Григо́рьев	Грищуко́в	Грузи́нов	Гу́бочкин
Григорья́н	Гро́бин	Грузи́нский	Губошлёпов
Григорья́нц	Гро́бов	Грузи́нцев	Гу́бский
Григоря́н	Гродзе́нский	Грузно́в	Гу́бушкин
Григу́рин	Гродко́	Гру́зов	Губы́рин
Грида́сов	Гро́днев	Грум-Гржима́йло	Гувако́в
Гри́дин	Гро́дский	Гру́нин	Гу́голев
Гри́днев	Гроздо́в	Гру́ничев	Гуда́лов
Гризоду́бов	Грозно́в	Грунцо́в	Гу́дев
Гри́кин	Грозо́вский	Груо́дис	Гуде́нко
Гри́нберг	Грома́шёв	Групе́нко	Гудзе́нко
Гриндюко́в	Громе́ка	Гру́пин	Гу́дзий
Гринёв	Громе́ко	Грусти́лов	Гуди́лин

Гуди́мов
Гу́дин
Гудке́вич
Гу́дкин
Гудко́в
Гу́дов
Гудо́вский
Гудцо́в
Гужа́вин
Гу́жев
Гужко́в
Гужо́в
Гузе́ев
Гузе́нко
Гу́зиков
Гузи́лов
Гузи́хин
Гузо́вский
Гука́сов
Гукася́н
Гукдарёв
Гу́ков
Гуко́вский
Гула́к
Гулако́в
Гулакя́н
Гу́лёв
Гуле́вич
Гуле́вский
Гу́лиа
Гули́дов
Гули́ев
Гу́лико́в
Гу́лин
Гули́нов
Гулисашви́ли
Гулканя́н
Гулы́нин
Гу́льев
Гулько́
Гулько́в

Гу́льцев
Гу́льшин
Гулья́нов
Гуля́вин
Гуля́ев
Гуля́кин
Гуляко́в
Гуля́м
Гуля́нкин
Гуме́ров
Гумилёв
Гумиле́вский
Гу́мин
Гумни́цкий
Гу́ндарёв
Гунда́ров
Гунда́рцев
Гундо́бин
Гундо́ров
Гундя́ев
Гу́нёв
Гуне́ев
Гу́нин
Гуня́ев
Гурбо́ликов
Гу́рвиц
Гу́рвич
Гу́рдин
Гу́рев
Гуре́вич
Гуре́ев
Гуренко́в
Гуре́цкий
Гурешо́в
Гури́ев
Гурилёв
Гу́рин
Гу́ри́нов
Гурино́вич
Гурке́вич
Гурко́

Гурко́в
Гу́рман
Гурно́в
Гу́ров
Гуро́вич
Гу́рский
Гу́рто́в
Гурылёв
Гу́рычев
Гу́рьев
Гу́рьевский
Гурье́нков
Гурья́н
Гурья́нов
Гусако́в
Гуса́ров
Гу́сев
Гусе́йнов
Гусе́льников
Гусенко́в
Гу́скин
Гу́слин
Гусляко́в
Гусля́ров
Гу́сман
Гу́сни́н
Гуспе́ров
Гуссако́вский
Густавсо́н
Густа́рёв
Густелёв
Густешо́в
Гу́сто́в
Густоме́сов
Густяко́в
Гусько́в
Гута́ров
Гуте́ев
Гу́тин
Гу́ткин
Гутко́вский

Гу́тман
Гуто́вский
Гу́цко́в
Гучка́ев
Гучко́в
Гучма́зов
Гуша́нский
Гушко́в
Гу́щин
Гю́нтер
Гюрджя́н

Д

Дабу́жский
Даванко́в
Давенпо́ртов
Давиде́нко
Давиде́нков
Дави́дов
Давидо́вич
Давидо́вский
Давидсо́н
Дави́лов
Давиташви́ли
Давлетша́ев
Даву́дов
Давыде́нко
Давы́дкин
Давы́дов
Давыдо́вский
Дага́ев
Дада́шев
Даде́ркин
Дадиа́ни
Дадио́мов
Дадо́нов
Дады́кин
Да́ев
Да́жин

Дайдбе́ков
Дайсу́дов
Дайхо́вский
Даку́кин
Да́лин
Далма́тов
Далька́ров
Да́льнев
Да́льцев
Дальцо́в
Дама́скин
Дама́сков
Да́нев
Даниельсо́н
Даниле́вский
Даниле́нко
Даниле́нков
Дани́лин
Дани́личев
Дани́лкин
Дани́лков
Дани́лов
Дани́лов-Чалду́н
Данило́вич
Данило́вский
Дани́лушкин
Дани́лычев
Дани́льцев
Дани́льчев
Дани́льченко
Данилю́к
Данише́вский
Даниэля́н
Дания́лов
Да́нкин
Данко́
Данко́в
Данко́вцев
Да́нчев
Данче́ев
Да́нченко

Да́ншин
Данько́вич
Да́ньшин
Данюше́вский
Дара́вин
Дарага́нов
Дарбе́ев
Дарги́нский
Даргомы́жский
Даре́вский
Дарко́в
Даркше́вич
Да́рский
Да́рчиев
Да́рьин
Дарья́лов
Дарья́нов
Дарю́син
Даско́вский
Да́угуветис
Да́узан
Дахно́в
Да́цев
Дацыко́в
Да́шенкин
Да́шин
Да́шичев
Дашке́вич
Да́шко́в
Дашко́вский
Дая́нов
Двариона́с
Дверко́в
Двига́йлов
Двигу́бский
Движко́в
Дви́нов
Двоеку́ров
Дво́йкин
Двойно́в

Дворе́цкий
Дворе́цков
Дво́рин
Дво́ркин
Дво́рников
Дворни́н
Дворцо́в
Дворяни́нов
Дворя́нкин
Дворя́нчиков
Дворя́шин
Дво́син
Дво́скин
Двугро́шев
Двуше́рстнов
Деба́бов
Деба́льцев
Де́бдин
Дебе́ц
Де́бов
Дебо́льский
Дебо́рин
Деве́льтов
Де́вин
Деви́цын
Де́вишев
Де́вкин
Де́вочкин
Де́вушкин
Девя́ткин
Девя́тков
Девя́тов
Дега́ев
Дёгтев
Дегтерёв
Дегтярёв
Деденёв
Деди́нский
Де́дов
Де́душкин
Дедю́кин

Дедю́рин
Дедю́хин
Дедя́ев
Де́ев
Дежетко́в
Де́жин
Де́жнёв
Дежно́в
Де́йгин
Де́йкин
Дейне́ка
Дейне́кин
Дейне́ко
Де́йчман
Дека́ртов
Деко́пов
Де́лев
Делекто́рский
Деле́сов
Дёллен
Делоне́
Де́львиг
Де́льфин
Дельцо́в
Делю́син
Деля́гин
Деля́нов
Дема́нов
Демачёв
Де́мбин
Де́менев
Деме́нко
Деме́нтьев
Де́мерт
Де́мешев
Деме́шин
Деме́шкин
Демиде́нко
Деми́дов
Демидо́вич
Дёмин

Деми́нов
Демирчя́н
Де́мичев
Дёмкин
Демко́в
Деммени́
Демонто́вич
Дему́ров
Де́мут
Дему́цкий
Де́мченко
Де́мченков
Демчу́к
Дёмышев
Демья́ненко
Демья́нков
Демья́нов
Демья́но́вич
Демья́нский
Демья́ню́к
Демя́нцев
Демяшо́в
Дени́
Дени́кин
Дени́кинский
Дениса́ев
Денисе́нко
Дени́скин
Дени́сов
Денисо́вский
Дени́сьев
Денисю́к
Дени́щенко
Денщико́в
Де́ньги́н
Де́нькин
Деняко́в
Деоми́дов
Депута́тов
Дербене́в
Дерби́нов

Де́рбишев
Дерби́шин
Де́рбышев
Дерга́ев
Дерга́льский
Дергачёв
Дергачи́хин
Дергуно́в
Дере́бин
Дереви́цкий
Деревя́гин
Деревя́нко
Деревя́нский
Деренко́в
Держа́вин
Держи́нский
Дериба́с
Дери́бин
Де́риш
Дерко́вский
Дерно́в
Дерня́тин
Деруно́в
Дерю́гин
Дерюко́в
Деря́гин
Десни́цкий
Десни́цын
Десня́к
Де́сов
Деся́тков
Деся́тников
Деся́тов
Дети́нов
Дети́стов
Детко́в
Де́тлов
Де́тнёв
Де́тушев
Деу́лин
Де́хтерёв *

Дехтяре́нко
Дехтя́рь
Дёшёво́в
Дешери́ев
Дёшкин
Дешуко́в
Джава́дов
Джава́хов
Джаги́нов
Джали́лов
Джана́ев
Джана́шиа
Джанга́зин
Джанели́дзе
Джанибе́ков
Джапари́дзе
Джара́сов
Джаусе́й
Джафа́ров
Джеве́цкий
Джеле́пов
Джелома́нов
Джеля́лов
Дживеле́гов
Дживиле́гов
Джика́ев
Джимби́нов
Джими́ев
Джода́ев
Джу́бин
Джугашви́ли
Джунко́вский
Джураба́ев
Джура́ев
Дзагу́ров
Дзарага́зов
Дзара́сов
Дзасо́хов
Дзержи́нский
Дзи́вин
Дзига́н

Дзугу́тов
Дзучко́ев
Дзюба́тый
Диа́нин
Диа́нов
Диатро́птов
Ди́бич
Дива́ев
Дивако́в
Диванидов
Дива́нин
Диве́ев
Дивенко́в
Ди́влев •
Дивного́рцев
Ди́вов
Ди́вочкин
Дигаву́ров
Диде́нко
Диджю́лис
Дидилёв
Ди́дрихсон
Дидюко́в
Дидя́кин
Ди́ев
Дикамба́ев
Дика́нов
Дика́нский
Дикарёв
Ди́кий
Дико́в *
Дико́вский
Дико́й
Дикуно́в
Дику́шин
Диле́цкий
Ди́льдин
Дими́ткин
Ди́мо
Ди́нник
Ди́нов

Диоми́дов	Доброво́лин	Дода́ев	Долгу́шин
Ди́рин	Доброво́льский	До́дзин	Доле́цкий
Ди́терихс	Доброго́льский	До́дин	Должа́нов
Ди́ткин	Доброгу́рский	До́дло́в	Долже́нко
Ди́тмар	Добродѐев	Додоѐнков	Долже́нко́в
Ди́трих	Добродо́мов	Додо́кин	Доли́дзе
Дитя́тин	Доброкло́нский	Додо́нкин	До́лин
Дихтя́р	Добролю́бов	Додо́нов	Доли́нин
Ди́чев	Добромы́слин	До́ждиков	Доли́нов
Дичѐнко	Добромы́слов	Дозо́рцев	Доли́нский
Дичко́вский	Добронра́вин	До́йников	Доли́цкий
Длинно́в	Добронра́вов	До́кин	Долма́нов
Длуга́ч	Добропи́сцев	Доко́лин	Долма́тов
Длу́гин	Добросѐлов	Докторѐнко	Долмато́вский
Для́син	Добросѐрдов	До́кторов	Доло́бко́ *
Дмитрако́в	Доброскло́нов	Доктуро́вский	Долодо́нов
Дмитрѐвский	Доброславин	Доку́кин	Доломанов
Дмитрѐнко	Добротво́рский	Докуни́хин	Доло́нко́
Дми́триев	Добро́тин	Докуча́ев	До́лотов
Дмитриѐвский	Доброхо́дов	Долбѐжин	До́лохов
Дмитриѐнко	Доброхо́тов	Долбѐшкин	Долудѐнко
Дми́трин	Добру́син	Долби́нин	До́льников
Дмитри́шин	Добру́скин	Долбня́	До́льский
Дмитро́в	Добру́шин	Долбоно́сов	До́ля
Дмитро́вский	Добру́шкин	До́лбышев	Доманѐвич
Дмитру́к	Добры́нин	Долганѐв	Дома́нов
Дмитрю́к	Добряко́в	Долга́нов	Доманто́вич
Дмохо́вский	Добря́нский	До́лгий	Домарѐв
Дмухано́вский	Добужи́нский	До́лгин	Дома́хин
Днепро́в	До́бчинский	До́лги́нов	Дома́шнев
Днепро́вский	Добы́кин	Долги́х	Домба́зов
Днестро́в	Добы́чин	Долгоборо́дов	Домбо́вский
До́ббиаш	Доваль́цо́в	До́лго́в	До́мин
До́бкин	Дова́тор	Долгопо́лов	Доми́нников
Добра́сов	Довгалѐвский	Долгопо́льский	До́минов
Добрашо́в	Довжѐнко	Долгопя́тов	Домитѐев
Добржи́цкий	Довна́р	Долгору́кий	До́мников
До́брин	Дога́дин	Долгору́ков	До́мнин
Добро́в	Дога́дкин	Долгошѐин	Домога́цкий
Доброви́дов	Дога́ев	Долгу́нин	Доможи́ров
Доброви́цкий	До́гель	Долгуно́в	Домокѐев

Домора́цкий	Дорошке́вич	Дриби́нский	Дружко́в
Домрачёв	До́рфман	Дриже́нко	Дру́жников
Домуко́вский	До́рышев	Дри́зин	Дружно́в
Домучи́ев	До́син	Дри́нов	Друзя́кин
Донабе́дов	Достое́вский	Droба́нов	Друка́ров
Дона́тов	Досу́жев	Дро́бижев	Дры́гин
Дондуко́в-Корса́ков	До́хтуро́в	Дро́бин	Дрыжако́в
Доненьта́ев	Доце́нко	Дроби́нский	Дрызло́в
До́нин	До́чкин	Дро́бкин	Дры́кин
До́нский	Дра́бкин	Дробко́в	Дры́нов
Донско́й	Дра́бов	Дро́бозов	Дры́ншев
Донцо́в	Дра́верт	Дроботько́	Дрю́гин
До́нченко	Дра́вин	Дро́бышев	Дрю́ков
До́нчик	Драга́нов	Дробя́жкин	Дря́бин
До́рин	Дра́гилёв	Дробя́згин	Дряга́лов
До́ркин	Драго́ев	Дровенко́в	Дря́гин
До́рман	Драгома́нов	Дровосе́ков	Дря́зго́в
Дормидо́нов	Драгоми́ров	Дрогуно́в	Дря́мин
Дороги́нин	Драгу́нкин	Дроенко́в	Дряхло́в
До́рогов	Драгуно́в	Дро́ждин	Дуба́ев
Дорогоми́лов	Драгу́нский	Дроже́нников	Дуба́кин
Дорогу́нцев	Дра́кин	Дро́жжин	Дуба́сов
Дорогу́тин	Дра́лкин	Дро́жжинов	Дубели́р
Доро́дкин	Драни́цкий	Дрожжо́в	Ду́бельт
Дородни́цын	Драни́цын	Дрозд	Дубе́нский
Доро́днов	Драни́шников	Дроздко́в	Дубе́цкий
Доро́жкин	Дра́нников	Дроздо́в	Ду́бин
Доро́жко	Дра́нов	Дроздо́вский	Дуби́нин
Доро́нин	Дра́пкин	Дрозни́н	Дуби́нкин
Доро́ничев	Дра́твин	Дрозно́в	Дуби́нский
Доро́нкин	Драце́нко	Дро́ков	Дуби́нчик
Доро́нов	Драчёв	Дро́мов	Дубко́в
До́росев	Драче́нин	Дроне́вич	Ду́бников
Дорофе́ев	Дра́чин	Дро́нин	Ду́бно́в
Доро́хин	Дра́шусов	Дро́нников	Ду́бов
До́рохов	Древи́цкий	Дро́нов	Дубовико́в
До́рошев	Дре́йзин	Дру́гов	Дубови́цкий
Дороше́вич	Дрема́лин	Друженко́в	Дубово́й
Дороше́вский	Дрёмин	Дру́жин	Дубо́вский
Дороше́нко	Дрёмов	Дружи́нин	Дубовско́й
Доро́шин	Дри́бин	Дру́жкин	Дубо́вцев

Дуболазов
Дубосарский
Дубошин
Дубравин
Дубровин
Дубровинский *
Дубровицкий
Дубровкин
Дубровский
Дубский
Дубцов
Дубынин
Дубяго
Дубянский
Дувакин
Дувалов
Дуванов
Дувидов
Дуганов
Дугачёв
Дугин
Дугинов
Дудаев
Дудаков
Дудалёв
Дударев
Дударов
Дуденков
Дудин
Дудинский
Дудинцев
Дудкевич
Дудкин
Дудко
Дудник
Дудников
Дудов
Дудоев
Дудоладов
Дудорин

Дудоров
Дудуев
Дудукин
Дудченко
Дудышкин
Дуев
Дуйков
Дукарский
Дукельский
Дукин
Дуков
Дулаев
Дулгеров
Дулебов
Дуленов
Дулепов
Дулетов
Дулин
Дулов
Дулькин
Дульнев
Дульцин
Дульчевский
Дульчин
Думаков
Думашов
Думбасов
Думенко
Думенков
Думин
Думитрашко
Думков
Думнов
Думчин
Думянский
Дунаев
Дунаевский
Дундасов
Дундуков
Дунин
Дуничев

Дунский
Дунцев
Дуньков
Дуняков
Дуняткин
Дуплищев
Дураков
Дуралёв
Дурасов
Дурин
Дуринов
Дурманов
Дурмашкин
Дурнев
Дурницын
Дурново
Дуров
Дурылин
Дусеев
Дутиков
Дуткин
Дутлов
Дутов
Духанин
Духарёв
Духин
Духнин
Духов
Духовлинов
Духовный
Духовский
Духовской
Духонин
Дучинский
Дучков
Душаков
Душанов
Душенко
Душенков
Душенькин
Душин

Душкевич
Душкин
Душков
Душутин
Дыбенко
Дыбин
Дыбский
Дыгай
Дыганов
Дыгин
Дыков
Дылевский
Дымков
Дымов
Дымченко
Дымшиц
Дынин
Дынкин
Дыскин
Дычкин
Дышко
Дышлевский
Дышмаков
Дьяков
Дьяконов
Дьяченко
Дьячков
Дюбин
Дюбюк
Дюдин
Дюжев
Дюжиков
Дюканов
Дюкарёв
Дюкин
Дюков
Дюльдин
Дюндин
Дюнин
Дюняшев
Дюпин

Дя́бин
Дя́гилев
Дяде́нко
Дя́дин
Дя́дченко
Дя́дьев
Дядько́вский
Дядю́шкин
Дя́ткин
Дя́тлов
Дяче́нко

Е

Евге́нев
Евге́нов
Евге́ньев
Евгра́фов
Евда́син
Евда́сьев
Евда́шкин
Евдоки́мкин
Евдоки́мов
Евдоку́шин
Евдо́хин
Е́велев
Евели́нов
Е́винов
Е́вкин
Евла́мпиев
Евла́нов
Евла́сьев
Евла́хов
Евла́шев
Евла́шкин
Евпла́нов
Евре́инов
Евре́йннов
Евсеве́йко
Евсе́вьев

Евсе́ев
Евсе́енко
Евсине́кин
Евста́фьев
Евстигне́ев
Евстифе́ев
Евстра́тов
Евстро́пов
Евстю́нчев
Евстю́шин
Евсюко́в
Евсю́нин
Евте́ев
Евти́хиев
Евти́хин
Евти́хов
Евтуше́вский
Евтуше́нко
Евтю́хин
Евтюхо́в
Евтя́нов
Егарми́н
Е́герёв
Егиаза́ров
Его́лин
Егори́хин
Его́ричев
Его́ркин
Его́рмин
Его́ров *
Его́ровский
Его́рушкин
Его́ршин
Его́тов
Его́шкин
Егро́тов
Егу́дкин
Егу́пов
Егура́здов
Егурно́в
Е́гушев

Едига́ров
Едидо́вич
Единцо́в
Еду́нов
Ежеви́кин
Ёжиков
Ежко́в
Ежло́в
Ежо́в
Езе́рский
Е́йчик
Еке́льчик
Еки́мов
Екмаля́н
Екси́мов
Ела́гин
Ела́нкин
Ела́нов
Ела́нский
Ела́нцев
Ела́нчик
Елга́зин
Елдоки́мов
Елдюко́в
Елеко́ев
Еле́нин
Еле́нкин
Елео́нский
Еле́цкий
Елиза́ров
Е́лин
Елинсо́н
Елиса́тов
Елисе́вич
Елисе́ев
Елисе́енков
Елисе́йкин
Елистра́тов
Ёлкин
Елко́в
Елома́нов

Ело́хин
Ело́хов
Елпа́тьевский
Елсуко́в
Елуфе́рьев
Елу́хин
Елфи́мов
Елфимо́вский
Е́лчи́н *
Е́лшин
Е́лышев
Е́лькин
Ельма́нов
Е́льников
Е́льнин
Е́льский
Ельцо́в
Ельчани́нов
Ельше́вский
Е́лышин
Елю́тин
Еме́лин
Еме́льчев
Емельчу́к
Емелья́ненко
Емелья́нов
Емко́в
Емо́лин
Емцо́в
Емчи́нов
Е́мышев
Ена́киев
Ена́ниев
Енге́ев
Ендогу́ров
Еникеев
Е́ников
Е́нин
Ено́в
Ено́хин
Енцо́в

Е́ншин
Еньќов
Енюќов
Еню́тин
Епане́шников
Епа́нчиков
Епанчи́н
Епе́йкин
Епима́хов
Епи́нин
Епифа́нов
Епифа́нцев
Епи́хин
Епихо́дов
Е́пишев
Епи́шин
Епи́шкин
Епле́тин
Ера́кин
Ера́клин
Ера́сов
Ера́стов
Ергаќов
Ерго́льский
Ергун́ов
Ергуш́ов
Е́рди́н
Ереме́ев
Ерёменко
Ерёмин
Ере́мичев
Ерёмкин
Ересн́ов
Ере́щенко
Ерзи́н
Ерз́ов
Ерике́ев
Е́рин
Е́ринов
Е́ркин
Ерлы́кин

Ермаќов
Ермаче́нко
Ермаче́нков
Ермачќов
Ермене́в
Ерми́лин
Ерми́лов
Ерми́н
Ерми́шев
Ерми́шкин
Ермола́ев
Ермола́евский
Ермо́ленко
Ермо́лин
Ермоли́нский
Ермо́лов
Ермо́лычев
Ермо́льев
Ермо́нский
Ермо́хин
Ермо́шин
Ермо́щенко
Ерне́вич
Е́рнштедт
Еровчу́к
Еро́гов
Ерома́сов
Еро́нин
Еропе́гин
Еропе́гов
Еро́пкин
Ерофе́ев
Ерофе́евский
Еро́хин
Еро́хов
Ероше́нко
Ероше́нков
Еро́шин
Ерошке́вич
Еро́шкин
Ерт́ов *

Ерусали́мский
Ерухимо́вич
Ерухма́нов
Е́рушев
Еру́шкин
Ерх́ов
Е́рцкин
Е́рченко
Е́рченков
Ёрш
Е́ршиков
Ерш́ов
Ерыка́лов
Е́рышев
Есау́лов
Еса́ян
Есе́нин
Есе́нский
Есимо́вский
Е́син
Есипе́нко
Е́сипов
Еста́ров
Естифе́ев
Е́ськин
Есьќов
Ефа́нов
Ефе́тов
Ефиме́нко
Ефи́мов
Ефимо́чкин
Ефи́мцев
Ефи́мьев
Ефре́менко
Ефре́мкин
Ефре́мов
Ефре́тов
Ефрю́гин
Ефте́ев
Ехлаќов
Е́чкин

Еше́вский
Ешќов
Ешто́кин
Ешу́рин

Ж

Жаба́ров
Жа́бин
Жаби́нский
Жаби́цкий
Жабоги́нскиі
Жабри́нский
Жа́бр́ов
Жа́бченко
Жа́воронкин
Жа́воронков
Жада́ев
Жада́нов
Жа́дов
Жадо́вский
Жа́ков
Жални́н
Жа́мин
Жамья́нов
Жандаре́в
Жанда́ров
Жа́риков
Жа́рин
Жа́ринов
Жари́хин
Жарќов
Жарко́вский
Жарни́цкий
Жарн́ов
Жа́ров
Жаро́ков
Жаро́нов
Жатќов
Жба́нов

Жгутов	Желябужский	Живахов	Жилин
Жданников	Жемайлов	Живейнов	Жилинский
Жданов	Жемалёв	Живновский	Жилкин
Ждаркин	Жемарин	Живов	Жилов
Ждасынов	Жемаркин	Живодёров	Жилонов
Жебалдов	Жемерикин	Живокини	Жильников
Жебелёв *	Жемжучин	Живописцев	Жильцов
Жебрак	Жемов	Живоровский	Жиляев
Жебунёв	Жемочкин	Животков	Жиляков
Жевакин	Жемчугов	Животов	Жилярди
Жевлаков	Жемчужин	Животовский	Жиманов
Жевлачков	Жемчужников	Живулин	Жимерин
Жевлов	Жемчужнов	Живухин	Жинкин
Жегалкин	Жемчужный	Живчиков	Жиновский
Жегалов	Женевский	Жигалёв	Жирков
Жеглов	Женихов	Жигалин	Жирмунский
Жеголкин	Жербенев	Жигалкин	Жирнов
Жегулёв	Жердев	Жигалов	Жирноклеев
Жезлов	Жердзев	Жиганов	Жиров *
Жеков	Жёрдочкин	Жигарёв *	Жиронкин
Жекулин	Жеребилов	Жигарьков	Жиряков
Желваков	Жеребин	Жигач	Жислин
Желднов	Жеребов	Жигачёв	Жителев
Железкин	Жеребцов	Жигирёв	Житенев
Железняков	Жеребченко	Жиглов	Житецкий
Железов	Жеребяков	Жигулёв	Житков
Железцов	Жеребятников	Жигулин	Житлевский
Желеховцев	Жерков	Жигунов	Житнев
Желнин	Жернаков	Жидаев	Житницкий
Желтаков	Жернов	Жидилов	Житов
Желтиков	Жестков	Жидкий	Житомирский
Жёлтиков	Жестовский	Жидков	Житорев
Желтков	Жестянкин	Жидов	Жихарёв *
Желтобрюхов	Жетвин	Жидовин	Жичин
Желтов	Жехов	Жидяев	Жичкин
Желтоносов	Жженин	Жижин	Жичков
Желтухин	Жжёнов	Жижневский	Жлюев
Жёлтый	Жибельский	Жизнев	Жмаев
Жёлудёв	Жибров	Жизняков	Жмайло
Желябин	Живаго	Жилейко	Жмакин
Желябов	Живаев	Жиленков	Жмигулин

Жму́дский
Жму́лин
Жмурко́в
Жму́ров
Жму́хин
Жмы́хов
Жо́гов
Жолко́вский
Жо́лобов
Жолто́вский
Жолтяко́в
Жо́лудев
Жонголо́вич
Жо́рин
Жо́рников
Жо́рнов
Жо́хов
Жохо́вский
Жуга́ев
Жу́жиков
Жуйко́в
Жук
Жука́лин
Жу́карёв
Жу́ков
Жукове́ц
Жуко́вин
Жуко́вич
Жуко́вский
Жула́нов
Жулёв
Жуле́нев
Жулько́в
Жунтя́ев
Жупа́хин
Жу́пиков
Жура́вицкий
Жура́вкин
Журавко́в
Журавлёв
Жура́вский

Жура́й
Жураќо́вский
Жура́хов
Журби́н
Журди́н
Журе́нко
Жури́лов
Жу́рин
Жу́ркин
Журко́в
Жу́ров
Жустко́в
Жута́ев
Жу́тиков
Жу́хли́н
Жухови́цкий
Жу́чин
Жу́чкин
Жучко́в

З

Забабу́рин
Заба́вин
Заба́вников
Заба́внов
Заба́вский
Забалу́ев
Заба́рский
Забве́нный
Забега́ев
Забега́лин
Забежа́нский
Забе́ла
Забе́лин
Забели́нский
Забида́ров
Заби́ла
Заби́ров
Забия́кин

Забко́в
Забло́цкий
Забода́ев
Забо́ев
Забо́ков
Заболду́ев
Заболо́тин
Заболо́тников
За́боло́тный
Заболо́тский
Заболо́цкий
Забо́р
Заборе́нко
Забо́рин
Забо́ров
Заборо́вский
Забо́тин
Забро́дин
Забу́гин
Забуда́шкин
Забу́дский
Забу́сов
Завадо́вский
Зава́дский
Завали́хин
Завали́шин
Зава́лов
Зава́рзин
Зава́рин
Завари́хин
Завари́цкий
Зава́ров
Завару́хин
Зава́рцев
Заварыкин
Заведе́ев
Завелёв
Заве́льский
Заве́рин
Завёрткин
Заве́син

Заветно́вский
Завидко́в
Зави́днов
Завидо́вский
Завидо́нов
Завита́ев
Заво́дин
Заводо́вский
Заво́дчиков
Заво́йко
Заво́йский
Заволо́кин
Заворы́згин
Завра́жнов
За́врие́в
Завья́лов
Зага́льский
Зага́рин
Зага́тин
Загиба́лов
Заги́ров
Загла́дин
Заглядѝмов
Загля́дин
Загля́дов
Заговёльев
Загозиа́нский
Загоре́цкий
Заго́рный
Загоро́дников
Заго́рский
Заго́рскин
Загоря́нский
Заго́скин
Загреба́ев
Загре́бин
Загря́жский
Загря́зкин
Загря́цко́в
Загуда́ев
Задво́рочкин

За́дов
Задо́нский
Задо́рин
Задо́рнов
Задо́ров
Задоро́жный
Задо́хин
Заду́мкин
Задыхин
За́ев
Заезжа́лов
Зае́мский
Зажи́гин
Зазво́нов
Зазно́бин
Зазо́вский
Зазу́лин
Заигра́ев
За́йкин
Заичне́вский
За́йденберг
За́йдин
За́йкин
Зайко́
За́йко́в
Зайко́вский
За́йцев
Зайце́нко
За́йчик
За́йчиков
Закали́хин
Зака́тов
Заки́ев
Заклепе́нко
За́клин
За́ков
Закожу́рников
Заколу́пин
Закоме́льский
Законда́ев
Законды́рин

Зако́ннов
Закопа́ев
Зако́рко
Закорю́кин
Закоша́нский
Закра́син
Закурда́ев
Закуре́нов
Заку́рский
Заку́син
Заку́скин
Заку́сов
Закушня́к
Закше́вский
Зале́вский
Зале́нский
Зале́син
Зале́сов
Зале́сский
Залета́ев
Залёткин
Залётов
Зале́шин
Залива́кин
Залива́лов
Залива́нов
Зали́вин
Зализня́к
Зали́кин
Залипа́ев
За́личев
За́лкин
Залма́нов
Зало́гин
Зало́знов
Зало́мин
Зало́мов
Залу́нин
Залу́цкий
Залы́бин
Залыга́ев

Залы́гин
Залы́шкин
За́лькинд
Зальму́нин
За́льно́в
За́льцман
Зама́лин
Замара́ев
Зама́рин
Замаха́ев
Заме́тов
Зами́лов
Замко́в
Замо́йцев
Замолу́ев
Замо́нин
Замо́тин
Замо́ткин
Замо́шкин
Замо́шников
За́мский
Замыка́лов
Замысла́ев
Замы́слов
Замысло́вский
Замы́чкин
Замы́шкин
Замышля́ев
Замя́тин
Замя́тнин
Зане́гин
Занко́в
Зану́дин
За́нчев
Заньковецкий
Заня́тнов
Заозе́рский
Заоне́гин
Запада́лов
За́падников
За́падов

Запа́лов
Запева́лин
Запева́лов
Запла́тин
Заплета́ев
Запо́льский
Запоро́жец
Запыла́ев
Запылё́нов
Зара́вшин
Зара́йский
Зара́пин
Зара́цкий
Зардаби́
Заре́фов
Заре́цкий
За́рин
Зари́пов
Зари́цкий
Зарни́цын
За́ров
Заро́слов
Зароче́нцев
Зару́бин
Зару́бинский
Зару́дин
Зару́дный
Зару́цкий
Зархи́
За́рхи́н
Зарю́тин
Заря́н
Заря́нко
Заря́нов
Засе́кин
Заселя́ев
Засе́цкий
Заси́мов
Засла́вский
Засло́нов
Засоди́мский

Засопин
Засорин
Засосов
Засохлин
Засулич
Засурский
Засухин
Засыпкин
Засядко
Засядников
Затаевич
Затевахин
Затеев
Затрускин
Зауервейд
Заусайлов
Заушин
Заушицын
Захава
Заха́во
Захаревич
Захаревский
Захаренко
Захаренков
Захарин
Захаркин
Захаров
Захаровский
Захарченко
Захарченков
Захарьев
Захарьин
Захватаев
Захватишин
Захваткин
Захватов
Захидов
Заходякин
Захрягин
Захряпин
Зацепин

Зацепов
Заческин
Защепин
Заявлин
Заякин
Збарский
Зборовский
Зброжек
Збруев
Званов
Званцев
Звегинцев
Звездарёв
Звездин
Звездинцев
Звёздкин
Звёздочкин
Звенкин
Зверев
Зверичев
Зверков
Зверьков
Зветухин
Звигунов
Звонарёв
Звонков
Звонов
Звонский
Звонцов
Зворыгин
Зворыкин
Звягин
Звягинцев
Згуриди
Зданович
Здобнов
Здродовский
Зебрин
Зевакин
Зевелёв
Зевин

Зевороткин
Зедин
Зезин
Зезюлин
Зейлигер
Зейналов
Зелев
Зеленев
Зеленин
Зеленищев
Зеленкевич
Зеленко
Зеленов
Зеленский
Зеленухин
Зеленцов
Зеленчёв
Зелёный
Зелеранский
Зеликин
Зеликман
Зеликов
Зеликович
Зеликсон
Зелин
Зелинский
Зелкин
Зельвин
Зельдин
Зелькин
Зельманов
Зельтин
Зельцер
Зелятдинов
Зелятров
Земблинов
Земельман
Земецкий
Земин
Земкин
Землин

Земляков
Земляницын
Землянов
Землячка
Земнухов
Земский
Земсков
Земцов
Земятченский
Зендриков
Зензинов
Зенин
Зеничев
Зенкевич
Зенкин
Зенков
Зенкович
Зенов
Зенушкин
Зенцов
Зенченко
Зенченков
Зеньков
Зенякин
Зепалин
Зеренинов
Зеркалов
Зернеев
Зёрнов *
Зерцалов
Зерчанинов
Зерщиков
Зефиров
Зибер
Зиберов
Зиборов
Зибров
Зигаев
Зигунов
Зизин
Зикеев

Зике́ин
Зи́кин
Зи́ло́в *
Зило́ти
Зило́тов
Зи́льберберг
Зи́льберг
Зи́льберман
Зильберште́йн
Зилько́в
Зилю́кин
Зимако́в
Зи́марёв
Зи́мелёв *
Зименко́в
Зи́ми́н *
Зи́мичев
Зи́мников
Зимни́цкий
Зимнюко́в
Зимнюхо́в
Зимове́йкин
Зиму́лин
Зимя́нин
Зи́нгер
Зине́нко
Зине́нков
Зи́нин
Зи́ничёв
Зинке́вич
Зи́нкин
Зинко́в
Зи́нов
Зино́вкин
Зино́вьев
Зину́рьев
Зи́нченко
Зинько́в
Зинько́вский
Зинюко́в
Зи́скин

Зи́слин
Зи́сман
Зиссерма́н
Зла́ткин
Златове́ров
Златовра́тский
Златого́ров
Златопо́льский
Златоу́стов
Златоцве́тов
Зла́цин
Злаче́вский
Зло́бин
Злоби́нский
Зло́ббов
Злоде́ев
Злока́зов
Злотко́вский
Зло́тников
Зло́тов
Злоче́вский
Злы́гарёв
Злю́шкин
Зме́ев
Змеи́щев
Змею́кин
Зми́ев
Зна́ев
Знаме́нский
Зни́кин
Зно́бов
Зо́бачёв
Зо́бин
Зобни́н
Зо́бов
Зо́бриков
Зобуно́в
Зоди́ев
Зозуле́нко
Зозу́лин
Золати́н

Зо́лин
Зо́лкин
Золо́гин
Золота́ев
Золотарёв
Золотаре́нко
Золоти́лов
Золоти́нский
Золотнико́в
Золоти́нцкий
Зо́лотов
Золотозу́бов
Золото́й
Золоту́хин
Золо́тцев
Золоты́х
Зо́льников
Зо́нин
Зоре́нков
Зо́рин
Зо́рич
Зо́ров
Зо́рцев
Зо́рчев
Зо́рькин
Зоря́н
Зоси́мов
Зо́тиков
Зо́тин
Зо́ткин
Зо́тов
Зо́хин
Зо́щенко
Зраже́вский
Зри́нский
Зро́дников
Зрубе́цкий
Зряко́вский
Зря́чев
Зря́чкин
Зуба́вин

Зуба́кин
Зубако́в
Зуба́нов
Зу́барёв
Зуба́рин
Зубачёв
Зу́бин
Зубко́в
Зу́бов
Зубо́к
Зу́брев
Зубре́нков
Зубри́лин
Зубри́лов
Зубри́цкий
Зубро́в
Зубцо́в
Зу́бченко
Зуди́лин
Зу́дин
Зу́дов
Зу́ев
Зу́евский
Зуенко́в
Зузе́нко
Зу́йкин
Зуйко́в
Зула́ев
Зума́ев
Зундучи́нов
Зура́бов
Зу́рин
Зу́ров
Зу́син
Зуско́в
Зу́сман
Зуську́в
Зу́хин
Зуя́нов
Зыбе́лин
Зы́бин

Зы́бкин	Ивано́в-Боре́цкий	Игельстро́м	Изве́ков
Зыбу́шин	Ивано́вский	Иге́льчик	Изво́зчиков
Зы́бцев	Ива́нушкин	И́гин	Изво́льский
Зы́ков	Иванцо́в	И́глин	Изга́рышев
Зы́рев	Ива́нченко	Игли́цкий	Изерги́ль
Зы́рин	Ива́нченков	Игнако́в	Изерги́н
Зыря́нов	Ива́нчиков	Игна́тенко	Изма́ильский
Зюга́нов	Иванчи́н	И́гна́тов	Изма́йлов
Зю́зин	Иванько́в	Игнато́вич	Изма́йловский
Зю́ков	Иваню́к	Игна́точкин	Изме́стьев
Зя́бкин	Иванюко́в	Игна́тченков	Изнуре́нков
Зябко́в	Ива́хин	Игна́тьев	Изоси́мов
Зя́бликов	Ивачёв	Игнатю́шин	Изоте́пов
Зябли́цин	Ива́шев	Игна́шкин	Изо́тов
Зя́блов	Ива́шенцо́в *	Игна́шков	Изра́илев
Зя́брев	Ива́шинцо́в *	Иго́лкин	Израиле́вич
Зя́бров	Ива́шечкин	Иго́нин	Изра́йлов
Зя́зин	Ива́шин	Иго́нькин	Израило́вич
	Ива́шин:::ков	Игоря́нов	И́зрин
	Ива́шкин	Иго́шин	Изуве́ров
И	Ивашко́в	Иго́шкин	Изумру́дов
	Ивашнёв	Игре́нев	Изю́мов
Иаки́нф	Ива́шников	И́гри́цкий	Изю́мский
Иафе́тов	Ивашо́в	Игу́менов	Изю́ров
Иба́ев	Ива́щенко	Игу́менцев	Ико́нин
И́бисов	Иве́нков	Игу́мнов	Ико́нников
Ибраги́мов	Иверо́нов	Ида́шкин	Иконоста́сов
Ива́гин	И́вин	Идельсо́н	Икряни́стов
Ива́кин	И́вкин	И́евлев	Ила́гин
Иване́ев	И́влев	Ие́гов	Иларио́нов
Иване́нко	И́влиев	Иезу́нтов	Илларио́нов
Иване́нков	И́вличев	Ижберде́ев	Илличе́вский
Ива́нин	И́внев	Ижбу́рдин	Иллично́в
Ивани́хин	И́волгин	Иже́вский	Иллюке́вич
Ивани́цкий	Ивони́нский	Ижесла́вский	Илова́йский
Ива́ничев	Иво́шин	И́жик	И́лышев
Ивани́щев	Иву́шкин	И́жиков	Ильво́вский
Ива́нкин	И́вченко	Иза́ков	И́льев
Иванко́в	Ивя́нский	Изаксо́н	Илье́вский
Ива́нников	И́гарёв	Избе́ков	Илье́вцев
Ива́но́в *	Ига́рцев	Изва́рин	Илье́нко́в *

Ильи́н	Инстру́нин	И́рхин	Ича́нский
Ильи́ничнин	Инфели́цин	Исаакя́н	Иче́нко
Ильи́нков	Инце́ртов	Исаев	Ички́нин
Ильи́нский	Иншако́в	Исае́вич	Иша́ев
Ильи́нцев	Инша́хов	Исаин	Иша́нов
Ильичёв	И́ншев	Исаичев	Ишантура́ев
Ильичо́в	Иню́ткин	Иса́киевский	Иши́мов
И́льменев	Иоа́нов	Исако́в	И́шин
Ильми́нский	Йо́влев	Исако́вич	Ишко́в
Ильни́цкий	Ио́вский	Исако́вский	Ишмемя́тов
Ильса́ров	Иогансо́н	Иса́ров	Ишуко́в
И́льский	Ио́дчин	Иса́ченко	Ишу́нин
Илью́хин	Ио́лин	Исаче́нков	Ишу́тин
Ильюше́нков	И́омтев	Исая́нов	Ишути́нов
Илью́шин	Ио́нин	Иси́доров	Ишу́ткин
Илью́щенко	Ио́нкин	Искржи́цкий	Ишха́нов
Ильяев	Ио́нов	Искряни́стов	И́щенко
Ильясов	Иорда́нский	Исламбе́ков	
Ильяшев	Иосиле́вич	Исла́нкин	
Илю́нин	Ио́сифов	Исла́нов	К
Илю́нцев	Ио́сса	Исле́нтьев	
Илю́хин	Иофа́н	Исмаев	Каба́ев
Илю́шин	Ио́фин	Испола́тов	Кабако́в
Имаметди́нов	Иофи́нов	Иссо́пов	Каба́лкин
Имамутди́нов	Ио́ффе	Исто́ма	Каба́лов
Имберге́нов	Ио́цич	Исто́мин	Кабанко́в
Имшене́цкий	Ио́шкин	Исто́мов	Каба́нов
Инашви́ли	Ипа́тов	Истра́тов	Каба́нцев
И́нбер	Ипа́тьев	И́стрин	Каба́тов
Инвали́дов	Ипа́тьевский	Истя́гин	Кабачко́в
Индиче́нко	Иппол́и́тов	Исуко́в	Каба́чник
Индю́шкин	Ипполи́тов-Ива́нов	И́тин	Каба́чников
И́нзов	И́рецкий	И́ткин	Ка́бин
И́нихов	Ирина́рхов	Ито́ниев	Каби́нов
Иноземцев	И́рлин	Ихменёв	Каби́хин
И́ноков	Ирма́тов	Ихтиа́ров	Каби́щев
Иностра́нцев	Иро́дов	И́цин	Кабко́в
Иноходцев	Иро́шников	И́цкин	Ка́блев
Инoя́тов	Ирте́нев	Ицко́в	Ка́блин
Инса́ров	Ирте́ньев	Ицко́вич	Ка́блов
Инса́рский	И́рушкин	Ицхо́кин	Каблуко́в

Кабо́кин
Кабы́ков
Кабы́тов
Каве́лин
Каве́рзин
Ка́верзнев
Каве́рин
Каве́шников
Кавка́зцев
Каво́кин
Ка́вос
Каврайский
Кавто́рин
Кавтуно́в
Ка́ган
Кага́нов
Кагано́вич
Кагано́вский
Кага́нский
Кага́нцев
Кагарли́цкий
Каги́рин
Каграма́нов
Када́кин
Када́нцев
Каде́тов
Кади́льников
Ка́дин
Ка́дишев
Кади́щев
Кадми́нский
Ка́дников
Кадо́бнов
Ка́домцев
Ка́дочкин
Ка́дров
Каду́лин
Каду́шин
Кадыко́в
Кады́мов
Кады́ров

Ка́дышев
Кадыше́вич
Каёкин
Ка́ешко́в
Каза́ев
Казаке́вич
Каза́кин
Казако́в
Казако́вцев
Казаку́лов
Казама́нов
Казаму́ров
Каза́нец
Каза́нин
Каза́нкин
Казанко́в
Казанли́
Каза́нов
Казано́вский
Казанпа́лов
Каза́нский
Каза́нцев
Каза́нчи́ев
Каза́рин
Каза́ринов
Каза́рмушкин
Казарно́вский
Каза́ров
Каза́рцев
Каза́тин
Казаче́нко
Каза́чиков
Казачи́хин
Каза́чкин
Казачко́в
Казбе́ров
Казби́нцев
Казгуно́в
Казе́ев
Казёнников
Казённов

Кази́ев
Казими́ров
Казы́мов
Ка́зин
Кази́нин
Казири́цкий
Ка́змичев
Казначе́ев
Казни́н
Казно́в
Казыза́ев
Казы́мов
Казьми́н
Казюко́в
Казю́лин
Ка́инов
Каи́ров
Кайгоро́дов
Кайда́лов
Кайда́нов
Ка́йнов
Кайпо́ксин
Кайса́ров
Кайтма́зов
Какаба́дзе
Кака́лов
Како́вкин
Како́рин
Ка́ктов
Каку́зин
Каку́ри́нский
Калаба́шкин
Кала́бин
Калабу́гин
Калабу́хов
Калайдо́вич
Кала́кин
Калаку́тин
Калаку́тский
Калаку́цкий
Каланта́р

Каланта́ров
Каланты́ров
Калату́зов
Калату́ров
Калача́нов
Калачёв
Калачёвский
Калачи́хин
Калачо́в
Кала́шников
Калга́нов
Калды́бин
Каледи́нов
Кале́кин
Календарёв
Кале́нников
Калёнов
Кале́сник
Кале́тин
Кале́тников
Ка́ликов
Калине́нко
Кали́нин
Кали́ничев
Кали́нкин
Кали́нников
Кали́нов
Калино́вич
Калино́вский
Кали́ночкин
Кали́нский
Кали́нцев
Кали́нчев
Кали́нычев
Калистра́тов
Кали́тин
Калито́ев
Кали́цкий
Калла́гов
Калли́ников
Каллистра́тов

Калломе́йцев
Калмазни́н
Калмано́вич
Калмансо́н
Калмыко́в
Ка́лнберзин
Ка́лниньш
Калофа́тов
Кало́шин
Калта́гов
Калу́гин
Калуже́нин
Калу́жников
Калу́жский
Калу́шин
Калчу́шкин
Калы́гин
Кальги́н
Кальмано́вич
Ка́льменёв
Ка́льни́н
Кальни́цкий
Кально́в
Ка́льчин
Калья́нов
Калю́жный
Калю́кин
Каля́вкин
Каляга́нов
Каля́гин
Каля́дин
Каля́ев
Каля́зин
Каля́кин
Кама́л
Кама́лов
Камади́нов
Кама́нин
Кама́ринский
Камари́цкий
Камаро́вский

Камди́нцев
Камегу́лов
Каме́йко
Ка́менев
Камене́вич
Камене́цкий
Камени́чный
Ка́ме́нкин
Ка́менко́в
Каме́нский
Ка́менцев
Камзо́лов
Ками́нов
Ками́нский
Камио́нский
Ка́мки́н
Камко́в
Ка́мнев
Ка́мов
Камо́лов
Камча́тов
Камы́нин
Камы́шин
Камышко́в
Камы́шников
Кана́вин
Кана́ев
Канана́ыкин
Канапа́тьев
Канаре́в
Канаре́йкин
Кана́тников
Кана́тов
Кана́фьев
Канахи́стов
Кана́чкин
Кана́ш
Канаше́вич
Кана́шин
Кандако́в
Канда́лин

Канда́лов
Кандау́ров
Канди́нов
Канди́нский
Канды́бин
Кане́вский
Кани́дов
Ка́нин
Кани́щев
Канка́ев
Канкри́н
Ка́ннабих
Ка́нов
Кано́нников
Кано́нов
Каноны́кин
Ка́ночкин
Ка́нский
Кантаку́зин
Кантаро́вич
Канте́ев
Кантеми́р
Ка́нтер
Ка́нтов
Ка́нтор
Ка́нторов
Канторо́вич
Ка́нтышев
Кануко́в
Кану́нников
Кану́хин
Каны́гин
Каны́кин
Капа́лкин
Капа́рин
Капа́цин
Капе́лин
Капелио́вич
Ка́пелькин
Капелю́шников
Капендю́хин

Каперна́умов
Капита́нов
Капита́нский
Капи́тин
Капито́лин
Капито́нов
Ка́пица
Ка́пицин
Ка́пкин
Капла́н
Капла́нов
Капла́нский
Ка́плин
Каплуно́в
Каплуно́вский
Каплу́нцев
Каплю́хин
Капни́ст
Капо́рин
Капри́зин
Ка́при́н
Каптага́ев
Капте́лин
Капте́лов
Капте́льников
Капте́льцев
Ка́птерев
Капти́лин
Капу́нцев
Капу́ста
Капу́стин
Капусти́нский
Капу́сткин
Капустня́к
Капуци́нский
Капце́вич
Капцо́в
Капша́нинов
Капы́рин
Караба́нов
Карабе́льников

Карабилов
Караблин
Карабчинский
Караваев
Каравайков
Каравашкин
Каравашков
Каравкин
Карагаев
Караганов
Карагодский
Караев
Каразин *
Караков
Каракозов
Караллов
Карамазов
Карамзин
Карамнов
Карамыгин
Карамышев
Карандаев
Карандасов
Карандашёв
Карандеев
Каранов
Карантаев
Карантьев
Карапалкин
Карапетов
Карапетян
Карапин
Карапоткин
Карасёв
Карасевич
Карасин
Караславов
Карасов
Карась
Карасьев
Каратаев

Каратеев
Каратин
Каратыгин
Караулов
Караханов
Караченков
Карбышев
Каргабаев
Каргальцев
Карганов
Каргин
Кардашёв
Кардовский
Кардонский
Карев
Кареев
Карелин
Карелов
Каренин
Карепин
Каретин
Кареткин
Каретников
Каретов
Каржев
Каржин
Карзанов
Карзин
Карзов
Карим
Каримов
Карин
Каринский
Каринцев
Каркарёв
Карклин
Каркунов
Карлиев
Карликов
Карлин
Карлов

Карловицкий
Кармазин
Кармазинов
Кармалеев
Кармалитов
Карманников
Карманов
Кармартенов
Кармен
Кармолин
Кармышев
Карнаухов
Карнаушкин
Карначёв
Карнеев
Карновский
Карозин
Каронин
Кароннов
Карпаков
Карпачёв
Карпейский
Карпекин
Карпенко
Карпецкий
Карпешин
Карпин
Карпинский
Карпичёв
Карпов
Карпович
Карповский
Карпоносов
Карпун
Карпунин
Карпуничев
Карпухин
Карпушин
Карпылёв
Карпычёв
Карпышёв

Карсаевский
Карсанов
Карский
Карсов
Картавов
Картавцев
Картавых
Карталов
Картасов
Карташев
Карташихин
Карташкин
Карташов
Картинкин
Картинцев
Картошин
Картошкин
Картуесов
Картузов
Картуков
Карузин
Карулин
Карханов
Карцев
Карцов
Карчагин
Карчевский
Каршин
Карыгин
Карымов
Карыхалин
Карычев
Карышев
Карьеров
Карюгин
Карюков
Карюнин
Карюшин
Карябкин
Карявин
Карягин

Карякин	Катаев	Кафтанов	Кашенко
Касабабов	Каталин	Кафыров	Кашенцов
Касабов	Каталкин	Каханов	Кашехлебов
Касавин	Катаманин	Каховский	Кашечкин
Касанов	Катамахин	Кацауров	Кашигин
Касатиков	Катанаев	Кацвин	Кашилов
Касаткин	Катанов	Кацев	Кашин
Касатонов	Катанугин	Каценко	Кашинцев
Касаточкин	Катаржин	Кацепов	Каширин
Касауров	Катаринов	Кацин	Каширов
Касвин	Катасанов	Кацман	Каширский
Касенков	Каташкин	Кацманов	Каширцев
Касилов	Каташов	Кацнельсон	Кашичкин
Касимов	Катенин	Кацов	Кашкадамов
Касимцев	Катеров	Кацюев	Кашкай
Касинов	Катерушин	Качаев	Кашкаров
Касиновский	Катилин	Качалин	Кашкин*
Касинцев	Катилов	Качалкин	Кашков
Касиян	Катин	Качалов	Кашлин
Каслин	Катичев	Качальников	Кашляев
Касмынин	Катков	Качанов	Кашмаров
Каспаров	Катомин	Качановский	Кашмилов
Касперович	Катулин	Качапин	Кашников
Каспин	Катульский	Качашкин	Кашперов
Кассесинов	Катумин	Качелкин	Каштаков
Кассин	Катунин	Каченовский	Каштанов
Кастальский	Катусов	Качепкин	Кашуричев
Кастеев	Катушев	Качеровский	Кашутин
Кастерин	Катушин	Качикин	Кащеев
Касторский	Катушкин	Качкеев	Кащенко
Кастрицкий	Катцен	Качкин	Каюков
Кастюк	Катырёв	Качков	Каюрин
Касумов	Катышев	Качковский	Каюткин
Касурин	Катькалов	Качурин	Кайлов
Касымов	Катюшин	Качхоев	Каяндер
Касьян	Катюшкин	Кашаев	Квадратов
Касьяненко	Каузов	Кашанов	Кварталов
Касьянов	Кауров	Кашеваров	Квартин
Касянин	Каутский	Кашевский	Кваськов
Катавасов	Кауфман	Кашежев	Квасников
Катагощин	Кафтанников	Кашелевский	Квасов

Квашин
Квашнин
Квитко́
Квици́нский
Квы́тский
Квятко́вский
Ке́вдин
Ке́дрин
Ке́дров
Кедро́вский
Ке́йзерлинг
Ке́йзеров
Ке́йлин
Ке́йслер
Кекели́дзе
Ке́кин
Ке́лдыш
Келе́нин
Ке́ллер
Кельбе́дин
Кельбе́рин
Кельси́ев
Ке́льцев
Кельште́йн
Кема́рский
Ке́менев
Ке́менов
Ке́нзин
Ке́нин
Кепа́нов
Ке́пов
Ке́ппен
Керасе́нко
Кера́шев
Кербаба́ев
Ке́рбель
Ке́рбиков
Ке́ренский*
Ке́рженцев
Ке́ржнер
Керимба́ев

Керимбе́ков
Кери́мов
Ке́рмин
Ке́рниг
Керо́пов
Ке́рцман
Кеса́ев
Ке́сслер
Ке́тлров
Кетли́нский
Кеча́шин
Ке́чкин
Киаче́ли
Киба́льников
Киба́льчич
Ки́бель
Ки́бирев
Ки́брик
Ки́вин
Ки́врин
Кивше́нко
Ки́гин
Ки́дин
Кидия́ров
Ки́жнер
Кизе́лов
Кизяко́в
Киквди́дзе
Кики́лов
Ки́кин
Кико́ин
Ки́ктев
Кила́дзе
Киле́ев
Кили́нский
Ки́льдишев
Килья́н
Килья́нов
Кимбаро́вский
Кимо́нко
Кина́ев

Кинаре́вич
Кина́сов
Киндряко́в
Киндяко́в
Кинжа́лов
Кинку́лькин
Кипаре́нко
Кипари́сов
Кипре́нский
Киприа́нов
Киприя́нов
Кипши́дзе
Кипятко́в
Кирбе́нников
Ки́рдин
Кирдя́шев
Кирдя́шкин
Кире́ев
Кире́евский
Киржако́в
Кирзи́мов
Ки́риков
Кириле́нко
Кири́лин
Кири́ллин
Кири́ллов
Кири́лло́вский
Кири́лов
Ки́рин
Кириче́нко
Киричко́в
Ки́ркин
Кирко́
Кирна́рский
Ки́ров
Кирпа́тый
Кирпи́кин
Ки́рпиков
Кирпичёв
Кирпи́чников
Кирпичо́в

Кирпи́щиков
Кирпо́тин
Кирса́нов
Ки́рхгоф
Кирхенште́йн
Кирцо́в
Кирче́вский
Киршо́в
Кирьяко́в
Кирья́нов
Кирю́пин
Кирю́хин
Кирю́шин
Киря́ев
Киря́кин
Киса́ров
Кисвя́нцев
Киселёв
Киселе́вич
Киселе́вский
Кисе́ль
Кисе́льников
Кисили́шин
Ки́син
Ки́скин
Ки́слин
Кисли́цын
Кисло́в
Кисло́вский
Кислоро́дов
Кисля́гин
Кисляко́в
Кисля́рский
Ки́ссин
Киста́нов
Кистенёв
Кистосту́ров
Кистуно́в
Кистяко́вский
Кит
Кита́ев

Кита́ин	Клейнми́хель	Климе́нтьев	Клубко́в
Китайгоро́дский	Клеме́нтьев	Климиксе́ев	Клукшту́к
Кита́йцев	Кле́менц	Кли́мин	Клу́мов
Кита́шев	Кле́мешо́в	Кли́мкин	Клу́сов
Киташо́в	Кле́мин	Климко́вич	Клу́шин
Китиче́нко	Кле́мов	Кли́мов	Клы́гин
Кито́в	Кле́нин	Климо́вич	Клы́ков
Китта́ры	Кленко́в	Климо́вский	Клы́пин
Кице́нко	Кле́нников	Климо́хин	Клы́пкин
Кича́ев	Клёнов	Кли́мочкин	Клычко́в
Кича́тов	Клено́вский	Кли́мушкин	Клы́чников
Киче́ев	Кленцо́в	Клина́ев	Клю́ев
Киченко́в	Клены́хин	Кли́нген	Клю́зов
Кичи́гин	Клео́пин	Кли́нишев	Клюйко́в
Ки́чин	Кле́пико́в	Клинко́в	Клю́квин
Кишене́вский	Кле́пов	Клинко́вский	Клю́кин
Кишинёв	Клепцо́в	Кли́но́в	Клю́ков
Кишинёвский	Кле́сов	Кли́нцев	Клю́нин
Ки́шки́н	Клесто́в	Клинцо́в	Клюнко́в
Кишки́нцев	Кле́ткин	Кли́нчин	Клю́хин
Кия́сов	Кле́точкин	Кли́пов	Ключарёв
Кла́вдиев	Кле́точников	Кли́ссов	Ключёв
Клавдие́нко	Кле́тский	Кли́тин	Ключе́вский
Клако́тин	Клёцкин	Кличи́нский	Ключерёв
Кланцо́в	Клецко́	Кличнёв	Клю́чников
Клапо́вский	Кле́четов	Кли́ше́нцев	Клю́шин
Кла́ров	Клешнёв	Кли́шин	Клю́шкин
Классо́н	Клещ	Клобуко́в	Клю́шников
Кла́удин	Клещёв	Клокачёв	Кля́вин
Кла́ус	Клещеви́нов	Кло́ков	Кля́гин
Клеба́нов	Клеще́вников	Кло́котов	Кля́пин
Кле́вер	Клещо́в	Кло́пин	Кля́тов
Клевле́ев	Клиба́нов	Клопко́в	Кля́цкин
Клевцо́в	Клибле́ев	Кло́пов	Кля́чин
Кле́ев	Кликуно́в	Кло́пский	Кля́чкин
Кле́йбер	Клима́нов	Клоссо́вский	Клячко́
Кле́йман	Климарёв	Клоча́нов	Кна́уэр
Клейме́нов	Климачёв	Кло́чев	Кни́жник
Клеймёнов	Клима́шин	Клочко́	Кни́жников
Клейми́хин	Климе́нко	Клочко́в	Книпо́вич
Кле́йнер	Климе́нтов	Клуби́хин	Кни́ппер

Кно́пов	Ковале́ров	Кога́новский	Ко́зиков
Кнуня́нц	Ковале́ров	Ко́ген	Ко́зин
Кну́ров	Кова́лик	Ко́гтев	Ко́зинцев
Кнушеви́цкий	Кова́лин	Ко́дин	Кози́цкий
Кны́шев	Кова́лкин	Кодлу́бцев	Ко́зичев
Княги́нинский	Кова́ль	Кодо́нцев	Козлако́в
Княже́вич	Ковалько́в	Ко́ен	Козланю́к
Княжи́цкий	Кова́льский	Кожа́нов	Козле́вич
Княжни́н	Кова́льчик	Кожа́нчиков	Козле́нев
Кня́зев	Ковальчу́к	Кожа́ринов	Козленко́в
Кня́зькин	Ковальчуко́в	Кожа́ров	Ко́злин
Князько́в	Кова́нов	Коже́вников	Козли́нский
Князя́тов	Кова́нько	Кожеду́б	Козло́в
Ко́балев	Коваре́вский	Кожемя́кин	Козло́вский
Кобеди́нов	Ко́вельман	Ко́же́нов	Козло́вцев
Кобе́ев	Ковердя́ев	Ко́жетев	Козлоро́гов
Ко́белев	Кове́ров	Кожеу́ров	Ко́зов
Ко́бзарёв	Кове́шников	Кожеха́ров	Козо́вский
Ко́бзев	Ковля́кин	Ко́жин	Козодо́ев
Кобища́нов	Ковна́цкий	Ко́жинов	Козолу́пов
Ко́бликов	Ковпа́к	Кожло́в	Козоно́к
Ко́блов	Коври́гин	Кожо́кин	Ко́зо-Поля́нский
Кобляко́в	Коври́жкин	Ко́жухо́в	Козоре́зов
Ко́бозев	Ко́врин	Кожу́шкин	Козу́лин
Ко́брин	Ковро́в	Козаке́вич	Ко́зырев
Ко́бри́нский	Ковро́вцев	Козако́в	Козыре́вский
Кобры́нский	Ковры́жкин	Козано́к	Козы́рин
Кобула́дзе	Ковтуне́нко	Ко́зарев	Ко́зырь
Кобы́лин	Ковтуно́в	Козачко́вский	Козырько́в
Кобы́льников	Ковша́ров	Козво́нин	Козьми́н
Кобыля́нский	Ко́вшев	Ко́зев	Козьяко́в
Кобыля́тников	Ковшо́в	Козе́вин	Козю́лин
Кобя́кин	Ковыже́нко	Козе́ев	Козя́вкин
Кобяко́в	Ковы́лин	Ко́зелев	Ко́йкин
Коваже́нков	Ковынёв	Ко́зель	Ко́карев
Кова́ко	Ковырёв	Козе́лькин	Ко́кин
Кова́лдин	Ковы́рзин	Козелько́в	Кокле́вский
Ковалёв	Ковыря́лин	Козе́льский	Ко́кли́н
Ковале́вский	Ковя́зин	Козельцо́в	Кокля́ев
Ковале́нко	Ковя́кин	Козеро́гов	Ко́ков
Ковале́нков	Ко́ган	Ко́зиев	Коко́вин
	Ко́ганов		

Коко́вцев	Коленко́ров	Коло́дин	Колса́нов
Коко́вцов	Ко́леро́в	Коло́дкин	Колто́вский
Коко́нин	Колёров	Колодко́в	Колтуно́в
Ко́корев	Колеса́ев	Коло́дцев	Колты́пин
Кокоре́кин	Колеса́нов	Коло́кин	Ко́лтышев
Коко́рин	Коле́син	Колоко́лкин	Колуда́ров
Коко́ринов	Коле́снев	Ко́локолов	Колуно́в
Коко́сов	Коле́сник	Колоко́льников	Колупа́ев
Коко́ткин	Коле́сников	Колоко́льцев	Ко́лушкин
Коко́тов	Ко́лесов	Колоко́льчиков	Колча́к
Кокоту́шкин	Коле́сса	Колоко́льщиков	Колчако́в
Коко́шин	Колибе́рнов	Коло́мбин	Колча́нов
Кокошкин	Колига́нов	Коломе́йцев	Колче́ев
Кокто́мов	Ко́ликов	Коломе́нкин	Ко́лчин
Коку́ев	Ко́лин	Коломе́нский	Колчуно́в
Коку́рин	Ко́лкин	Коломе́цкий	Колыба́нов
Коку́ркин	Ко́лко́в	Коломи́йцев	Колыбе́лин
Коку́шин	Колко́тин	Коло́мин	Колыбе́льников
Кокша́ров	Колкуно́в	Коло́минов	Колыже́нков
Колако́в	Коллега́ев	Коло́мнин	Колымя́гин
Ко́лас	Колле́гин	Коломни́цкий	Колыха́ев
Колаче́вский	Колле́гов	Коломы́тов	Ко́лычев
Колба́син	Коллонта́й	Колонча́ков	Ко́лышев
Колба́сников	Колмако́в	Колосни́цин	Ко́лышкин
Колба́сов	Колма́нов	Ко́лосов	Кольдерцо́в
Колба́сьев	Колмого́ров	Колосо́вский	Кольцо́в
Ко́лбин	Колоба́ев	Ко́лотев	Кольчу́гин
Колга́нов	Колоба́нов	Колоти́лин	Колюшпа́нский
Колга́тин	Колоба́хин	Колоти́лов	Коля́дин
Колда́ев	Колоба́шкин	Колотко́вский	Коля́дов
Колдо́бский	Колоберд я́ев	Ко́лотнёв	Коляжно́в
Колдо́ев	Колобко́в	Ко́лотов	Коля́зин
Ко́лев	Ко́лобов	Колоту́ров	Коляно́вский
Колева́тов	Колобо́вников	Колоту́хин	Коля́скин
Колега́ев	Колобро́дов	Колоту́шкин	Комаго́ров
Коле́гов	Колобу́тин	Колоты́гин	Комале́нков
Коле́дин	Ко́лов	Колоты́ркин	Кома́лов
Коле́дов	Коловоро́тов	Коло́шин	Кома́ндин
Колендарёв	Кологри́вов	Колпако́в	Команди́ров
Коле́нко	Колоде́зников	Колпачи́хин	Кома́нов
Коленко́в	Коло́диев	Ко́лпиков	Кома́р

Комарни́цкий	Кондра́тенков	Конопа́тин	Ко́пнёв
Комаро́в	Кондра́тов	Конопа́ткин	Копни́н
Комаро́вский	Кондра́тьев	Конопа́тов	Копня́ев
Комба́ров	Кондра́тько	Конопа́цкий	Ко́птев
Комелько́в	Кондратю́к	Конопи́хин	Коптёлин
Коме́ников	Кондрашёв	Конопля́в	Коптёлов
Ко́мин	Кондра́шин	Конопли́н	Ко́птин
Ко́минов	Кондра́шкин	Коно́ров	Коптя́ев
Комиса́ров	Кондрашо́в	Ко́нрад	Коптя́жев
Комисса́ров	Кондро́в	Константе́нков	Ко́пусов
Комита́с	Кондру́хов	Константи́нов	Ко́пцев
Комко́в	Кондуко́в	Контарёв	Копцо́в
Ко́млев	Кондуча́лов	Конторо́вич	Копчёнов
Комляко́в	Ко́ндырев	Конторо́вский	Ко́пчиков
Коммо́дов	Кондюко́в	Конуспа́ев	Копылёв
Коммуна́ров	Ко́нев	Концо́в	Копыле́нко
Ко́мнев	Коне́вский	Кончало́вский	Копыло́в
Ко́мов	Коне́нков	Ко́нчев	Копы́рин
Комовни́цын	Конёнков	Ко́ншин	Ко́пысов
Комого́ров	Конжухо́в	Ко́нычев	Копы́тин
Комого́рцев	Ко́ни	Ко́нышев	Копы́тов
Комо́ликов	Ко́ников	Конько́в	Ко́пышев
Комо́лов	Ко́нин	Ко́ньшин	Копьёв
Коморо́вский	Кони́сский	Конюко́в	Копя́кин
Компане́ец	Ко́нников	Ко́нюхов	Копя́нин
Комрако́в	Ко́ннов	Ко́нюшко́в	Корабе́льников
Компра́тов	Конобе́ев	Коня́ев	Кораблёв
Комя́гин	Конобе́евский	Коня́хин	К400абли́н
Конако́в	Ко́нов	Коня́шкин	Кора́ллов
Конарёв	Коновали́хин	Ко́онен	Кора́улов
Конарке́вич	Конова́лов	Копа́ев	Ко́рвин
Кона́рский	Конова́льцев	Копа́лин	Корга́льцев
Ко́нашев	Коновни́цын	Копе́йкин	Корга́нов
Конашко́в*	Коного́нов	Копе́йко	Коргу́ев
Кондако́в	Коного́ров	Копе́йщиков	Корде́цкий
Кондилья́к	Коноко́тин	Ко́пелев	Кордюко́в
Конди́ров	Кононе́нко	Копеля́нский	Ко́рев
Конди́теров	Кононко́в	Копие́вич	Коревико́в
Кондо́рский	Кононо́вич	Копи́нский	Коре́йво
Кондра́тев	Коно́нцев	Копко́в	Коре́йко
Кондра́тенко	Кононы́хин	Копле́нко	Коре́лин

Корельцев
Коренев
Кореневкин
Кореневский
Коренков
Кореньков
Корепанов
Корепов
Корецкий
Корецков
Корешков
Корешов
Корещенко
Коржавин
Коржевин
Корженевский
Корженко
Коржиков
Коржинский
Коржов
Коржуев
Корзин
Корзинкин
Корзинский
Корзников
Корзухин
Коридалин
Корин
Коринфский
Корионов
Корицкий
Коричев
Коричнёв
Коркин
Коркодинов
Коркунов
Кормашёв
Кормилицин
Кормилицын
Кормильчиков
Кормишин

Кормов
Кормышов
Корнаков
Корнаухов
Корнблюм
Корнев
Корнеев
Корнейчук
Корнеплодов
Корнетов
Корнеюшко
Корниенко
Корниенков
Корнилов
Корнилович
Корнин
Корнихин
Корницкий
Корнишин
Корноухов
Корнышев
Корнюхин
Корнюшкин
Корняков
Коробанов
Коробеев
Коробейников
Короббин
Коробкин
Коробко
Коробков
Короблёв
Коробов
Коробцов
Короваев
Коровиков
Коровин
Коровкин
Коровников
Коровушкин
Коровякин

Коровяков
Корогодов
Корогодский
Королёв
Короленко
Королицкий
Король
Королько
Корольков
Корольчук
Королюк
Коромыслов
Коронов
Коропов
Коропцов
Коростелёв
Коростовцев
Коростылёв
Коротаев
Коротеев
Коротин
Короткевич
Короткий
Короткин
Коротков
Короткоухов
Коротченко
Коротыгин
Корохтин
Корочкин
Корочков
Корошеев
Корпелов
Корпуничев
Корпунков
Корпусов
Корсак
Корсакас
Корсаков
Корсекин
Корсетов

Корсуков
Корсунов
Корсунский
Кортиков
Кортов
Кортунов
Корунков
Корунов
Корушев
Корушкин
Корхин
Корхов
Корцов
Корчагин
Корчак
Корчашкин
Корчемкин
Корчинский
Корчмарёв
Корчмин
Коршаков
Коршенников
Коршиков
Коршин
Коршунов
Корыгин
Корытин
Корытов
Корышев
Корюкин
Корюков
Корюхин
Корюшкин
Корябочкин
Корявин
Корявочкин
Корягин
Коряев
Коряжнов
Корякин
Коряков

Коряко́вский
Ко́сарев
Косары́гин
Косачёв
Коса́ч-Шуче́нко
Косе́нко
Косе́нков
Ко́сиков
Коси́лин
Коси́лов
Ко́син
Ко́синов
Коси́нский
Коси́хин
Коси́цын
Ко́сичев
Ко́сичкин
Коске́нкин
Ко́скин
Коско́в
Космако́в
Косма́тов
Космачёв
Косми́кин
Косми́нский
Космодемья́нский
Космы́нин
Ко́сников
Кособо́ков
Ко́сов
Косова́нов
Косо́вичёв
Косогля́дов
Косо́й
Косола́пов
Косоло́бов
Косоно́гов
Косоро́тов
Косору́ков
Косоу́ров
Косоу́хов

Коспа́ров
Коссако́вский
Ко́ссов
Коссо́вич
Коссо́вский
Коста́ндов
Костандя́н
Ко́старев
Ко́стев
Костене́цкий
Костёнко
Костёнков
Ко́стерев
Костёрин
Ко́стёров
Косте́цкий
Ко́стиков
Ко́стин
Кости́нский
Кости́цкий
Кости́цын
Ко́сткин
Ко́стов
Косто́вич
Костогло́дов
Костого́нов
Костоля́нов
Костома́ров
Костоме́тов
Костопра́вов
Ко́сточкин
Ко́стриков
Костри́цын
Костро́в
Костро́мин
Костры́кин
Кострюко́в
Кострю́мов
Костыги́н
Костыго́в
Костыко́в

Костылёв
Костылько́в
Ко́стырев
Ко́стычев
Ко́стышев
Костю́к
Костю́нин
Костю́рин
Костю́хин
Костюче́нко
Костя́ев
Костяко́в
Костя́шкин
Косу́льников
Косцо́в
Косы́гин
Косы́нкин
Ко́сырев
Косы́х
Косьми́н
Кося́кин
Косяко́в
Косяро́вский
Котале́вский
Котелко́в
Коте́льников
Коте́льницкий
Ко́тенев
Коте́нин
Коте́нко
Ко́терев
Ко́тиков
Котико́вский
Ко́тин
Ко́ткин
Котко́в
Ко́тликов
Котло́в
Котло́вич
Котляко́в
Котляре́вский

Котляре́нко
Котляро́в
Ко́тов
Кото́вич
Кото́вский
Котовчи́хин
Котовщико́в
Кото́к
Кото́льников
Кото́мкин
Котоши́хин
Котрелёв
Котро́в
Котуно́в
Коту́хин
Котылёв
Котюко́в
Котя́гин
Кофа́нов
Ко́фман
Ко́хтев
Ко́хтин
Ко́царев
Коцебу́
Ко́цев
Коцо́вский
Коцо́ев
Коцыга́нов
Коцюби́нский
Коча́лов
Коча́нов
Кочано́вский
Кочебу́ров
Ко́чев
Кочева́лов
Кочево́й
Кочега́ров
Кочеды́ков
Кочела́ев
Кочема́ров
Коченко́в

Кочерга́	Ко́шкин	Краса́вин	Красюко́в
Кочерги́н	Кошкода́ров	Краса́вцев	Крахма́лов
Кочерги́нский	Кошлако́в	Кра́сенько́в	Крахма́льников
Кочере́шкин	Кошляко́в	Краси́вичев	Крахо́ткин
Кочери́гин	Коштоя́нц	Кра́сиков	Крачко́вский
Кочёрин	Кошу́тин	Краси́лин	Крашени́нников
Ко́черо́в	Кощёев	Краси́лов	Краю́кин
Кочеры́гин	Коя́ло́вич	Краси́льников	Краю́хин
Кочеры́жкин	Кра́вец	Кра́син	Краю́шин
Кочетко́в	Кра́вцев	Краси́нский	Краю́шкин
Ко́четов	Кравцо́в	Краснобаев	Кре́йдин
Кочешко́в	Кра́вченко	Красно́в	Кре́йндлин
Ко́чиев	Кравчи́нский	Красно́вский	Кре́йнин
Ко́чин	Кравчу́к	Красногля́дов	Кре́котнёв
Кочиня́н	Кра́ев	Красного́рский	Кременёцкий
Кочкарёв	Кра́евский	Красножёнов	Кремёнский
Кочкари́нов	Крайва́нов	Краснокутский	Кре́мер
Ко́чкин	Кра́йнев	Краснопе́вцев	Кремлёв
Ко́чнев	Крайно́в	Краснопёров	Кремнёв
Кочно́в	Крайнюко́в	Краснопо́лов	Кремни́н
Кочубе́ев	Кра́ков	Краснопо́льский	Кре́мов
Кочубе́й	Краковский	Красноро́зов	Крендо́вский
Кочуго́в	Кра́лькин	Красно́усов	Крени́цын
Кочу́ев	Крамаре́нко	Красноцве́тов	Кре́нке
Кочуко́в	Кра́меров	Краснощёков	Кре́скин
Кочу́лов	Кра́мин	Красноя́рский	Кре́сов
Кочу́рин	Кра́минов	Красноя́рцев	Кресте́шников
Кочу́ров	Кра́мов	Красну́хин	Крести́нин
Коша́ев	Крамо́льников	Красну́шкин	Кре́стников
Ко́шарев	Краморе́нко	Кра́сный	Кресто́в
Кошеве́ров	Крамско́й	Красны́х	Кресто́вников
Кошево́й	Кра́нчев	Красня́нский	Кресто́вский
Ко́шелёв *	Крапи́ва *	Кра́сов	Крестья́нинов
Кошелько́в	Крапи́венцев	Красови́цкий	Кре́тов
Кошенко́в	Крапи́вин	Красо́вский	Креу́зов
Кошере́нков	Крапи́вцев	Красо́тин	Крече́тников
Ко́шечкин	Кра́пов	Красо́ткин	Кре́четов
Ко́шин	Крапо́тин	Красо́тов	Кречи́нский
Коши́хин	Крапо́ткин	Крассо́вский	Кре́шин
Кошкарёв	Крапо́шин	Красу́лин	Кржижано́вский
Кошка́ров	Крапу́хин	Красу́ский	Крива́ндин

Кривелёв
Кривенко
Кривенков
Кривин
Кривиский
Кривицкий
Кривов
Кривоногов
Кривонос
Кривоносов
Кривопалов
Кривополенов
Криворучко
Кривоухов
Кривочуров
Кривошапка
Кривошапкин
Кривошапов
Кривошеев
Кривошеин
Кривошликов
Кривошлыков
Кривощапов
Кривский
Кривулин
Кривцов
Кривцунов
Кривченко
Кривякин
Кригер
Крижановский
Крижевский
Криксунов
Крикунов
Криницин
Криницкий
Криновицын
Криновский
Кринолинский
Кринский
Крисанов

Крисков
Кристаловский
Критов
Критский
Криушин
Крицкий
Кричеверов
Кричевский
Криштафович
Криштофович
Крищюнас
Кроваткин
Кровлин
Кровяков
Кроковский
Кромин
Кромсаев
Кронтовский
Кропачёв
Кропивницкий
Кропилкин
Кропин
Кропотин
Кропоткин
Кропоткинский
Кропотов
Кротков *
Кротов
Крохалёв
Крохин
Крохолев
Крохоткин
Крубер
Круглак
Круглёнин
Кругликов
Круглов
Кругляков
Кругов
Кругосветлов
Кружалин

Кружалов
Кружилин
Кружков
Крузенштерн
Крузин
Круковский
Крулёв
Крумин
Крупанов
Крупеников
Крупенин
Крупенников
Крупин
Крупицкий
Крупицын
Крупкин
Крупник
Крупников
Крупнов
Крупов
Круподёров
Крупский
Крупчатников
Крупченко
Крупчицкий
Круташов
Крутелёв
Крутецкий
Крутиков
Крутилёв
Крутилин
Крутицкий
Круткин
Крутов
Крутоголов
Крутогоров
Крутогорский
Крутушкин
Крутяков
Круцко
Круциферский

Крученых
Кручинин
Крушевский
Крушельницкий
Крушинский
Крывелев
Крыжановский
Крыжанский
Крыжицкий
Крыжнев
Крыленко
Крылин
Крылов
Крылушкин
Крыльцов
Крымов
Крымский
Крыницын
Крынкин
Крысанов
Крысин
Крысов
Крюкин
Крюков
Крюковский
Крюченков
Крючихин
Крючкин
Крючков
Кряжев
Кряжиков
Кряквин
Крякутной
Ксандрык
Ксаняров
Ксенафонтов
Ксензов
Ксенократов
Ксенофонтов
Кторов
Кубанков

Кубанов	Кудояров	Кузьмин	Куландин
Кубанцев	Кудрин	Кузьминкин	Куланин
Кубарев	Кудринский	Кузьминов	Кулатов
Кубарихин	Кудров	Кузьминский	Кулахметов
Кубаркин	Кудрюмов	Кузьмичёв	Кулачиков
Кубасов	Кудрявов	Кузьмичов	Кулебакин
Кубеев	Кудрявский	Кузюрин	Кулебяко
Кубенин	Кудрявцев	Кузяев	Кулевов
Кубенский	Кудрявчиков	Кузятин	Кулемасов
Кубецкий	Кудрявый	Куйбышев	Кулемин
Кубешев	Кудряев	Куйбышевский	Кулехов
Кубиков	Кудряков	Куканов	Кулеша
Кубицкий	Кудряш	Кукарин	Кулешов
Кубланов	Кудряшов	Кукаркин	Кулибин
Кублановский	Кудыкин	Кукашин	Кулигин
Кублицкий	Кудыков	Кукин	Кулик
Кубрак	Куженков	Кукинов	Куликов
Кубреев	Кужин	Кукишев	Куликовский
Кубриков	Кузаков	Куклев	Кулинов
Кубряков	Кузеленков	Куклин	Кулинцев
Кубышкин	Куземкин	Кукляев	Кулифеев
Куваев	Куземкин	Кукобников	Куличев
Кувакин	Кузин	Куковеров	Куличенко
Куварин	Кузичкин	Куковин	Куличкин
Кувенев	Кузмин	Куковкин	Кулиш
Куврей	Кузмичёв	Кукоев	Кулишев
Кувшинников	Кузнец	Куколев	Кулишов
Кувшинов	Кузнецкий	Куколевский	Култашев
Кувыкин	Кузнецов	Кукольник	Култыгин
Кугин	Кузнеченков	Куксин	Кулугуров
Куглеров	Кузнечик	Кукубенко	Кулыбин
Кугушев	Кузнечиков	Кукуев	Кулыгин
Кудачкин	Кузов	Кукуй	Кульбакин
Кудаш	Кузовкин	Кукушкин	Кульбин
Кудашев	Кузовков	Кукшин	Кульгин
Куделин	Кузовлев	Кулабухов	Кульженко
Куджицкий	Кузовников	Кулагин	Кулькин
Кудимов	Кузоятов	Кулаев	Кульков
Кудин	Кузькин	Кулаженков	Кульмамедов
Кудинов	Кузьменко	Кулаков	Кульманов
Кудлих	Кузьменков	Кулаковский	Кульнев

Ку́льтышев	Купердя́гин	Ку́рди́н	Курмы́шев
Культя́пкин	Ку́перма́н	Ку́рдов	Курна́вин
Ку́льчев	Купле́тский	Курдума́нов	Курна́ев
Кульчи́цкий	Купли́нов	Курдю́бов	Курнако́в
Кулья́рский	Ку́порев	Курдю́к	Курнато́вский
Куля́ба	Купре́вич	Курдюко́в	Ку́рников
Куля́бин	Ку́прико́в	Курдю́мов	Ку́рни́н
Куля́бко	Купри́н	Куревлёв	Курно́сенков
Куля́вин	Купри́нькин	Ку́ренёв	Курно́сов
Куля́ев	Куприя́нов	Куренке́ев	Ку́ров
Кумаме́тов	Куприю́нин	Куренко́в	Куро́вский
Кума́нин	Куприю́хин	Куре́пин	Куро́едов
Кума́нцев	Купряко́в	Куре́тников	Куроле́сов
Ку́ми́н	Купря́шин	Курзенко́в	Куропа́ткин
Куми́ров	Купцо́в	Ку́рзи́н	Куропа́тов
Кумлёв	Ку́пчик	Ку́риков	Куропи́лов
Ку́мов	Кура́гин	Куриле́нко	Куросле́пов
Кумове́ев	Кура́ев	Кури́лин	Ку́рохти́н
Кумы́сников	Кура́кин	Кури́лкин	Ку́рочкин
Куна́вин	Кура́ко	Кури́лов	Ку́рош
Куна́ев	Кура́ко́в	Курило́вич	Курсако́в
Кунако́в	Кура́ксин	Кури́льцев	Курса́нов
Кунахо́вин	Куракулов	Кури́льчик	Ку́рский
Кунахо́вич	Кура́нников	Кури́льчиков	Ку́ртиков
Кунегин	Кура́нов	Ку́рин	Ку́ртин
Ку́ников	Кура́пов	Ку́ри́нов	Ку́ртов
Ку́нин	Кура́сов	Кури́хин	Курты́нин
Ку́нинев	Кура́тов	Ку́рицын	Куртюко́в
Куни́нзов	Кура́шев	Ку́ркин	Куру́кин
Куни́цин	Курашо́в	Курко́	Куру́шин
Куни́цкий	Курбако́в	Курко́в	Ку́рцман
Куни́цын	Курба́нов	Курко́вский	Курча́ев
Куни́чкин	Курбано́вский	Курко́ткин	Курча́тов
Кунно́в	Курба́тов	Курла́ев	Курче́вский
Ку́нтиков	Ку́рбов	Курла́нов	Куршако́в
Кунце́вич	Ку́рбский	Ку́рлико́в	Ку́ршин
Ку́нькин	Курга́нов	Ку́рли́н	Курылкин
Купа́вин	Курги́н	Курлы́кин	Ку́рышев
Купа́ла	Кургиня́н	Курма́ев	Курышкин
Купа́лов	Кургу́зов	Курмалёв	Курья́нов
Купе́ев	Курденко́в	Курма́шев	Курю́кин

Курябин	Кутузов	Кучминский	Лабзин
Курятников	Кутуков	Кучуков	Лабзов
Курячев	Кутуров	Кучумов	Лабин
Кусаков	Кутырёв	Кушаковский	Лабунский
Кусевицкий	Кутырин	Кушаров	Лабурдов
Кусенков	Кутыркин	Кушев	Лабусов
Кусиков	Кутьин	Кушелёв	Лабутин
Кусин	Кутьков	Кушилин	Лавданский
Кусков	Кутьянов	Кушкин	Лавдовский
Куслеев	Кутявин	Кушков	Лавейкин
Куслиев	Кутяков	Кушнарёв	Лавелёв
Кусов	Кутянин	Кушнаренко	Лаверецкий
Кустанаев	Кутяпин	Кушнер	Лавин
Кустов	Куфаев	Кушнерев	Лавинский
Кустодиев	Куфаков	Кушнерик	Лавнеев
Кустрин	Куфтин	Кушников	Лавочкин
Кутайсов	Куфтырёв	Кушниров	Лавреев
Кутайцев	Кухаев	Кушнирский	Лавренёв
Кутаков	Кухарев	Кушталов	Лавренко
Куталёв	Кухаренко	Кушунин	Лавренов
Кутанов	Кухаренков	Кущев	Лаврентьев
Кутасин	Кухаркин	Кущевский	Лаврецкий
Кутасов	Кухарков	Куюков	Лавримов
Кутафин	Кухтенков	Кшесинский	Лаврин
Кутахов	Кухтин	Кшесиньский	Лавриненко
Кутдюсов	Кухтичев	Кшецынский	Лавринович
Кутейкин	Куцев	Кызласов	Лавриченко
Кутейников	Куцков	Кыкин	Лаврищев
Кутенев	Куцын	Кычаков	Лавров
Кутенин	Кучальский	Кэбин	Лавровский
Кутенков	Кучарин	Кюй	Лаврухин
Кутепов	Кученков	Кюхельбекер	Лаврушин
Кутиков	Кучер	Кязимзаде	Лаврюшкин
Кутилин	Кучеренко		Лавский
Кутинов	Кучеров		Лавцов
Кутков	Кучерский	Л	Лавыгин
Кутлин	Кучин		Лагарьков
Кутников	Кучинский	Лабезников	Лагов
Кутняков	Кучкин	Лабенский	Лаговский
Кутов	Кучлин	Лаберков	Лагорио
Куторга	Кучмин	Лабжинов	Лагошин

Лагуно́в
Лагунцо́в
Лагуте́нко
Лагу́тин
Ла́диков
Ладилкин
Лади́нский
Ла́днев
Ла́дников
Ла́дов
Ладу́хин
Лады́гин
Лады́женский
Лады́жников
Лады́нин
Лае́вский
Лаже́нцев
Лаже́чников
Ла́зарев
Лазаре́вич
Лазаре́вский
Лазаре́нко
Лаза́рко
Лазарчу́к
Лазаря́н
Лазе́бинк
Лазе́бников
Ла́зин
Ла́зинцев
Ла́знев
Лазо́
Ла́зов
Лазо́вский
Лазуко́в
Лазу́нин
Лазу́ркин
Лазу́рский
Лазу́тин
Лазу́ткин
Ла́йкин
Лайко́в

Лака́зов
Лаке́ев
Ла́кин
Ла́кисов
Ла́ков
Лако́вников
Ла́ксман
Лакта́ев
Лактио́нов
Лаку́нин
Лаку́тинов
Ла́кшин
Лалабе́ков
Лала́ев
Лала́кин
Лалая́нц
Лале́вич
Лале́тин
Лалы́кин
Лальмо́в
Лама́нский
Ламби́н
Ламбро́в
Ла́мздорф
Ламко́в
Ламно́вский
Ламы́кин
Ла́мышев
Ла́нганс
Ланге́вич
Ланговой́
Лангсдо́рф
Ланда́у
Ла́ндман
Ла́ндсберг
Лане́ев
Ла́нин
Лани́тин
Ла́нкин
Ланко́в
Ланко́вский

Ла́нов
Лансере́
Ла́нский
Ланско́й
Лантюго́в
Ланцо́в
Ланчи́нский
Ланши́н
Ла́нщев
Ланько́
Ланю́гов
Лапа́ев
Лапату́хин
Лапашо́в
Лапе́нин
Ла́пидус
Ла́пиков
Ла́пин
Лапи́нский
Лапи́ров
Лапи́сов
Лапи́цкий
Ла́пкин
Лапо́нин
Лапотко́в
Лапоты́шкин
Лапо́шин
Ла́птев
Лапте́нников
Ла́птиков
Лапу́тин
Лапу́хин
Ла́пушкин
Ла́пченко
Лапчи́нский
Лапше́нко́в
Лапши́н
Лапши́но́в
Лапшо́в
Лапы́гин
Ларёв

Ларенцо́в
Ла́риков
Ла́рин
Ларио́нов
Ла́ричев
Ла́ричко́в
Ла́ркин
Ларо́ш
Ла́рцев
Ла́рченко
Ла́рченков
Ларько́в
Ларю́шин
Ларю́шкин
Ла́скин
Ласко́вский
Ла́сточкин
Ласу́нский
Ла́тин
Ла́ткин
Лату́нин
Лату́шкин
Латы́нин
Ла́тышёв *
Латя́ев
Лау́хин
Ла́ушкин
Ла́хман
Лахма́нов
Лахно́
Ла́хов
Лахти́н
Лахути́
Ла́цис
Лача́ев
Лачи́нов
Лачу́гин
Ла́шин
Лашкарёв
Лашке́вич
Ла́шкин

Лашко́в	Ле́виков	Леденцо́в	Ле́мехов
Лашма́нов	Ле́вин	Ледко́в	Ле́мешев
Ла́шнёв	Левинзо́н	Ледне́в	Ле́мке
Ла́щев	Леви́нский	Ле́дников	Ле́мо́нтов
Лаще́но́в	Левинсо́н	Ле́дов	Ле́нгник
Ле́бедев	Ле́ви́нтов	Ледо́вский	Ле́ндрико́в
Ле́бедев-Кума́ч	Леви́т	Ледохо́вский	Ле́нев
Лебеде́нко	Левита́н	Ле́ев	Лени́вов
Лебеде́цкий	Левита́нский	Лежанко́в	Ле́нин
Лебеди́н	Леви́тин	Леже́нин	Ленко́в
Лебеди́нов	Левито́в	Леже́нко	Ле́нников
Лебеди́нский	Леви́тский	Ле́жнёв *	Ле́нский
Лебеди́нцев	Леви́цкий	Ле́жни́н	Ленто́вский
Лебёдкин	Ле́вичев	Лезги́нцев	Ле́нченков
Лебёдский	Ле́вкин	Ле́зжев	Ленько́в
Ле́бедь	Левко́	Лезжо́в	Леньши́н
Лебедя́нский	Левко́в	Ле́зин	Лео́ндычев
Лебедя́нцев	Левко́вич	Лейбензо́н	Леони́дзе
Лебезя́тников	Левко́ев	Ле́йбман	Леони́дов
Лебелько́в	Лево́нтин	Ле́йбов	Лебо́нов
Ле́бин	Лёвочкин	Лейбо́вич	Леоно́вич
Лебя́дин	Ле́вский	Ле́йвин	Лео́нтенков
Лебя́дкин	Левто́нов	Лейзеро́вич	Леонто́вич
Лева́й	Лёвушкин	Лейзеру́ков	Леонто́вский
Левако́в	Левцо́в	Ле́йкин	Лео́нтьев
Левако́вский	Ле́вченко	Ле́йпин	Лео́нтьевский
Левандо́вский	Левчуко́в	Лейпу́нский	Лебо́ньков
Леванко́в	Левшако́в	Ле́йтин	Лепа́хин
Лева́нов	Ле́вшин	Ле́йцин	Лепе́ндин
Лева́нтин	Лёвшин	Ле́карев	Ле́петов
Леванто́вский	Левы́кин	Лека́сов	Лепету́хин
Левашёв	Лега́лин	Ле́ксин	Лепёхин
Левашо́в	Лега́сов	Лекци́р	Лепеши́нский
Леве́нко	Леге́зин	Леле́вич	Лепёшкин
Левенсо́н	Ле́гов	Леле́ев	Лепешко́в
Левенту́ев	Легоста́ев	Ле́ликов	Лепи́лин
Левенште́йн	Лего́шин	Ле́лькин	Лепи́лкин
Ле́ви	Легуно́в	Лельчу́к	Ле́пин
Леви́дов	Ледашо́в	Лелю́хин	Ле́пихов
Леви́ев	Ле́денев	Леля́вский	Лепо́рский
Ле́вик	Леденко́в	Ле́менев	Ле́пский

Ле́рман	Либако́в	Ли́ндов	Лиса́вский
Ле́рмонтов	Либа́нов	Линёв	Лисако́в
Ле́рнер	Либа́шкин	Лине́вич	Лисане́вич
Ле́сгафт	Либеди́нский	Ли́нкин	Лиса́нов
Лесе́вич	Либенсо́н	Ли́нник	Лиса́фин
Ле́син	Либерзо́н	Линниче́нко	Лисе́нко
Леско́в	Либерма́н	Лино́вский	Лисе́нков
Леснико́в	Ли́бин	Линтварёв	Ли́сиков
Лесни́цкий	Ли́бкин	Линче́вский	Ли́син
Лесниче́нко	Ли́бман	Лиозин	Лиси́нский
Лесно́в	Ли́бов	Липа́ев	Лисициа́н
Лесны́х	Ли́бхин	Липа́нин	Лиси́цин
Ле́сов	Лива́нов	Липанов	Лиси́цкий
Лесово́й	Ливе́нков	Липано́вич	Лиси́цын
Лесо́вский	Ливенцо́в	Липа́сов	Лиси́чкин
Лесо́хин	Ливи́тин	Липа́тников	Ли́скин
Лествичник	Ливо́нский	Липа́тов	Лиску́н
Лета́вин	Ливцо́в	Липе́цкий	Лисне́вский
Лета́ев	Ливча́к	Липи́лин	Лисно́в
Ле́тин	Ли́вшин	Ли́пин	Ли́сов
Летко́в	Ли́вшиц	Липине́цкий	Лисо́вин
Ле́тний	Ли́гин	Ли́пкин	Лисо́вский
Ле́тников	Ли́го́вский	Липко́	Лисого́нов
Ле́тов	Лиди́н	Липко́вич	Лисого́рский
Ле́тошнев	Ли́дов	Липни́цкий	Лисогу́б
Лету́гин	Лидя́ев	Липняко́в	Ли́ствин
Летуно́в	Лизарёв	Ли́пов	Листма́нгов
Летя́гин	Лизгачёв	Липове́цкий	Листни́цкий
Леу́шин	Лизгуно́в	Липо́вский	Листо́в
Лефе́ров	Лизенцо́в	Липо́вцев	Листо́вский
Ле́хин	Лизогу́бов	Ли́почкин	Листопа́дов
Лёхин	Лизунко́в	Липскарёв	Листра́тов
Лехци́ев	Лизуно́в	Липске́ров	Лису́гин
Леше́нков	Ли́кин	Ли́пский	Лисуно́в
Лешко́вский	Лиле́ев	Липу́зин	Лисю́тин
Лешуко́в	Лилиента́ль	Липу́тин	Лися́нский
Лещ	Ли́лин	Ли́пчин	Лита́вкин
Ле́щёв	Ли́льин	Ли́пшин	Лита́нин
Лещене́цкий	Лиля́вин	Ли́рин	Лита́рёв
Ле́щенко	Лимо́вский	Ли́ров	Литви́н
Лещо́в	Ли́ндеман	Лисаве́нко	Литвине́нко

Литви́нов	Лоба́хин	Логуно́в	Ло́мов
Литвино́вич	Лобачёв	Ло́динов	Ломови́цкий
Литви́нский	Лобаче́вский	Ло́дочников	Ломо́вский
Литви́нцев	Лобачо́в	Лоды́гин	Ло́мо́вцев
Литви́нчев	Лоба́шёв	Лоды́женский	Ломоно́сов
Лити́нский	Лобашко́в	Лодя́нов	Ло́мтев
Ли́тке	Ло́бзев	Ложени́цын	Ло́нгинов
Литко́в	Ло́бзи́н	Ло́жечкин	Ло́ндон
Ли́тов	Ло́бзо́в	Ло́жкин	Ло́нин
Лито́вкин	Ло́биков	Ло́жнев	Лопа́ев
Лито́вский	Ло́бичев	Ло́жников	Лопако́в
Лито́вцев	Лобко́в	Ло́зги́н	Ло́парёв *
Лито́вченко	Ло́бнев	Лози́кин	Лопа́тин
Литя́гин	Ло́бов	Ло́зин	Лопа́ткин
Лифа́нов	Лободо́вский	Лози́нский	Лопа́тко
Лифа́тов	Лобо́зов	Ло́зов	Лопа́хин
Лиха́нин	Лобо́к	Лозови́к	Ло́пов
Лиха́нов	Ло́бочкин	Лозови́цкий	Лопу́хи́н *
Лиха́нцев	Ло́бызев	Лозово́й	Лопухо́в
Лихарёв	Лобы́кин	Лозо́вский	Ло́пшиц
Лихачёв	Лобы́нцев	Ло́йдин	Ло́пырёв
Лихоба́бин	Лобы́тко	Лойко́	Лорду́гин
Ли́хов	Лова́йский	Лока́лов	Лореда́нов
Лихови́дов	Ловачёв	Локотко́в	Ло́рер
Лихово́дов	Ловейко	Локо́тский	Ло́рин
Лихо́нин	Лове́цкий	Ло́ктев	Ло́сев
Лихти́нов	Ловко́в	Локтешо́в	Лосе́нко
Лиху́шин	Ло́влев	Локтюхо́в	Ло́сик
Лицо́в	Ловцо́в	Ло́кшев	Ло́сиков
Лича́гин	Ло́вчев	Локши́н	Ло́синов
Личу́тин	Ло́вчиков	Лола́ев	Лоси́цкий
Лиша́ев	Ловызаньев	Лоле́йт	Лоску́ткин
Лиша́нский	Ловя́гин	Лома́гин	Лоскуто́в
Ли́шев	Логано́вский	Лома́кин	Ло́сский
Ли́шин	Ло́гачёв	Лома́нко	Ло́сьев
Лишу́тин	Ло́гашёв	Лома́нов	Лота́нин
Ли́щи́н	Ло́гвин	Ломоно́сов	Лотарёв
Лоба́нов	Ло́гвинов	Лома́сов	Ло́твин
Лобано́вский	Ло́гинов	Ло́мизов	Лотко́в
Лобарёв	Лого́вский	Ломи́хин	Лотме́нцев
Лоба́стов	Лого́ткин	Ло́мнев	Ло́тов

Лото́хин	Лука́тин	Лупенко́в	Лу́шников
Лото́цкий	Лука́цкий	Лупе́тов	Лу́щик
Лотхо́в	Лукачёв	Лупино́вич	Лущи́хин
Лоха́нин	Лукашёв	Лу́пичев	Лы́вин
Лоха́нкин	Лука́шин	Лу́пкин	Лыгарёв
Ло́хин	Лука́шкин	Лу́пов	Лы́жин
Лохма́нов	Лукашо́в	Лупоя́ров	Лыжко́в
Лохма́тов	Луки́н	Лу́ппов	Лы́жников
Лохма́тый	Луки́нов	Лу́рия	Лыжо́в
Ло́хов	Луки́рский	Лу́рьев	Лы́злов
Лохо́вин	Лукичёв	Лу́скин	Лы́знов
Ло́хтин *	Лукма́нов	Лута́вин	Лыкачёв
Лоцко́в	Лу́ков	Лу́тиков	Лы́ков
Ло́цманов	Луковенко	Лу́тин	Лымаре́нко
Лоша́дкин	Лу́ковкин	Лутови́нов	Лы́ндин
Лоша́кин	Лу́ко́вников	Лутонин	Лынёв
Лошако́в	Луко́мник	Луто́хин	Лынько́в
Лошкарёв	Луко́мский	Луту́гин	Лысе́вич
Ло́шкин	Луко́нин	Луфе́ров	Лы́се́нко *
Лоща́гин	Лукри́н	Лухма́нов	Лысе́нко́в *
Лощако́в	Луку́тин	Лухно́в	Лы́сиков
Лощёнов	Лу́кшин	Лухо́вцев	Лы́син
Лощи́лов	Лукья́нов	Лу́хтин	Лыси́хин
Лощи́нин	Лукья́нович	Луце́нко	Лыско́в
Лощи́нский	Лукья́нченко	Лу́цкий	Лыско́вич
Лубенцо́в	Лукья́нчиков	Луцко́в	Лы́сов
Лу́бкин	Луначарский	Лучани́нов	Лысу́х
Лубко́в	Лу́нги́н	Луча́нский	Лысцо́в
Луга́нский	Лунёв	Лу́чин	Лы́сый
Луги́нин	Лу́нин	Лучи́нин	Лыся́гин
Луговско́й	Лу́ничев	Лучи́нкин	Лысяко́в
Лу́жин	Лунке́вич	Лучи́нов	Лыта́ев
Лу́жский	Лу́нкин	Лучи́нский	Лы́ткин
Лузги́н	Лу́ннов	Лучи́цкий	Лыча́гин
Лу́зин	Лу́нчев	Лучи́шкин	Лы́чев
Лузко́в	Лунько́в	Лу́чкин	Лы́чиков
Лу́йкин	Луняко́в	Лучко́в	Лы́чкин
Лука́ев	Лупа́ндин	Лу́чнико́в	Лычко́в
Лукани́дин	Лупа́нин	Лу́чшев	Лы́шев
Лука́нин	Лупачёв	Лу́шин	Льви́н
Лука́нов	Лупене́вский	Лушко́в	Льво́вич

Льво́вский
Льгов
Люба́вин
Люба́вский
Люба́вцев
Люба́ев
Люба́ров
Люба́рский
Люба́ртов
Любаше́вский
Любви́н
Любе́знов
Любе́шкин
Люби́менко
Люби́мов
Люби́мцев
Лю́бин
Люби́нский
Люби́цкий
Люби́шкин
Лю́бкин
Любо́вич
Любо́вцев
Любозво́нов
Любоми́ров
Любоми́рский
Любому́дров
Любопы́тов
Лю́бочкин
Любо́шкин
Любу́хин
Лю́бушкин
Лю́бченко
Любя́гин
Лю́гов
Людке́вич
Людми́рский
Людого́вский
Люзин
Люзи́нов
Люко́м

Лю́лин
Лю́лькин
Люлюко́в
Люлю́шин
Люляко́в
Лю́син
Люско́в
Люсте́рник
Лю́тиков
Лю́тин
Лю́тов
Лю́хин
Лю́хтиков
Лю́швин
Лю́шин
Люшко́в
Ля́бин
Ля́бихов
Ляга́ев
Ля́гов
Ля́дин
Ля́дов
Лядоко́вский
Ля́зин
Ля́кин
Ля́кишев
Ля́лин
Ля́лькин
Ляля́кин
Ля́мин
Ля́мишев
Ля́мцев
Ля́мшин
Лянгу́зов
Ляпиде́вский
Ля́пин
Ля́пичев
Ля́пкин
Ляпуно́в
Ля́пушкин
Ля́пцев

Ля́рский
Ля́сников
Лятоши́нский
Ля́хов
Ляхове́цкий
Ляхо́вич
Ляхо́вский
Ляхо́мский
Ля́чин
Ляше́нко
Ляшке́вич
Ляшко́
Ляшу́тин
Ля́щенко

М

Мавлиха́нов
Мавлю́тин
Маво́льский
Ма́врин
Мавру́шин
Магазе́нков
Магазно́в
Магако́в
Мага́нин
Магдеси́ев
Магелла́нов
Маги́дин
Маги́дов
Магидсо́н
Магни́тов
Магни́цкий
Магома́ев
Магоме́дов
Мада́ев
Мада́мкин
Мада́тов
Маде́нов
Маджу́гин

Ма́дкин
Мадо́нов
Мадраге́ллов
Мадри́дов
Маду́нцев
Мадя́ев
Ма́ев
Мае́вский
Мажа́ев
Мажа́рин
Ма́жин
Мажи́рин
Мажо́ров
Мажура́нич
Маза́ев
Мазанко́в
Ма́за́нов
Мазаро́вич
Мазе́па
Мази́кин
Ма́зиков
Ма́зин
Ма́зи́нов
Ма́зло́в
Мазни́н
Мазу́нин
Мазу́р
Мазу́рин
Мазурке́вич
Мазуро́вский
Мазу́хин
Мазы́кин
Мазя́кин
Маие́вский
Майда́нников
Майда́нов
Ма́йдель
Ма́йер
Майера́нов
Ма́йзелев
Ма́йзель

Ма́йзлин
Ма́йков
Майо́ров
Майрано́вский
Майса́ков
Ма́йский
Ма́йстров
Майсура́дзе
Ма́йтов
Макаго́нов
Мака́ев
Макаре́вич
Макаре́вский
Макаре́ев
Мака́ренко
Мака́рёнков
Мака́рин
Мака́ричев
Мака́ркин
Мака́ров
Мака́рочкин
Мака́рцев
Мака́рченков
Макарчу́к
Мака́рычев
Мака́рьев
Макарья́н
Макасе́ев
Макатю́к
Мака́шев
Македо́нский
Маке́ев
Маке́енко
Маке́енков
Макивчу́к
Ма́кин
Маккаве́ев
Маклако́в
Маклецо́в
Макнако́в
Ма́ков

Маковее́в
Маковѐльский
Макове́цкий
Макаво́зов
Мако́вский
Макогоне́нко
Макого́нов
Мако́кин
Макосе́ев
Мако́шин
Макри́дин
Макри́нов
Макса́ев
Макса́ков
Максарёв
Максиме́нко
Макси́мов
Максимо́вич
Максимо́вский
Макси́мушкин
Макси́мычев
Максимю́к
Ма́ксин
Максу́дов
Максу́тов
Макту́ев
Маку́лов
Маку́нин
Маку́рин
Макуто́нин
Маку́шин
Ма́кушкин
Макше́ев
Мала́вский
Мала́ев
Мала́кин
Мала́ков
Маландо́вич
Мала́нин
Мала́ничев
Мала́ньин

Малафе́ев
Мала́хин
Мала́хов
Малахо́вский
Малашёв
Малаше́нко
Мала́шин
Мала́шкин
Мала́ян
Малга́сов
Малдыба́ев
Ма́лев
Мале́вич
Малѐвский
Мале́ев
Мале́мин
Мале́нкин
Маленко́в
Малече́нко
Малие́вич
Ма́лик
Ма́ликов
Ма́лин
Мали́нин
Мали́нников
Мали́нов
Малино́вский
Мали́нский
Малиова́нов
Мали́тиков
Мали́цкий
Малише́вский
Ма́лкин
Малко́в
Ма́лов
Малове́чкин
Мало́ев
Малозёмов
Малоле́тенков
Малоле́тков
Малофе́ев

Малу́гин
Малу́хин
Малхася́нц
Малы́гин
Ма́лый
Малы́х
Малы́хин
Ма́лычев
Ма́лышев
Малы́шкин
Малы́шко
Малы́шков
Мальва́нов
Ма́львин
Мальви́нский
Мальви́нцев
Мальги́нов
Мальзи́нов
Малько́
Малько́в
Мальти́щев
Ма́льцев
Ма́льцин
Ма́льчиков
Мальчи́нский
Ма́лышин
Малю́га
Малю́гин
Малю́ев
Малю́кин
Малюко́в
Малю́сов
Малю́тин
Малю́тов
Малючко́в
Маля́вин
Маля́винский
Маля́вкин
Маля́вский
Маля́ев
Маля́р

Маляре́вский
Маляре́нко
Маляро́в
Мама́ев
Мама́нтов
Маматка́зин
Мама́ткин
Мамедбе́ков
Маме́дов
Мамедья́ров
Маме́кин
Маме́нтьев
Ма́ми́ев
Мамиконя́н
Ма́мин
Ма́мин-Сибиря́к
Ма́мкин
Мамле́ев
Ма́млин
Мамо́нин
Мамо́нов
Ма́монтов
Мамо́тов
Ма́мочкин
Мамо́шин
Мамо́шкин
Маму́ра
Мамуро́вский
Ма́мушкин
Ма́мченко
Мамы́кин
Ма́мышев
Мана́ев
Мана́енко
Мана́енков
Мана́кин
Мананд́ян
Мана́нков
Манассе́ин
Мана́фов
Мана́хин

Манача́ров
Мана́шкин
Манве́лов
Мангазе́ев
Ма́нгушев
Мандельшта́м
Ма́ндлин
Ма́ндриков
Мандру́гин
Мандры́кин
Мане́вич
Мане́вский
Мане́нко
Ма́нжин
Манжу́лов
Ма́низер
Мани́лов
Ма́нин
Манке́вич
Манки́ев
Ма́нкин
Манко́вский
Ма́нов
Мано́вский
Мано́хин
Мансве́тов
Мансу́ров
Ма́нсырёв
Мантагу́ров
Манто́ров
Ма́нтьев
Мануи́льский
Мануко́в
Манукя́н
Ману́лкин
Ману́хин
Мануча́ров
Ману́шин
Ману́шкин
Ма́нцев
Манцу́ров

Ма́нченко
Ма́ншин
Маны́кин
Ма́нькин
Манько́
Манько́в
Маньковский
Маню́кин
Манюко́в
Маню́хин
Маня́жин
Маня́хин
Мара́ев
Марака́ткин
Мара́кин
Мара́ко́в
Мараку́ев
Мара́кушев
Марамзи́н
Мара́нов
Мараса́нов
Марасе́ев
Марате́нков
Маратка́нов
Мара́тов
Мара́хин
Мараховский
Ма́рачёв
Маргари́тов
Марге́ев
Марге́лов
Марго́лин
Марго́лис
Марго́рин
Маргу́лис
Марда́лин
Марда́сов
Марда́шев
Мардви́нцев
Ма́рдер
Марджанишви́ли

Мардо́ньев
Мардоха́й
Маре́ев
Ма́рек
Маренко́в
Маре́сьев
Маре́цкий
Маре́шкин
Мари́лов
Ма́рин
Мари́нин
Мари́нчев
Марио́нков
Марисе́нко
Мариу́польский
Мариу́ца
Ма́рич
Марка́ров
Маркачёв
Марке́вич
Марке́лов
Марке́шин
Ма́ркин
Маркита́нов
Маркита́нтов
Ма́ркичев
Маркия́нов
Ма́рков
Марко́вин
Марко́вич *
Марко́вников
Марко́вский
Марко́сов
Марко́тин
Марку́шев
Маркуше́вич
Марку́шин
Ма́ркцев
Марли́нский
Мармела́дов
Марму́зов

Ма́ров
Марса́ков
Марсе́лин
Ма́рсов
Мартемья́нов
Ма́ртенс
Ма́ртин
Мартинсо́н
Мартиро́сов
Марти́шин
Ма́ртов
Марто́вич
Марты́не́нко
Марты́нкин
Марты́нов
Марты́но́вцев
Марты́нушкин
Марты́нычев
Ма́ртышев
Марты́шин
Марты́шкин
Мартышо́в
Мартья́нов
Мартюко́в
Мару́ев
Мару́нин
Маруса́лов
Мару́син
Мару́тов
Мару́шкин
Марфе́нин
Ма́рфенькин
Марфу́нин
Марха́син
Мархо́вский
Мархо́син
Марце́ллин
Марцино́вский
Марче́вский
Ма́рченко
Марчу́к

Марчуко́в
Марша́вин
Марша́к
Маршако́в
Ма́ршев
Маршо́в
Мары́гин
Марыча́ков
Ма́рычев
Ма́рьин
Марья́мов
Марья́ненко
Марья́нов
Марья́нчик
Марья́син
Марья́хин
Маса́лов
Маса́льский
Маса́нов
Масе́ев
Ма́син
Маскаре́в
Ма́скин
Маслако́в
Масле́нин
Маслёнкин
Маслёнков
Ма́сленников
Масли́ев
Ма́сликов
Ма́слин
Ма́слихов
Маслобо́ев
Ма́слов
Масло́вский
Маслюко́в
Масля́ев
Масляко́в
Масля́ников
Масля́нников
Ма́снев

Масо́хин
Массаге́тов
Масса́льский
Массо́н
Масте́нин
Мастерко́в
Ма́стеров
Мастрюко́в
Масюко́в
Мата́ев
Мата́зов
Матако́в
Матала́сов
Мата́лин
Мата́нов
Мата́сов
Матве́ев
Матве́евский
Матве́йцев
Матве́йчев
Матево́сов
Мате́кин
Материко́в
Ма́тёро́в
Мате́цкий
Ма́тин
Мати́нский
Матисе́н
Ма́ткин
Матко́вский
Матла́хо́в
Ма́тлин
Ма́тнев
Ма́тов
Мато́рин
Мато́сов
Ма́точкир
Матре́нин
Матро́зов
Матро́сов
Мату́зов

Мату́лис
Матусе́вич
Мату́сов
Матусо́вский
Мату́хин
Ма́тушкин
Ма́тчин
Маты́гин
Маты́нкин
Маты́цин
Матю́к
Матю́кин
Матю́тин
Матю́хин
Ма́тюшев
Матюше́нко
Матю́шин
Матю́шкин
Матя́тин
Ма́уров
Мау́тин
Маха́ев
Маха́лин
Маха́лов
Маха́нов
Маханько́в
Махара́дзе
Ма́хин
Махли́н
Махло́в
Махму́дов
Махму́ров
Махму́тов
Махни́н
Махно́
Ма́хов
Маховико́в
Махо́нин
Махо́нов
Ма́хоньков
Махо́тин

Махо́ткин	Маяко́вский	Мездро́в	Ме́льник
Ма́хтин	Мая́нов	Ме́зенцев	Ме́льников
Махутин	Маяче́нков	Мезенцо́в	Мельнико́вский
Мацие́вич	Мегли́цкий	Ме́зин	Ме́льницин
Мацие́вский	Медако́в	Ме́зинов	Мельниче́нко
Мацке́вич	Медве́дев	Ме́йер	Ме́льничный
Ма́цкин	Медве́де́нко	Мейерхо́льд	Мельничу́к
Мацко́в	Медве́дкин	Ме́йзеров	Ме́льцер
Мацко́вский	Медве́дов	Ме́йтин	Ме́льшин
Мачи́нский	Медведо́вский	Ме́йтус	Мельяне́нков
Ма́чихин	Медве́дский	Ме́клин	Мелья́нцев
Ма́чкин	Медве́дьев	Мекрюко́в	Мелюзе́ев
Мачте́т	Медвежа́тин	Меламе́дов	Мелюко́в
Мачуле́нко	Медве́жников	Мелединский	Мелю́шкин
Мачу́льский	Медви́нский	Мелене́вский	Меля́хов
Маша́нов	Ме́дем	Меле́нтьев	Ме́нделев
Маша́ров	Ме́диков	Мелете́ев	Менделе́вич
Маша́тин	Медко́в	Меле́тьев	Менделе́ев
Ма́шенькин	Ме́дников	Меле́хин	Ме́ндель
Маше́тов	Ме́днов	Ме́лехов	Мендельсо́н
Ма́шин	Меднноно́гов	Меле́шин	Ме́ндерев
Маши́нский	Мёдо́в	Меле́шкин	Ме́ндлин
Маши́рин	Медо́ев	Мелешко́в	Менжи́нский
Маши́стов	Меды́нов	Ме́ликов	Ме́нзбир
Машка́ркин	Меды́нский	Мелик-Паша́ев	Ме́нтов
Машке́вич	Меды́нцевый	Мелики́н	Ментюко́в
Ма́шкин	Ме́дынь	Мелиора́нский	Менцо́в
Машко́в	Ме́еров	Ме́лихов	Менчи́нский
Машко́вич	Мееро́вич	Ме́лкий	Ме́ншиков
Машко́вский	Мееро́сн	Ме́лкин	Меншу́тин
Машко́вцев	Межако́в	Ме́лкишев	Меншу́ткин
Ма́шнев	Межво́в	Мелкобро́дов	Менько́в
Ма́шников	Межебо́вский	Мелко́в	Меньчуко́в
Ма́шнин	Межеви́кин	Ме́ллер	Меньша́гин
Машо́шин	Межево́в	Ме́ло́в	Меньша́ев
Маштако́в	Межё́нный	Меломе́д	Ме́ньшиков
Машу́рин	Межеу́мов	Мелу́зов	Меньши́н
Машу́тин	Ме́жин	Мельгуно́в	Меньши́нский
Ма́щенко	Межко́в	Мелько́	Меньшо́в
Мая́кин	Межо́в	Мелько́в	Меня́ев
Маяко́в	Межу́ев	Мельку́тов	Мередиа́нов

Мережко́в	Ме́сяцев	Меще́рин	Мику́лин
Мережко́вский	Мета́лликов	Меще́ринов	Мику́лицкий
Мереко́лов	Мета́ллов	Меще́рский	Мику́лицын
Меренко́в	Мета́льников	Мещеряко́в	Мику́лич
Ме́ренов	Ме́телев	Миа́сов	Мику́льшин
Мере́сьев	Мете́лицын	Мига́й	Мила́ев
Мерету́ков	Метёлкин	Мига́лин	Милако́в
Мерецко́в	Метелько́в	Мига́лкин	Мила́нов
Мержа́нов	Мете́льцин	Мига́лов	Милано́вский
Мержее́вский	Мете́нин	Мигачёв	Милаше́вский
Мерзи́цкий	Меткалёв	Ми́гин	Мила́шин
Мерзля́к	Ме́тлин	Ми́глин	Миле́вский
Мерзляко́в	Метли́нский	Мигу́ев	Миле́ев
Мерзо́н	Метли́цкий	Мигулёв	Милейко́вский
Ме́рик	Метло́в	Мигуно́в	Миле́нин
Ме́рин	Ме́тнер	Мижу́ев	Миле́хин
Ме́ринов	Ме́тров	Ми́зин	Миле́шин
Мерка́лов	Мефе́дов	Мизи́нин	Милие́вский
Мерке́шкин	Мефо́дьев	Мизи́нов	Ми́лин
Ме́ркин	Меха́ников	Мизи́нчиков	Милита́ев
Мерки́шин	Механо́шин	Мизру́хин	Милите́ев
Мерку́лов	Ме́хлис	Мизуно́в	Мили́цын
Мерку́ров	Ме́хов	Мизу́ров	Ми́лич
Мерку́рьев	Мехтули́нский	Мизю́кин	Ми́лкин
Мерку́шин	Меца́ев	Мизюря́ев	Милко́вский
Ме́рлин	Меч	Мика́шев	Ми́ллер
Ме́рнов	Ме́чёв	Мике́рин	Ми́лов
Ме́рсов	Ме́чик	Мике́ш	Милова́нкин
Мерте́хин	Ме́чников	Мике́шин	Милова́нов
Мертешо́в	Меша́кин	Ми́кин	Миловзо́ров
Ме́ртышев	Меша́лкин	Миките́нко	Милови́дов
Мерца́лов	Меша́лов	Ми́кишев	Мило́вич
Мерчу́ткин	Меше́нкин	Мики́шин	Мило́вский
Ме́ршин	Меше́чников	Миклаше́вский	Милогра́дов
Месня́нкин	Мешко́в	Миклиша́нский	Мило́нов
Месро́пов	Мешко́вский	Миклу́н	Милора́дов
Мессере́р	Мещани́нов	Миклюко́в	Милора́дович
Мессерма́н	Меща́нкин	Микля́ев	Милосе́рдин
Мессинёв	Меща́нский	Микола́ев	Милосе́рдов
Месте́чкин	Меща́нчиков	Микоя́н	Милосла́вский
Ме́ськин	Мещерико́в	Микрюко́в	Мило́сский

Мило́хов	Мино́рский	Миро́шкин	Митрофа́нов
Милу́шкин	Миносу́ев	Миро́шников	Митро́хин
Мильвано́вский	Ми́нский	Миро́шхин	Митро́шин
Ми́лькин	Мину́лин	Ми́рский	Митру́шкин
Мильков	Мину́тин	Мирцов	Митрю́шкин
Милькумов	Мину́хин	Ми́рчинк	Миту́сов
Ми́льман	Ми́нцлов	Миршака́р	Ми́тькин
Ми́льнер	Ми́нченко	Миря́нинов	Митько́в
Ми́льцын	Ми́нченков	Миса́йлов	Митю́нин
Мильчако́в	Ми́нчин	Мисе́жников	Митю́рев
Мильште́йн	Минько́в	Ми́синёв	Митю́рин
Милюко́в	Миня́ев	Мискаров	Митю́рников
Милю́тин	Миончи́нский	Мисла́вский	Митю́хин
Милю́хин	Мираков	Миссо́нов	Митю́шин
Милюшо́в	Мирда́ров	Ми́стинёв	Митю́шкин
Миля́вский	Миренко́в	Мисько́в	Митя́гин
Миля́гин	Мире́нский	Мисюрёв	Митя́ев
Миля́ев	Ми́рер	Мита́нов	Митя́кин
Миляко́в	Мире́цкий	Мита́сев	Митяко́в
Мимя́ев	Мирецко́в	Мите́ликов	Митя́нин
Мина́ев	Мирза́ев	Мительма́н	Миу́сов
Мина́ич	Мирзо́ев	Митенко́в	Мифта́хов
Мина́йчев	Мирима́нов	Ми́терев	Михайленко
Минаков	Мири́мов	Митёрин	Михайлин
Минасбе́ков	Ми́ркин	Митёхин	Михайлин
Минасу́ев	Ми́рный	Ми́тин	Михайлов
Минга́зов	Ми́ров	Мити́нский	Михайло́вич
Миндалёв	Мирови́н	Ми́тичкин	Михайло́вский
Ми́ндин	Миро́вич	Миткалёв	Михайло́вцев
Ми́ндлин	Миро́ков	Митке́вич	Михайлюко́в
Миндуба́ев	Мироненко	Ми́ткин	Миха́йнин
Мине́нков	Миро́нкин	Митко́вич	Ми́халёв
Мине́рвин	Миро́нов	Ми́тлин	Михале́вич
Минзари́пов	Мироно́вич	Ми́трев	Михале́вский
Ми́нин	Мирончу́к	Митре́йкин	Михале́нко
Мини́цкий	Миро́нычев	Ми́трич	Миха́лин
Минке́вич	Миропо́льский	Ми́тричев	Михалко́в
Ми́нкин	Миротво́рцев	Митро́нин	Миха́льский
Минко́в	Миро́тин	Митро́нов	Миха́льчук
Ми́нов	Миро́хин	Митропо́льский	Михачёв
Минова́лов	Миро́шин	Митрофа́ненков	Михдели́сов

Михе́ев	Млодзее́вский	Мозго́лов	Молотко́в
Михе́евский	Мну́хин	Мозжечко́в	Молотко́вский
Михе́йкин	Мну́шкин	Мозжу́хин	Мо́лотов
Михе́йчев	Мо́влев	Мозолько́в	Мо́лохов
Ми́хелев	Мо́всин	Моисе́ев	Моло́чкин
Михельсо́н	Мо́вшев	Моисе́енко	Молочко́в
Ми́хин	Мовшо́вич	Моисе́йчиков	Моло́чников
Михита́ров	Моги́ла	Моке́ев	Молошко́в
Ми́хлин	Могилёв	Мокие́вский	Моло́шников
Михнёв	Могиле́вич	Мо́кин	Молча́дский
Михне́вич	Могиле́вский	Мокроно́сов	Молча́лин
Михне́нков	Могиле́вцев	Мокроу́сов	Молча́нов
Михно́вский	Моги́лин	Мокруно́в	Мо́лчев
Михо́льский	Могильни́цкий	Мокру́шин	Молчко́в
Михре́ев	Моги́льцев	Мокру́шников	Молчу́н
Миценко́	Могиля́сов	Мо́крышев	Молько́в *
Мицке́вич	Могу́ев	Мо́ксин	Моляко́в
Мицю́к	Могу́зов	Моксяко́в	Момента́льников
Ми́чников	Могу́тин	Мо́кшин	Момо́нов
Мичу́рин	Мо́дель	Молдава́нов	Момо́тов
Мишако́в	Моде́нов	Молда́вский	Мому́сов
Миша́рин	Моде́нский	Мо́лдиков	Мона́ёнков
Мише́вцев	Моде́стов	Молдова́нов	Мона́ков
Мише́нин	Мо́дин	Молдова́нцев	Монастырёв
Мишенко́в	Мо́длин	Мо́лев	Монасты́рский
Миши́ев	Мо́дников	Мо́ликов	Мона́хов
Ми́шин	Мо́днов	Мо́лин	Мона́хтин
Мишкарёв	Модога́ев	Моловцо́в	Монбла́нов
Ми́шкин	Модо́ров	Молодёков	Моне́ткин
Мишуко́в	Мо́ев	Моло́денков	Моне́тов
Мишу́лин	Можа́ев	Моло́денский	Монке́вич
Мишу́нин	Можа́йский	Мол́одкин	Мо́нов
Мишу́рин	Можа́рин	Мо́лодов	Мономáхов
Мишуро́вский	Можа́ров	Молодцо́в	Мо́носов
Мишу́стин	Мо́жев	Молоды́х	Мо́нтвила
Мишу́тин	Може́йко	Моложа́вцев	Мо́нтин
Ми́щенко	Можжеве́лов	Моло́жин	Мо́нторов
Ми́щенков	Можи́тов	Молока́нов	Мо́нцев
Младе́нцев	Мозги́н	Мо́локов	Моо́р
Мла́дов	Мозгляко́в	Мо́лостов	Мора́вов
Мле́чин	Мозго́в	Молоти́лов	Моралёв

Моргулёв	Морщагин	Моткин	Мстиславец
Моргун	Морщиков	Мотков	Мстиславский
Моргунов	Морщихин	Мотов	Мубаряков
Мордасов	Морыганов	Мотовилин	Мугалёв
Мордвилко	Моряков	Мотовилов	Мугдусиев
Мордвинов	Мосалов	Мотовкин	Мударисов
Мордвинский	Мосальский	Моторин	Мудрецов
Мордвишов	Мосашвили	Моторов	Мудров
Мордкович	Мосев	Мотылёв	Музалёв
Мордовин	Мосеев	Мохарин	Музалевский
Мордовский	Мосейкин	Мохин	Музафаров
Мордовцев	Мосенко	Мохлин	Музафейкин
Мордухович	Мосенцев	Мохов	Музланов
Мордхин	Мосин	Мохортов	Музлов
Морев	Москалёв	Мохрянов	Музоверов
Морейнис	Москаленко	Мочалин	Музовкин
Моренов	Москальков	Мочалкин	Музыкантов
Моржаков	Москательников	Мочалов	Музыкин
Морженков	Москатов	Моченов	Музылёв
Моржин	Москвин	Мочульский	Музыченко
Морин	Москвитин	Мочутковский	Музычкин
Морковин	Москвицов	Мошаров	Музюкин
Морковкин	Москвичёв	Мошеев	Муканов
Моркунцов	Московенко	Мошенский	Мукасеев
Моровский	Москович	Мошетов	Мукин
Мороз	Московкин	Мошинский	Муковнин
Морозенков	Московский	Мошкаркин	Мукомолов
Морозкин	Московченко	Мошкин	Муконин
Морозов	Мосолов*	Мошкунов	Муксунов
Морозовский	Мостаков	Мощевитин	Муликов
Морокин	Мосталыгин	Мощинский	Мулин
Мороков	Мостинский	Мравин	Мулыгин
Моролёв	Мостицкий	Мравинский	Мульганов
Моросанов	Мостович	Мравян	Мулькин
Моросин	Мостовой	Мратов	Мультанов
Морохин	Мосфин	Мрачковский	Мультановский
Морошкин	Мосягин	Мрачновский	Мулярчик
Морской	Мосякин	Мрочков	Мумряев
Мортюков	Мосяков	Мрыкин	Мунаев
Морцев	Мотин	Мрыхин	Мунин
Моршаков	Мотинов	Мряхин	Муницин

Мунтян
Мунькин
Мурабов
Муравей
Муравин
Муравицкий
Муравкин
Муравлёв
Муравьёв
Мурагин
Мурадели
Мурадов
Муразов
Муралов
Муранов
Муратов
Мурахин
Мураховский
Мурахтанов
Мурачёв
Мурашев
Мурашин
Мурашкин
Мурашко
Мурашов
Мургунов
Муреев
Муретов
Муржеско
Мурзавецкий
Мурзаев
Мурзаков
Мурзаханов
Мурзин
Мурзинков
Муриков
Мурин
Муркин
Мурлыкин
Муров
Муромец

Муромский
Муромцев
Мурсалов
Мурсенков
Муртазаев
Муртазин
Муругов
Муруков
Мурчалин
Мурысов
Мурычев
Мусаев
Мусаков
Мусатов
Мусаханов
Мусиенко
Мусиков
Мусин
Мусинов
Мусинский
Мусницкий
Мусолин
Мусоргский
Мусорин
Мусорский
Мусрепов
Муссинский
Мустафаев
Мустафин
Мустафинов
Мусьяков
Мусялович
Мухалёв
Мухалитов
Мухамеджинов
Мухамедов
Мухамедхамов
Мухаметкулов
Муханов
Мухановский
Муханятов

Мухартов
Мухатов
Мухачёв
Мухин
Мухитдинов
Муховеров
Муховецкий
Мухомеджанов
Мухорёв
Мухояров
Мухрыгин
Мухряков
Мухутдинов
Мучеников
Мучкин
Мучник
Мушенков
Мушинский
Мушкетов
Мушкин
Мушников
Мушнов
Муштаков
Мхитаров
Мшвелидзе
Мыздриков
Мызников
Мызов
Мыльников
Мыльцев
Мыльцын
Мымрин
Мырцымов
Мысев
Мысин
Мыскин
Мысов
Мытарев
Мытаркин
Мытищев
Мытовцов

Мыш
Мышев
Мышенков
Мышкин
Мышко
Мышков
Мышковский
Мышлаевский
Мышлявкин
Мышников
Мюридов
Мюрисеп
Мягкий
Мягков
Мягченков
Мяздриков
Мязитов
Мякин
Мякинников
Мякиньков
Мякишев
Мякотин
Мякочин
Мямлин
Мясищев
Мяскин
Мясков
Мясковский
Мясников
Мясницкий
Мяснов
Мясоедов
Мятлев
Мятлин
Мятых
Мячев
Мячиков
Мячин
Мячкин
Мячков

Н

	Надточе́ев	Намсара́ев	Нассо́нов
	Наждако́в	Нани́ский	Настра́дин
Наба́лов	Нажёсткин	На́нкин	Настюко́в
Наба́тников	Нажи́вин	Напа́дов	Насы́ров
Наба́тов	Наза́нский	Напа́лков	Ната́лков
Набо́ков	Назарбе́ков	Напа́стников	Ната́лов
Нава́гин	Наза́ренко	Наперников	Натансо́н
Навали́хин	Наза́ркин	Напе́ров	Ната́пов
Нава́лов	Наза́ров	Написа́нов	Ната́ров
Наваса́рдов	Наза́рьев	Напиту́хин	Ната́шин
Нава́шин	Назаря́н	Напра́вник	Натишви́ли
На́вин	Назва́нов	Напра́сников	Натя́кин
Наво́кин	Нази́мов	Нарбе́ков	Науго́льнов
Наволо́кин	На́зин	Нарги́н	Нау́менко
Наво́шин	Назо́ев	Наре́вский	Нау́менков
Навро́цкий	Наи́нский	Наре́жный	Нау́мкин
Нага́ев	Найго́взин	На́риков	Нау́мов
Нага́лин	Найде́нко	Нарима́нов	Наумо́вич
Нага́ров	Найде́нков	Нарке́вич	Наха́ев
Нага́ткин	Найдёнышев	Нарки́зов	Наха́лов
Наги́бин	Найдёнов	Нарки́рьев	Наха́мкин
Нагина́ев	Найди́н	На́ров	Нахи́мов
Наги́шкин	На́йман	Наровча́тов	Нахо́дкин
Нагнибе́дов	На́ймарк	Народи́цкий	Наху́тин
Наговѝцын	Найму́шин	Наро́ков	Нахшу́но́в
Наго́лкин	Найту́шин	На́рский	Наце́нтов
Наго́рнов	На́йхин	На́ртов	На́цкий
Наго́рный	На́йшев	Нару́мов	Начи́нкин
Нагро́дский	Нала́ев	На́рычев	Начка́сов
Нагу́бнев	Налба́ндов	Нары́шкин	Наши́нский
Нагу́льнов	Налбандя́н	Наса́кин	Нащо́кин
Нагура́лин	Нале́пин	Насе́дка	Неаро́нов
Нагу́рный	Нале́цкий	Насе́дкин	Небови́дов
Нагу́рский	Налётов	Насибе́гов	Небольси́н
Надда́гин	Налива́йко	Насимо́вич	Неборо́нов
Наде́ждин	Нали́вкин	Насино́вский	Небы́тов
Наде́ин	Нали́мов	Насле́дышев	Неведо́вский
Наджа́ров	Нало́ев	Насо́кин	Неве́домский
Наджми́	Наме́стников	Насо́нов	Неве́жа
Надо́ров	Намёткин	Насо́сов	Неве́жин
На́дсон	Намле́гин	Насретди́нов	Не́велёв

Невельско́й
Неве́рнов
Неве́ров
Невзо́ров
Неви́жин
Не́водчиков
Нево́лин
Неворо́жин
Неворо́жкин
Невостру́ев
Невра́жин
Не́врев
Невро́в
Не́вский
Невстру́ев
Невяро́вский
Нега́дов
Не́гин
Неги́нский
Неглиге́нтов
Него́бзин
Него́вский
Негода́ев
Него́дин
Негодя́ев
Негомо́рский
Него́рев
Негре́ев
Негро́бов
Не́гров
Неда́чин
Неде́лин
Неде́льский
Не́дешев
Недзе́льский
Недоба́ров
Недого́нов
Недода́ев
Недоко́нев
Недоно́сков
Недопе́кин

Недопе́кин
Недоре́зов
Недоро́стков
Недосе́кин
Недосу́гов
Недрига́йлов
Неду́мов
Нее́вин
Нее́лов
Нежда́нов
Неждано́вский
Нежеве́нко
Нежа́льский
Не́женцев
Не́жин
Не́жников
Не́жный
Незабито́вский
Незабу́дкин
Незама́йков
Незамеди́нов
Незва́нов
Незела́сов
Нези́мов
Незло́бин
Незнако́мов
Незна́мов
Незна́нов
Не́йман
Не́ймарк
Нейшта́дт
Некипе́лов
Неклю́дов
Некра́сов
Некта́лов
Неле́пов
Нели́дов
Не́лин
Не́лькин
Нелю́бин
Нелю́бов

Нелю́дов
Немако́в
Не́манов
Нема́сов
Неме́нов
Не́мец
Немеша́ев
Неми́лов
Неми́нский
Неми́ров
Немиро́вич
Немиро́вский
Немко́в
Немко́вский
Не́мов
Немоля́ев
Немоля́кин
Немти́нов
Нему́хин
Не́мцев
Немцо́в
Не́мченко
Не́мчиков
Не́мчин
Немчи́нов
Немчи́нский
Немы́тов
Ненадке́вич
Ненаро́ков
Ненаро́комов
Ненаро́помов
Нена́хов
Нена́шев
Непло́хов
Неплю́ев
Непода́ев
Непря́хин
Непту́но́в
Нере́тин
Неро́внов
Неро́нов

Неросла́вский
Нерсе́сов
Неря́дов
Несве́тов
Несви́цкий
Несгово́ров
Несе́цкий
Неслухо́вский
Несме́лов
Несмея́нов
Несо́нов
Нессельро́де
Нессо́нов
Нестере́нко
Не́стеркин
Не́стеров
Нестеро́вич
Нестеро́вский
Не́стерцев
Не́сторов
Нестра́тов
Нестра́хов
Нестру́ев
Не́стьев
Нетёсин
Неткачёв
Нетопоре́нко
Нетре́бин
Не́тьев
Неуга́дов
Неуда́чин
Неу́ймин
Неумыва́нин
Неуныва́ко
Неуро́нов
Неустро́ев
Неустро́йко
Неустру́ев
Неусы́хин
Нефёдкин
Нефёдов

Нефе́дьев
Не́фтерёв
Неха́ев
Неха́мкин
Нехе́зин
Нехлю́дов
Нецвета́ев
Неча́ев
Неча́енко
Нечепуре́нко
Нечётный
Нечипоре́нко
Не́чкин
Нечуна́ев
Нечу́шкин
Не́шин
Нешу́мов
Неща́пов
Нещере́тный
Ни́вин
Нигачёв
Ни́гин
Нижанко́вский
Нижа́нский
Нижегоро́дов
Нижегоро́дцев
Нижи́нский
Ни́жний
Низве́цкий
Низко́вский
Ни́зо́в
Ни́зо́вцев
Низя́ев
Ника́ндров
Никано́ров
Ника́тов
Никачёв
Ника́шин
Ника́шкин
Ни́кельберг
Нике́шичев

Никита́ев
Никите́нко
Никите́нков
Ники́тин
Ники́тинский
Ники́ткин
Ники́точкин
Ники́тский
Никиту́шев
Ники́тушкин
Никитю́к
Никифоров
Ники́шин
Ники́шкин
Никоди́мов
Никола́дзе
Никола́ев
Никола́евский
Никола́енко
Никола́и
Никола́ичев
Никола́йчик
Ни́колев
Никóленко
Николин
Ни́колов
Николо́тов
Нико́льский
Нико́льской
Никома́ров
Никоне́нко
Ни́конов
Никоно́ров
Никула́ев
Никула́енков
Нику́лин
Нику́личев
Нику́лищин
Нику́лкин
Нику́лов
Нику́льшин

Никура́шин
Нику́тин
Ни́лин
Ни́лов
Ни́льский
Ниора́дзе
Нирма́цкий
Нисне́вич
Ни́сский
Нистра́тов
Ниту́сов
Ниула́вский
Ни́фонов
Ни́фонтов
Ниха́мин
Ниха́мкин
Ни́цкин
Ничипоре́нко
Ничипо́ров
Ни́чкин
Ничко́в
Ни́щев
Ни́щин
Нищи́нский
Ния́зов
Нова́ев
Нова́ко́в
Новако́вский
Нова́цкий
Новгоро́дов
Новгоро́дский
Новгоро́дцев
Но́вик
Но́виков *
Нови́нкин
Нови́нский
Нови́цкий
Новичко́в
Новодво́рский
Новожёнов
Новожи́лов

Новопа́шин
Новопокро́вский
Новопо́льцев
Новоса́дов
Новоса́дский
Новоса́рдов
Новосёлов
Новосе́льский
Новосе́льцев
Новостру́ев
Новото́рцев
Новотя́глов
Новоха́тный
Новоха́тский
Нога́йцев
Ноги́н
Но́гинов
Но́гмов
Нагови́цын
Ноготко́в
Но́гтиков
Но́жин
Но́жкин
Но́жников
Ножни́цкий
Ноздрачёв
Ноздрёв
Но́здри́н *
Ноздруно́в
Ноздрю́хин
Ноздряко́в
Нои́нский
Номоко́нов
Но́рдов
Но́рин
Но́ркин
Норма́тский
Но́ров
Но́сарёв
Носачёв

Носенко́в	Обе́лов	Обря́дин	Ога́нов
Но́скин	Обельни́цкий	Обря́щин	Огарёв *
Носко́в	Обе́рлин	О́бух	Ога́ркин
Носко́вич	О́беров	Обу́хов *	Ога́рков
Но́сов	Обже́рин	Обухо́вский	Ога́рнов
Носова́тов	Обжо́гов	Обхо́дов	Огиба́лов
Носови́цкий	Оби́дин	Обы́деннов	Огибе́нин
Носо́вич	Обихо́дов	Обы́сов	Огие́вский
Носо́вский	Оби́чкин	Обы́чев	Огло́блин
Но́сорев	О́блачев	Ова́лов	Огнёв *
Ностюга́н	Обле́злов	Ованéсов	Огни́вцев
Но́сырев	Облеу́хов	Ове́зов	Огня́нов
Но́ткин	Обли́зин	Ове́рин	Огольцо́в
Ното́вич	Облицо́в	Ове́рко	Огонджа́нов
Но́чкин	Обло́мов	Ове́скин	Огонько́в
Ношко́в	Обло́нский	Ове́чкин	Огоре́лин
Ну́дельман	Обно́рский	Ове́чников	Огоро́дник
Нужди́н	Обно́скин	Ове́шков	Огоро́дов
Ну́лин	Обобу́ров	Овната́нов	Огры́зко
Ну́меров	Обо́дников	Оводко́в	Огры́зков
Нуре́ев	Ободо́вский	О́водов	Огуда́лов
Нуриджа́нов	Обойди́хин	Овро́в	Огуре́ев
Нури́ев	Оболе́нский	Овру́чский	Огуре́нков
Ну́рик	Оболе́нцев	Овсе́енко	Огурцо́в
Ну́ров	Оболе́шев	Овсие́нко	Огу́рчиков
Нуси́хин	Оболья́нинов	Овсо́в	Огуря́ев
Нусу́ев	Оборе́нков	Овся́нико	Оде́гов
Ны́риков	Обо́рин	Овся́ников	О́динг
Нырко́в	Обрадо́вич	Овся́нкин	Одино́ков
Ны́ров	Образко́в	Овся́нков	Одино́чкин
Нзлепп	Образцо́в	Овся́нников	Одинцо́в
Ню́нин	Обре́зков	О́вцин	Одисе́ев
Ню́рен	Обре́зов	О́вцын*	Однопо́зов
Ню́хин	Обре́имов	Овчаре́нко	Одо́евский *
Нюя́зов	Обре́сков	Овча́ров	Одо́евцев
	Обро́симов	Овчи́нкин	Одоле́нский
	Обро́сов	Овчи́нников	Одо́льский
О	Обру́бков	Овчуко́в	Одонцо́в
	О́бручев	Огане́зов	Оду́ев
Оба́лин	Обру́чников	Огане́сов	Ожёгов *
О́бату́ров	Обрыва́лин	Оганеся́н	Ожере́льев

Ожешко
Ожига́нов
О́жигов
Ожи́мков
Ожо́гин
Ожо́гов
Озаре́вский
Озерецко́вский
Озерно́й
О́зеров
Озе́рский
Озимко́в
Ознобишин
Озо́лин
О́йстрах
Окаёмов
Ока́тьев
Океа́нов
Оки́нчиц
Окла́дников
Окни́н
О́кнов *
Окова́лков
О́колов
Около́тин
Окороко́в
Окороче́нков
Окре́стин
Оксёнов
Оксюке́вич
Оку́лов
О́кунев
Окунько́в
О́кушев
Олеа́ндров
Оле́вский
Оле́йник
Оле́йников
Олейничу́к
Оле́ндский
Оле́нев

Олене́вский
Оле́ников
Оле́нин
Оле́ничев
Оле́синов
Оле́ско
Оле́сов
Олехно́вич
Оле́ша
Оле́шкин
Олешу́нин
Оли́вков
Олиге́р
О́лин
Оли́нпиев
О́лисов
Олифе́ров
О́лишев
Оловя́гин
Оло́нов
Олсу́фьев
Олтарже́вский
Олфе́рьев
О́лышев
Ольво́вский
О́льгин
Ольденбу́рг
О́лькин
Ольме́зов
Ольми́нский
Ольхи́н
Ольхо́в
Ольховико́в
Ольхово́й
Ольхо́вский
Ольшане́цкий
Ольша́нский
Ольше́вский
Ольши́нский
Олья́нов
Олю́нин

Оме́лин
Оме́личев
Оме́льченко
Омелья́ненко
Омеля́нский
Омётов
Омиле́вский
Оми́личев
Оми́ров
О́мский
Оне́гин
Они́симов
Они́щенко
Они́щик
Онищу́к
О́нкин
Ону́фриев
Онуфрие́нко
Онуча́к
Ону́чков
Ончуко́в
Онько́в
Опалёв
Опа́лин
Опа́рин
Опари́хин
Опа́ркин
Опа́рышев
Опа́тов
Опекуно́в
Опеку́шин
Опёнкин
Опёнов
О́перов
Опи́скин
Ополо́венков
Ополо́вников
Оппенге́йм
Оппо́ков
Опры́шко
Опу́шкин

Ора́лов
Оранжере́ев
Ора́нский
Орато́вский
Орбе́ли
Орга́нов
Орда́нский
Орджоники́дзе
О́рдин
Ордина́рцев
Ордо́в
Ордуха́нов
Орды́н-Нащо́кин
Орды́нин
Орды́нов
Орды́нский
Орды́нцев
Оре́нов
О́рестов
Оре́хов
Орехо́вич
Оре́шенков
Оре́шин
Оре́шкин
Оре́шков
Оре́шников
Оре́шонков
О́ркин
Орлеа́нский
Орле́нев
Орлецо́в
О́рлин
Орли́нский
Орли́цкий
Орло́в
Орло́вский
Орло́вцев
Орля́нкин
Орма́нов
Орна́тский
Оро́чко

Оруджа́ев
Оруже́йников
Орфа́нов
Орша́нский
Оса́дченко
Оса́дчиев
Оса́дчий
Оса́дько
Осе́йчев
О́сенев
Осе́нин
Осетро́в
Осе́цкий
О́сиев
О́сиков
О́син
Оси́нин
Оси́нкин
Осино́вский
Оси́нский
Оси́нцев
Осипе́нко
Осипе́нков
О́сипов
Осипо́вич
Осипо́вский
О́скин
Оско́лков
Осло́пов
Ослопо́вский
Осмёркин
Осмоло́вский
Осму́шников
Основья́ненко
Осо́кин
Осорги́н
Оспе́льников
О́спищев
Осси́анов
Оста́льцев
Оста́нин

Оста́нков
Оста́пенко
Оста́пов
Оста́пцев
Оста́фьев
Оста́хов
Осташе́вский
Осташе́нков
Оста́щенко
Остерма́н
О́стриков
Остробро́дов
Остро́в
Острови́дов
Острови́тянов
Островно́в
Остро́вский
Остро́вцев
Острогла́зов
Острого́рский
Острогра́дский
Остроду́мов
Остро́жский
Остромы́сленский
Остроса́блин
Остроу́мов
Остроу́хов
Остроу́шкин
О́стрый
Остряко́в
Остря́нин
Осту́жев
О́ськин
Осьми́нин
Осьми́нов
Осьмо́в
Осьму́хин
Осю́тин
Осю́шкин
Отбо́ев
Отбо́ркин

Отва́гин
Отде́льнов
Отду́шин
Отла́сов
Отлета́ев
Отлётов
Отра́дин
Отре́зков
Отре́пьев
Отре́шко
Отрожде́нский
О́трохов
О́тучев
О́фин
Офице́ров
Офро́си́мов
Оха́пкин
Охлобы́стин
Охло́пков
Охляби́нин
Охо́тин
Охо́тников
Охо́тов
О́хтин
Оча́ков
Очако́вский
Очере́тин
О́чкин
Очко́в
Оша́нин
Оша́ров
Ошеве́ров
О́шеров
Ошеро́вич
Ошкаде́ров
О́шкин
Ошку́ров
О́шрин

П

Паве́льев
Пави́лов
Па́вкин
Павле́нко
Павле́нков
Павле́нов
Па́вликов
Па́влин
Павли́нов
Павличе́нко
Павличе́нков
Павли́щев
Па́влов
Па́вловец
Павло́вич
Павло́вский
Па́вловцев
Павло́нский
Павлу́шин
Павлы́к
Па́влычев
Павлю́к
Павлюка́н
Павлюко́в
Павлюче́нко
Павлю́чиков
Павпе́ров
Па́вский
Па́вшин
Ага́льников
Пагна́ев
Паго́нин
Па́джев
Падле́вский
Падюко́в
Пае́шин
Пае́шкин
Пажа́рский
Па́житков

Пажитнов
Пазиков
Пазовский
Пазухин
Паин
Пайкин
Пайков
Пакин
Пакиров
Паклин
Паковский
Пакуев
Палагин
Палагутин
Паламарчук
Паламидов
Палатник
Палатников
Палатов
Палаузов
Палахвостов
Палачёв
Палеев
Пален
Паленов
Палеологов
Палецкис
Палиашвили
Палибин
Палиев
Паликин
Палицын
Палкин
Палладин
Палосин
Палочкин
Палсуев
Палухин
Палуянов
Пальгунов
Пальмин

Пальмов
Пальников
Пальтов
Пальцев
Пальчик
Пальчиков
Пальчук
Пальшков
Памухин
Памфилов
Панаев
Панамарёв
Панарин
Панасенко
Панасенков
Панасечкин
Панасов
Панасюк
Панауров
Панафидин
Пангалов
Пандалевский
Пандер
Панёвкин
Паненков
Панибратцев
Паников
Паниковский
Панин
Паниткин
Паничев
Паничкин
Панкевич
Панкеев
Панкин
Панков
Панкратов
Панкратьев
Панкрашин
Панкрухин
Панкрышев

Панов
Пановкин
Панпулов
Панталыкин
Пантелеев
Пантелеймонов
Пантелькин
Пантиелев
Пантин
Пантусов
Пантюхин
Пантюхов
Пантюшин
Панухин
Панфёров
Панфилов
Панфиль
Панцев
Панцырев
Панчев
Панченко
Панченков
Панчехин
Панчешников
Панчук
Паншин
Панышев
Панькин
Паньков
Паньшин
Панюков
Панюнин
Панюшев
Панюшин
Панюшкин
Пападичев
Папаев
Папазян
Папалекси
Папанин
Папенков

Папернов
Папивин
Папин
Папиров
Папков
Папкович
Паппагайло
Папушин
Папушкин
Папчинский
Парабукин
Параличев
Параманов
Парамарёв
Парамонов
Парамшин
Парастаев
Паратов
Парафианов
Парахин
Парацельский
Паращенко
Парбуков
Паремузов
Париенев
Парилов
Парин
Паринов
Паркин
Парков
Парменов
Пармузин
Парнасов
Парнев
Парнов
Паров
Паровин
Паролькин
Паромов
Паронджанов
Паронин

Пароня́н
Паро́хин
Парпа́ров
Парсе́гов
Па́ртин
Партшко́в
Пару́нин
Па́русников
Пару́шин
Парфёнычев
Парфи́рьев
Парфу́тин
Парха́ев
Пархачёв
Пархо́менко
Пархо́менков
Пархо́мов
Парце́вский
Парше́нко́в
Па́ршиков
Па́ршин
Паршко́в
Па́рышев
Па́сенков
Па́сечник
Па́сечников
Паске́вич
Паско́нин
Па́сов
Пасо́хин
Па́ссов
Пастерна́к
Пастерна́цкий
Пасто́ев
Пастухо́в
Пастухо́вский
Пастушко́в
Пасха́лов
Па́схин
Па́сынков
Пасю́тин

Пате́нко
Патие́вич
Патка́нов
Патканя́н
Па́токин
Пато́личев
Пато́н
Паторжи́нский
Па́точников
Па́тошкин
Патрике́ев
Патрике́йцев
Патро́нников
Патро́нов
Патруно́в
Патру́хин
Па́трушев
Патуши́нский
Пауко́в
Паульсо́н
Па́усов
Паусто́вский
Па́утин
Па́уткин
Па́утов
Пафну́ткин
Пафну́тьев
Паха́лов
Паха́тов
Пахму́тов
Пахо́менков
Пахо́мов
Пахо́мычев
Пахору́ков
Пахо́тин
Па́хотнов
Па́хтин
Пахту́сов
Па́цкин
Пацуко́в
Па́чев

Па́чкин
Пачко́вский
Пашенко́в
Паше́нный
Па́шин
Паши́нин
Паши́нкин
Паши́но
Паши́нский
Паши́нцев
Пашке́вич
Пашке́ев
Па́шкин
Пашко́в
Пашко́вский
Па́шнев
Пашо́вкин
Пашу́нин
Пашу́нтин
Пашу́тин
Па́щенко
Пе́внев
Пе́вный
Певуно́в
Певцо́в
Пе́вчев
Пега́нов
Пега́сов
Пеглива́нов
Пе́гов
Пе́гушев
Пегу́шин
Педа́нов
Пейса́хов
Пейсаче́нко
Пе́йсиков
Пе́карев
Пека́рский
Пе́карь
Пеке́лис
Пеклева́нов

Пеку́рин
Пе́кшев
Пеле́вин
Пеле́ев
Пе́лехов
Пелика́нов
Пелипе́нко
Пели́хин
Пелише́нко
Пели́щев
Пельме́гов
Пе́льтцер
Пе́мов
Пе́ндиков
Пе́ндин
Пендю́рин
Пене́нко́в
Пе́нзов
Пензула́ев
Пе́нин
Пе́нкин
Пе́нов
Пе́ночкин
Пенько́в
Пенько́вский
Пеню́шин
Пеня́зев
Пе́пель
Пепеля́ев
Пе́рвенцев
Перви́нский
Перво́в
Перву́хин
Перву́шин
Первы́х
Первяко́в
Перебо́йченко
Перебо́ркин
Перева́лов
Переве́зенцев
Переве́рзев

Переве́рзин
Переве́рткин
Переве́ртов
Перевле́сов
Перево́дкин
Перево́зников
Перево́зчиков
Перево́щиков
Перевя́зкин
Перегоре́нский
Перегу́дов
Передере́ев
Пережо́гин
Перека́лин
Перека́тов
Перекро́ев
Переку́ров
Перекуси́хин
Переле́тов
Переле́шин
Перелы́гин
Перельма́н
Перельму́тер
Перельште́йн
Переме́тьев
Переми́тин
Перемы́щев
Перепа́лкин
Перепели́цкий
Перепели́цын
Перепёлкин
Перепёлков
Пе́репёлов
Перепе́ндев
Перепе́нтьев
Переперчин
Перепеча́ев
Перепе́ченко
Перепе́чин
Переплётчиков
Перепо́нов

Перепре́ев
Перепу́хов
Пересве́тов
Пересе́дов
Пересе́чкин
Переско́ков
Пересла́вцев
Пересле́гин
Пересы́пкин
Перету́дов
Перету́рин
Пе́ретц
Перетыкин
Перехо́дкин
Перехо́дов
Пе́рец
Перея́рков
Перея́слов
Перко́в
Перламу́тров
Перла́тов
Пе́рлин
Перло́в
Пе́рминов
Перми́тин
Пермяко́в
Пе́рников
Перо́в
Перо́вский
Перо́нский
Пе́рсиков
Пе́рсин
Пе́рсиц
Перси́цкий
Персия́нинов
Пе́рский
Пе́рсов
Персто́в
Перуно́в
Перуно́вский
Перу́шкин

Перфи́лкин
Перфи́лов
Перфи́льев
Перхо́тин
Перхуно́в
Перхуно́вский
Перху́ров
Пе́рцев
Перцо́в
Перцо́вский
Пе́рчиков
Перчико́вский
Перчи́хин
Пе́ршиков
Пе́ршин
Пе́ршнев
Першу́дчев
Пёрышкин
Перько́в
Перяно́нов
Пе́селев
Пе́сельник
Пе́сиков
Пе́син
Песко́в
Песнёшский
Песо́цкий
Песо́чников
Пе́стель
Пе́стерев
Пестёрников
Пе́стин
Песто́в
Песто́вский
Пестрецо́в
Пе́стриков
Пестру́хин
Пестру́шкин
Пеструшо́в
Пестря́ев
Пестряко́в

Песцо́в
Пете́лин
Пе́терсен
Петерсо́н
Пе́тин
Пе́ти́нов
Петке́вич
Пе́ткин
Пе́тлин
Петлю́ра
Петляко́в
Пето́шин
Петражи́цкий
Петрако́в
Петра́сов
Петрачёв
Петрачко́в
Петраше́вский
Петрашо́в
Петре́йков
Петре́нко
Петриашви́ли
Пе́трик
Пе́триков
Петрико́вский
Пе́трин
Петри́хин
Петри́цкий
Петриче́нко
Петри́щев
Петро́в
Петро́вичев
Петро́вский
Петро́вых
Петропа́вловский
Петросбе́ков
Петро́сов
Петрося́н
Петрося́нц
Петроче́нко
Петроче́нков

Петруненко	Печников	Пильгунов	Писемский
Петрунин	Печорин	Пильняк	Писицын
Петруничев	Печоринский	Пильский	Пискалов
Петрунькин	Печурин	Пильстров	Пискарёв
Петрусев	Печуров	Пильчиков	Писков
Петрусевич	Пешеходов	Пильщиков	Пискорский
Петрусенко	Пешехонов	Пилюгин	Пискулин
Петрусов	Пешков *	Пиляев	Пискунов
Петрухин	Пешковский	Пименов	Пистунов
Петрухов	Пиановский	Пимков	Писчиков
Петрушанский	Пивкин	Пимоненко	Письменный
Петрушев	Пивоваров	Пинаев	Питателев
Петрушевский	Пигалёв	Пинаичев	Питенко
Петрушин	Пигарёв	Пинегин	Питерин
Петрушинин	Пигасов	Пинкин	Питерский
Петрушов	Пигин	Пинский	Питерцев
Петрыкин	Пигузов	Пинсон	Питиримов
Петряев	Пигулевский	Пинчук	Питомцев
Петряков	Пигурнов	Пиняев	Питушкин
Петрянов	Пидков	Пионтковский	Пиунов
Петунин	Пизонский	Пиотровский	Пичета
Петухов	Пика	Пипиков	Пичугин
Петушков	Пикалёв	Пирадов	Пичуев
Петяшин	Пикалин	Пирамидалов	Пичуков
Пехов	Пикалов	Пирамидов	Пичушкин
Пехтелёв	Пикин	Пиринов	Пишенин
Пехтерев	Пиковский	Пирлик	Пишин
Печалин	Пиксанов	Пирог	Пишудин
Печаткин	Пиксотов	Пирогов	Пищаев
Печатников	Пикулёв	Пирожков	Пищалкин
Печатнов	Пикулин	Пиропин	Пищальников
Печенев	Пикунов	Пироцкий	Пищик
Печеникин	Пикурин	Пирумов	Пищугин
Печенин	Пилацкий	Пирязев	Пищулин
Печёнкин	Пиленов	Пирятинский	Пищуров
Печенцев	Пилёнов	Писаненко	Пиядичев
Печёный	Пилипенко	Писарев	Пиянзин
Печёрин	Пилиповский	Писаревский	Плавильщиков
Печерский	Пилипонкин	Писаренко	Плавник
Печко	Пилихин	Писаржевский	Плавов
Печковский	Пилкин	Писарский	Плавский

Пла́ксин
Плакуно́в
Пла́ку́щев
Пла́нкин
Плано́вский
Пла́сков
Пласти́нин
Пла́сто́в *
Пластуно́в
Плати́цин
Платко́в
Пла́тов
Плато́нов
Плау́тин
Пла́хин
Пла́хов
Плахо́тин
Плахо́тник
Плахо́тников
Плахте́ев
Плаху́тин
Пла́щин
Плащу́к
Плева́ко
Пле́ве
Пле́мено́в
Племя́нников
Пле́ниснер
Пле́нкин
Пленко́вич
Пленцо́в
Плескачёв
Плесцо́в
Плетнёв
Пле́тников
Плетю́шкин
Плеха́нов
Плечко́в
Плешако́в
Плеша́нов
Плеши́вцев

Плешко́
Плешко́в
Плеще́ев
Плисе́цкий
Пли́сов
Пли́хин
Пли́шкин
Плодома́сов
Плоду́хин
Плотви́чкин
Плоти́цин
Пло́ткин
Пло́тник
Пло́тников
Пло́то́в
Пло́хов
Плоху́т
Пло́шкин
Плу́гин
Плу́жников
Плута́вин
Плута́лов
Плыгуно́в
Плю́гин
Плю́снин
Плю́сов
Плю́тов
Плю́хин
Плю́шкин
Плющ
Плю́щев
Пля́скин
Плясунко́в
Плясуно́в
Плясцо́в
Пляшке́вич
Пнин
Победи́мский
Побе́дин
Победи́нский
Побе́дов

Победоно́сиков
Победоно́сцев
Побежи́мов
Побе́тов
Побива́лкин
Побиру́хин
Побо́чин
Пова́дин
Поваля́ев
По́вар
Поваре́нков
Поварко́в
Поварни́н
По́варов
Пове́ренный
Пове́ткин
Пове́тников
Пове́тьев
По́водов
Поволо́цкий
Пово́рин
Пога́нкин
Пога́рский
Погла́зов
Погода́ев
Погоди́лов
Пого́дин
Пого́жев
Пого́нченков
Пого́нышев
Погоре́лов
Погоре́льский
Погоре́льцев
Погосбе́ков
Пого́сов
Пого́сский
Пого́стин
Погося́н
Погреби́нский
Погребня́к
Погреша́ев

Погу́дин
Погу́дко
Погуля́ев
Подбе́льский
Подва́лов
Подва́льный
Подва́рков
Подво́йский
Подволо́цкий
Подвысо́цкий
Подвя́зников
Подга́йский
Подгоня́йчиков
Подго́рин
Подго́рненский
Подго́рнов
Подго́рный
Подде́лков
Поддере́гин
Подду́бков
Подду́бный
Подды́мов
Поддья́ков
Поде́лков
Подёнщиков
Поджа́брин
Поджа́ров
Подзо́лкин
Подзо́лов
Подзо́ров
Подкла́дкин
Подкле́тнов
Подключников
Подко́в
Подковы́ркин
Подколе́син
Подкопа́ев
Подко́пов
Подку́мов
Подку́рков
Подлега́ев

Подле́снов
Подлива́ев
По́длинов
Подляшу́к
Подмарёв
Поднебе́ско
Подобе́д
Подобе́дов
Подозёров
Подозёров
Подоли́нский
Подо́льнев
Подо́льный
Подо́льский
Подосёнов
Подоси́новиков
Подо́швин
Подпа́лов
Подпо́рин
Подпря́тов
Подра́йский
Подре́зков
Подре́зов
Подру́гин
Подряби́нников
Подсе́тник
Подсобля́ев
Подсо́лнухов
Подста́вков
Подстани́цкий
Подсто́йников
Подсю́рин
Подтёлков
Подты́нников
Подтя́гин
Подтя́жин
Поду́зов
Поду́шкин
Подхле́бов
Подхорже́вский
Подча́сов

Подчуфа́ров
Подшива́лин
Подшива́лов
Подщеко́лдин
Подщипа́ев
Подъезжа́лов
Подъяпо́льский
Подъя́чев
Поды́мов
Подья́конов
Пожало́вский
Пожа́лостин
Пожалу́ев
Пожа́ров
Пожа́рский
Пожида́ев
Пожи́лов
Позде́ев
По́зднев
Поздне́ев
Поздно́в
Позднухо́в
По́зднышев
Поздня́к
Поздняко́в
Поздоро́вкин
По́здышев
Поздю́нин
По́зен
По́зин
Позмо́гов
Позна́нский
По́знер
По́знышев
Позня́к
Позняко́в
Позня́нский
Позо́ев
Позоло́тин
По́йгин
Пока́лов

Покати́лов
Пока́тов
Поки́дов
Поки́дышев
Покло́нов
Поко́пцев
По́корев
Поко́рнов
Поко́рский
Покра́с
Покра́сов
Покра́сс
Покро́вский
Покры́шкин
Полагу́тин
Полагу́шин
Пола́дов
По́лбин
Полвако́в
По́лев
Полеви́к
Полево́в
Полево́й
Полежа́ев
Поле́нин
Поле́нов
Поле́сов
Полета́ев
Полётов
Поле́хин
Поле́хов
Поле́щиков
Полещу́к
По́лзиков
Ползко́в
Ползунко́в
Ползуно́в
Полиа́нчик
Полива́нов
Полива́но́вский
Поли́вин

Поливо́д
Полидо́ров
Полиеви́тов
Полие́ктов
Полика́нин
Полика́нов
Полика́ркин
Полика́рпов
Полику́тин
По́лин
Полинко́вский
Полинья́к
Поли́сский
Полита́йкин
Политко́вский
Поли́тов
Политовский
Политы́кин
Полицейма́ко
Поли́цын
Полищу́к
Полка́нов
Полко́вников
Полко́вский
Половико́в
Полови́нкин
Полови́цын
По́ловнев
Поло́вников
Полово́дов
По́ловцев
Положе́нцев
Положи́хин
Положи́шкин
Полозко́в
По́лознев
По́лозов
Поло́мов
Поло́нников
Поло́нский
Полончу́к

Полоси́н	По́люшкин	Понизо́вский	Пора́й-Ко́шиц
Полоси́хин	Полюшко́в	Понизо́вцев	Пораста́ев
Поло́скин	Поля́дский	Поника́ров	Поре́йков
Полосу́хин	Поля́к	По́ничев	Поре́цкий
Полоте́бнов	Поля́кин	По́нкин	Поре́чный
Полоте́нцев	Поляко́в	Понкра́тов	Поржези́нский
Поло́цкий	Поляко́вич	Пономарёв	Порняко́в
Полта́вский	Поляко́вский	Пономаре́нко	Порожняко́в
Полта́вцев	Поля́нин	Пономарько́в	Поросятников
Полтары́кин	Поля́нинов	По́нсов	По́рохов
По́лтев	Поля́нов	По́нтиков	Поро́шин
Полти́нин	Поля́нский	Понтря́гин	Порошко́в
Полтора́цкий	Поля́нцев	Понуга́ев	Портно́в
Полторжи́цкий	Поля́цкий	Поня́кин	По́ртный
По́лубнев	Поляче́нко	Понято́вский	Портня́гин
Полубоя́ринов	Полячко́в	Попаде́йкин	Португа́лов
Полуга́йчиков	Помаза́нов	Попадю́шкин	Портуно́в
Полу́дин	Помазе́нков	Попелу́хов	Портя́нкин
Полука́ров	Помазко́в	Попе́льский	Портя́нников
Полуми́сков	Помазнёв	По́пиков	Порудоми́нский
Полу́нин	Пома́зов	Попиле́нков	Поручиков
Полупа́влов	Пома́нский	Попи́лин	Порфи́ров
Полупа́н	По́мбрик	Попиха́лов	Порфи́рьев
Полупа́нов	Помело́в	Попко́в	Порхуно́в
Полутата́ринов	Помельцев	Попла́вский	Порчи́нский
Полуты́кин	Помера́нцев	Попле́вин	По́ршиков
Полу́хин	Померанчу́к	Попо́в	По́ршнев
Полухру́стов	Помещиков	Попо́вич	Порыва́ев
Полуше́нков	Поми́нов	Поповиче́вский	Поря́дков
Полу́шин	Помога́ев	Попо́вкин	Поса́дский
Полу́шкин	Помо́йкин	Попо́вский	Посашко́в
Полхо́вский	Помо́рский	Попо́вцев	Посе́вкин
Полшко́в	Помо́рцев	Попо́к	Посе́льский
Полы́нов	Помпе́ев	Попо́нов	Посе́чный
Полыха́ев	По́мпиев	Попри́щин	Поскаку́хин
По́лькин	Помыка́нов	Попружу́к	Поскаче́ев
Польцо́в	Помяло́в	Попряду́хин	Поско́вский
По́льщиков	Помяло́вский	Попуга́ев	Поско́чин
Полю́бин	Понамарёв	Попу́тников	Поскреба́лов
Полю́дов	Пона́рин	Попы́гин	Поскрёбышев
Полю́шин	Поневе́жский	Попя́тник	Посла́вский

После́нкин	Поташо́в	Поченко́в	Пресняко́в
По́сников	Потаю́к	Почепа́ев	Пре́ссов
Посо́хин	Потви́нов	Почепцо́в	Претерпе́ев
Посошко́в	Потебня́	Почечу́ев	Пржева́льский
Поспе́ев	Потека́ев	Почини́кин	При́бик
Поспе́лов	Потёкин	Почи́нкин	Прибыло́в
Поспе́хин	Потёмин	Почи́нков	Прибыло́вский
Поспе́хов	Потёмкин	Почита́ев	Прибы́ткин
Поста́внин	Поте́рин	Почита́лин	Прибы́тков
Поста́вничев	Поте́хин	Почка́ев	Прива́лов
Посте́гин	Поте́шкин	По́чкин	Приведе́нцев
Посте́льников	Потие́вский	Почта́лин	Привезе́нов
Посте́мский	По́ткин	Почтарёв	Привезёнов
По́стников	Потко́в	Почта́рь	Привезе́нцев
По́стнов	Потого́нкин	Пошехо́нов	При́вин
Постовский	Потопа́лов	Пошешу́лин	Приво́льнев
Посто́лов	Поторо́чин	Пошлёпкин	Прига́рин
Постоло́вский	Пото́цкий	Поя́рков	Приго́жин
Постоя́нов	Потрахо́в	Пра́вдин	Пригорниче́нко
Пострига́ч	Потрашко́в	Праве́дников	Пригоро́вский
Поступа́льский	Потребу́хин	Прави́льщиков	Прида́нкин
По́стышев	Поту́гин	Правосла́влев	Прида́нников
Посу́лов	Потуре́нков	Правото́ров	Придво́ров
Посы́пкин	По́тылёв	Пра́здников	Придоро́гин
Поси́кин	Потылицын	Прали́нский	Приезжа́ев
Потако́в	Поха́бов	Пра́льников	Прие́зжев
Пота́мошнев	Похва́лин	Праску́хин	Прие́зжий
Пота́нин	Похва́лов	Пра́солов	Приёмышев
Пота́нов	По́хвиснев	Пра́хин	Призмазо́нов
Пота́нчиков	Похито́нов	Пра́хов	Призо́ров
Пота́пенко	Похлебе́нин	Предпосы́лов	Прийма́к
Пота́пкин	Похлёбкин	Предте́ченский	Прика́зчиков
Пота́пов	Похода́ев	Пре́жнев	Прилежа́ев
Потапо́вич	Похоро́нцев	Пре́йпич	Приле́нский
Пота́пьев	Похунко́в	Пре́лко́в	Прилу́ков
Пота́сьев	Поце́йкин	Пре́лов	Прилу́цкий
Потату́ев	Поцелу́ев	Преми́ров	Примо́чкин
Пота́шев	Поце́пкин	Преображе́нский	Прио́ров
Пота́шин	Поча́гин	Пре́сман	Припа́сов
Пота́шник	Поча́ев	Пресню́в	Припу́тнев
Пота́шников	Поча́ткин	Пресну́хин	Припу́хлов

Присев
Приседский
Присекин
Присёлков
Присич
Присманов
Присолов
Приспешников
Приставкин
Приступин
Присыпкин
Присягин
Присяжный
Притоманов
Притузов
Притульев
Притыкин
Прихильный
Приходкин
Приходченко
Приходько
Прихромов
Пришвин
Пришибеев
Пришлецов
Прищенко
Прищепов
Пробатов
Провалов
Провидухин
Проворнов
Проворов
Провоторов
Прогавин
Проданов
Проездов
Прозин
Прозоров
Прозоровский
Проказников
Прокимнов

Проклушин
Проконичев
Прокопенко
Прокопин
Прокопов
Прокопович
Прокопчуков
Прокопьев
Прокопюк
Прокофьев
Прокошев
Прокошин
Прокошкин
Прокунин
Прокурнов
Прокуронов
Прокуцин
Прокушев
Проласов
Прологов
Пролыгин
Промахов
Промитов
Промыслов
Проневич
Пронилов
Пронин
Проничев
Проничкин
Пронов
Пронский
Прончищев
Проньков
Пронякин
Прорехин
Пророков
Просветов
Просвиренков
Просвирин
Просвирницын
Просвиров

Просёлков
Проскудин
Проскура
Проскурнев
Проскурников
Проскурнин
Проскуров
Проскуряков
Проскурянов
Просмушкин
Просолов
Просоров
Простаков
Простанин
Простов
Простосердов
Простофилин
Простяков
Просунцов
Просыпалов
Протазанов
Протасов
Протасьев
Протогенов
Протодьяконов
Протозанов
Протоколов
Протонин
Протопопов
Протушин
Протчев
Протченко
Профатилов
Проферансов
Прохарчин
Прохватаев
Прохватилов
Прохин
Прохницкий
Проходцев
Прохонов

Прохоренко
Прохоров
Процветов
Проценко
Проценков
Процеров
Прочухаев
Прошаков
Прошенков
Прошин
Прошляков
Прощаев
Прощевалин
Прощин
Пруденский
Прудкин
Прудков
Прудников
Прудовский
Прудонов
Прудцев
Пружанский
Пружинер
Прунцов
Прусаков
Прусов
Пруссаков
Пруссов
Пруткин
Прутков
Пруцков
Пруцын
Прыжов
Прыско
Прытков
Прыщ
Прядехин
Прядилов
Прядкин
Прямиков
Прямков

Прямоста́тов	Пу́зин	Пусти́льников	Пушкарёв
Пря́ников	Пузырёв	Пустова́лов	Пушка́рский
Пря́нин	Пузыре́вский	Пустово́йт	Пушка́рь
Пря́ничников	Пузыри́цын	Пустово́йтов	Пу́шкин
Пря́нишников	Пузырько́в	Пустоте́лов	Пушни́н
Пря́хин	Пу́кирёв	Пусто́шкин	Пушно́в
Пря́чников	Пу́кли́н	Пусты́гин	Пу́щин
Псарёв	Пу́кло́в	Пусты́нин	Пчели́н
Псу́рцев	Пула́вский	Пусты́нцев	Пчёлин
Пся́нин	Пула́тов	Пустяко́в	Пчели́нцын
Пта́шин	Пулемёткин	Пусько́в	Пчёлкин
Пта́шкин	Пу́лин	Пута́лов	Пчелко́
Птени́чкин	Пулко́вский	Пута́нкин	Пчелово́дов
Птенцо́в	Пу́лов	Пута́нов	Пчёльников
Пти́цын	Пу́лькин	Пути́лин	Пче́льницев
Пти́чкин	Пу́льников	Пути́лов	Пчеляко́в
Пти́чницын	Пу́льский	Пути́ло́вский	Пшени́цын
Пту́ха	Пуля́вин	Пу́тин	Пшени́чиков
Пту́шкин	Пуля́ев	Пути́нцев	Пшени́чный
Птушко́	Пу́минов	Путо́хин	Пшёнкин
Пуга́ч	Пу́нин	Пу́трин	Пше́нников
Пугачёв	Пунько́	Путько́в	Пшече́нков
Пугаче́вский	Пупа́вкин	Путя́гин	Пыже́вский
Пу́гин	Пу́парёв	Путя́тин	Пы́жиков
Пу́говицын	Пупке́вич	Путя́то	Пыжо́в
Пу́говкин	Пупко́	Путя́тов	Пы́зин
Пуголо́вкин	Пупы́нин	Пуха́ев	Пыла́ев
Пуда́лов	Пу́пышев	Пуха́лин	Пыла́кин
Пу́диков	Пура́хин	Пуха́льский	Пы́лев
Пудко́в	Пурга́лин	Пу́хло́в	Пы́лин
Пу́длин	Пурие́вич	Пухляко́в	Пы́ло́в
Пу́дов	Пу́рин	Пу́хов	Пы́льников
Пудо́вкин	Пуришке́вич	Пуце́нкин	Пыльно́в
Пузако́в	Пурка́ев	Пуцы́кин	Пыне́ев
Пузане́нков	Пу́рло́в	Пу́чек	Пыне́нков
Пузанко́в	Пурто́	Пуче́нин	Пы́пин
Пуза́но́в *	Пурто́в	Пу́чин	Пы́пкин
Пуза́тиков	Пуря́ев	Пу́чкин	Пы́риков
Пуза́тов	Пусачёв	Пучко́в	Пы́ркин
Пузачёв	Пуско́в	Пушако́в	Пырко́в
Пу́зиков	Пусте́льников	Пу́шечников	Пы́рсов

Пырьев
Пысаре́нко
Пыско́рский
Пы́тченко
Пы́хов
Пы́хтин
Пыхтуно́в
Пы́шкин
Пышно́в
Пья́дышев
Пьянко́в
Пья́нов
Пя́рин
Пясе́цкий
Пяско́вский
Пята́ев
Пятако́в
Пяте́нко
Пяте́цкий
Пятибо́ков
Пятибра́тов
Пятиго́рский
Пя́тин
Пя́ткин
Пятко́в
Пя́тницкий
Пя́тов
Пято́шин
Пя́тыхин
Пя́тышев

Р

Раба́ев
Рабачёв
Ра́бинко́в
Рабино́вич
Раби́нский
Ра́бичев
Ра́бкин

Работа́лов
Рабо́тнов
Рабу́хин
Ра́ввин
Ра́вдин
Равико́вич
Ра́вин
Рави́нский
Ра́вич
Ра́вкин
Раги́мов
Ра́гин
Раго́жи́нский
Раго́зин
Рагу́зов
Рагу́лин
Рада́ев
Ра́дек
Раде́лов
Раде́льников
Раде́нков
Раде́цкий
Радзие́вский
Ра́диев
Радико́рский
Ради́мов
Ра́дин
Ради́нский
Радио́нов
Ради́щев
Радке́вич
Радко́
Ра́длов
Радова́нский
Радо́мский
Раду́гин
Раду́лов
Раду́нский
Раду́цкий
Ра́дченко
Рады́гин

Рады́нов
Радю́кин
Радю́шкин
Ра́ев
Рае́вский
Ра́жев
Раза́ев
Разбега́ев
Разбира́лов
Развали́хин
Разведе́нков
Разво́дов
Разгильде́ев
Разгово́ров
Разгуля́ев
Раздели́шин
Раздо́рцев
Раздува́ев
Разду́мин
Разе́нко́в *
Разжи́вин
Ра́зин
Рази́нкин
Разино́вский
Разлива́хин
Разлюля́ев
Размадзе
Размано́вский
Разма́хин
Разме́ров
Размётнов
Размоло́гов
Разно́счиков
Ра́зов
Разоре́нков
Разоре́нов
Разорёнов
Разса́нов
Разсу́дков
Разува́ев
Разува́нкин

Разуми́хин
Разумко́в
Разу́мников
Разу́мный
Ра́зумов
Разумо́вский
Разу́мцев
Ра́йдин
Ра́имов
Ра́йзин
Ра́йзман
Ра́йкин
Ра́йко́в
Ра́йский
Ра́йхлин
Ра́йхман
Ра́йцин
Ра́йчев
Ра́кин
Раки́нцев
Раки́тин
Раки́тников
Раки́тов
Ра́кло́в
Ра́ков
Рако́вский
Раку́тин
Раку́шин
Ракче́ев
Ралду́гин
Ра́лов
Рамаза́нов
Рама́зин
Ра́меев
Раме́нов
Раме́нский
Рамза́ев
Рамза́йцев
Рамзи́н
Ра́мин
Рамко́в

Рамо́нов	Рассу́шин	Рахмале́вич	Ревуно́в
Рамси́н	Рассы́пно́в	Рахма́нин	Реву́цкий
Ране́вский	Растако́вский	Рахма́нинов	Ревя́кин
Ране́тов	Растату́ров	Рахманку́лов	Реги́нин
Ранко́в	Раство́ров	Рахма́нов	Ре́дин
Ра́ннев	Растёгин	Рахмано́вский	Ре́дкин
Рано́вич	Растеря́ев	Рахма́тов	Редкозу́бов
Ранце́вич	Расто́пчи́н	Рахмату́лин	Ре́длих
Рапапо́рт	Расторгу́ев	Рахме́тов	Редозу́бов
Рапа́сов	Растре́нин	Рахмиле́вич	Ре́дриков
Рапо́хин	Растри́гин	Рахно́вич	Ре́дькин
Раппепо́рт	Растяга́ев	Раху́м	Резайкин
Раппопо́рт	Расу́лов	Ра́чев	Реза́нов
Рапу́тов	Расцвета́ев	Раче́вский	Реза́нцев
Ра́син	Ратазя́ев	Рачее́в	Реза́пкин
Раска́тов	Рата́нов	Раче́ткин	Резва́нов
Ра́скин	Ра́тин	Рачи́нский	Резвецо́в
Раско́в	Рати́нов	Рачко́в	Ре́звин
Раско́льников	Ратма́нов	Рачко́вский	Резво́в
Раску́пин	Ратми́ров	Раше́вич	Ре́звый
Раску́тин	Ра́тнер	Раше́вский	Резвяко́в
Ра́сников	Ра́тников	Раши́дов	Рези́лов
Расни́цын	Ра́тнов	Ра́шин	Ре́зник
Распе́вин	Ратно́вский	Рашко́в	Ре́зников
Распи́ртов	Ра́тов	Рашко́вский	Резниче́нко
Расплю́ев	Рату́шный	Ращу́пкин	Резу́н
Распо́пов	Ра́тчин	Рва́нцев	Резуно́в
Распу́тин	Ратынский	Рвачёв	Резцо́в
Расса́дин	Ратько́в	Ребе́ков	Ре́зчиков
Расса́дкин	Рау́зин	Ре́биков	Ре́йдель
Расса́дников	Рау́зов	Ре́биндер	Ре́йзен
Расса́лов	Ра́ухфус	Ре́бриков	Ре́йнберг
Расско́зов	Рафа́йлов	Ре́брин	Ре́йнгольд
Рассмо́тров	Рафа́лков	Ребро́в	Ре́йнеке
Рассо́хин	Рафало́вский	Рева́зов	Ре́йнин
Рассо́шников	Рафа́льский	Реве́нко	Рейту́зов
Расстри́гин	Раха́ев	Реве́шин	Рейфи́сов
Рассу́дин	Раха́льский	Ре́взин	Ре́йфман
Рассу́дкин	Рахи́мов	Ревидцо́в	Ре́кин
Рассу́дков	Рахле́ев	Ре́вский	Ре́ков
Рассу́дов	Ра́хлин	Ревуне́нков	Ре́кстин

Рекунов
Рёлкин
Рёмезов
Ременник
Ременников
Ремесленников
Ремесников
Рёмизов
Рёмин
Рёмнёв
Рёмов
Ренгартен
Ренёв
Рёнзин
Ренлаков
Ренненкампф
Репетилов
Рёпин
Рёпкин
Рёпников
Репнин
Рёпрев
Репринцев
Рёрих
Рёсин
Рёслих
Рётнев
Реунов
Реутов
Реформатский
Рёчкин
Речкунов
Речмедилов
Речменский
Решётин
Решёткин
Решётко
Решётков
Решётников
Решетняк
Рёшетов

Решимов
Рёшин
Рёшмин
Рёщиков
Ржаницкий
Ржаницын
Ржанов
Ржаных
Ржёвкин
Ржёвский
Ржевусский
Ржёзников
Ржёхин
Ржешотарский
Ржонсницкий
Рзянин
Ривин
Ривкин
Ривчун
Ригозин
Ригосик
Ридин
Ризванов
Ризкин
Рикка
Рикорд
Римарёв
Римский
Римский-Корсаков
Ринальдин
Рипинский
Рискин
Ристич
Рифтин
Рихтер
Ришин
Роборовский
Роботов
Роброхотов
Робустов
Ровенский

Ровинский
Ровков
Ровнин
Ровнов
Ровняличев
Рогайлин
Рогалин
Рогальский
Роганов
Рогаткин
Рогачёв
Рогачёвский
Рогачов
Рогинский
Рогнёдов
Рогов
Роговин
Роговой
Роговский
Роговцев
Рогожин
Рогожкин
Рогожников
Рогозин
Рогозкин
Родёнов
Родзеев
Родзянко
Родимов
Родин
Родионов
Родичев
Родищев
Родкин
Родников
Роднов
Родный
Родных
Роднянский
Родов
Родовский

Родченко
Родышевский
Родькин
Родюшкин
Рожавский
Рожанский
Рождественский
Рожемяков
Роженко
Рожественский
Рожецкин
Рожин
Рожищин
Рожков
Рожнев
Рожнов
Розальский
Розанов
Розанцев
Розарёнов
Розбианский
Розвадов
Розвадовский
Розен
Розенбаум
Розенберг
Розенблат
Розенблюм
Розенкранц
Розенман
Розенов
Розенталь
Розенфельд
Розенцвейг
Розеншильд
Розин
Розинг
Розинов
Розинский
Розкин
Розмитальский

Розмыслов	Ромдарёв	Рохлин	Руденский
Розов	Роменский	Рошаль	Рудерман
Розовский	Роминов	Рощин	Рудзинский
Розумянский	Ромов	Рощупкин	Рудик
Розыграев	Ромодановский	Ртищев	Рудин
Ройзен	Ромодин	Рубакин	Рудинский
Ройзман	Ромченко	Рубан	Рудицкий
Ройтман	Ронжин	Рубаненко	Рудкин
Рокоссовский	Ронин	Рубанов	Рудлов
Рокотов	Ронкин	Рубановский	Рудман
Рокпелнис	Ронский	Рубанский	Руднев
Роксанов	Роом	Рубанчик	Рудников
Рокутов	Росин	Рубашев	Рудниковский
Рокшанин	Роскин	Рубашевский	Рудницкий
Роланов	Росков	Рубашкин	Рудняк
Ромадин	Роскосов	Рубашников	Рудов
Ромадинов	Рославлев	Рубашов	Рудой
Ромазанов	Рославский	Рубель	Рудомётов
Ромазин	Рославцев	Рубенчик	Рудченко
Романеев	Рослов	Рубец	Рудяков
Романенко	Росляков	Рубиков	Ружанский
Романенков	Росси	Рубин	Руженцев
Романин	Россихин	Рубинин	Ружилов
Романицкий	Россиянов	Рубинов	Ружин
Романов	Россовский	Рубинович	Ружинский
Романович	Россолимо	Рубинский	Ружников
Романовский	Россохин	Рубинчик	Рузаев
Романушкин	Ростиславов	Рубинштейн	Рузайкин
Романцов	Ростковский	Рублёв	Рузаков
Романченко	Ростов	Рублевский	Рузанков
Романчиков	Ростовский	Рубо	Рузанов
Романычев	Ростовцев	Рубцов	Рузин
Романюк	Ростопчин	Рубштейн	Рузов
Ромас	Ротанов	Рувинов	Рузский
Ромачёв	Ротерт	Рувинский	Рукавицын
Ромашёнков	Ротмистров	Рудакин	Рукавичников
Ромашин	Ротов	Рудаков	Рукавишников
Ромашкин	Ротозеев	Рудаметов	Рукадельцев
Ромашко	Ротозяев	Руданов	Руказенков
Ромашов	Рототаев	Руданский	Рукин
Ромащенко	Ротштейн	Руденко	Рукомойкин

Рукосу́ев	Ру́чкин	Рыле́ев	Рябе́нко
Рукуно́в	Ру́шев	Рыле́нко́в	Рябе́ц
Рулёв	Рыба́к	Ры́ло́в *	Ря́бик
Ру́лин	Рыба́кин	Ры́льке	Ря́биков
Рулье́	Рыбако́в	Рылько́в	Ря́бин
Румо́вский	Рыба́лко	Ры́льский	Ряби́нин
Румя́нцев	Рыба́лов	Ры́льцев	Ряби́ничев
Рундуко́в	Рыба́льченко	Рыляко́в	Ряби́нов
Руне́нко	Рыба́нин	Рыма́нов	Ряби́нский
Ру́нич	Рыба́сов	Рымарёв	Ря́бицев
Руни́щев	Ры́биков	Ры́мов	Ря́бичев
Ру́но́в	Ры́бин	Ры́ндин	Рябиче́нко
Руно́вский	Ры́бинцев	Ры́нин	Ря́бкин
Руны́шкин	Ры́бкин	Рынко́в	Рябко́
Рупа́сов	Ры́бников	Рыпалёв	Ря́бов
Ру́пин	Ры́вкин	Рысако́в	Рябо́вич
Ру́прехт	Рыга́лин	Ры́сев	Рябо́вский
Русако́в	Ры́гин	Ры́син	Рябоша́пка
Руса́нов	Ры́двинов	Ры́скин	Ря́бский
Ру́сев	Рыжако́в	Рыско́в	Рябу́хин
Русе́нков	Рыжа́нский	Рыте́нков	Рябуши́нский
Русе́цкий	Рыже́нков	Ры́тиков	Ря́бушкин
Ру́син	Ры́жик	Ры́тин	Ря́бцев
Руси́нов	Ры́жиков	Ры́тов	Рябцо́в
Руско́в	Ры́жин	Ры́тхэу	Рябче́вский
Русла́нов	Ры́жих	Рыхле́вский	Ря́бченко
Русла́нцев	Ры́жкин	Рыхли́нский	Ря́бченков
Русли́цын	Рыжко́в	Ры́хло́в	Ря́бчий
Ру́сов	Ры́жников	Ры́царский	Ря́бчиков
Русса́к	Рыжо́в	Рычаго́в	Рябчи́нский
Ру́ссин	Рыжо́нков	Рычажко́в	Рябчу́к
Ру́сских	Рыжу́хин	Рыченко́в	Рябы́к
Ру́ссов	Рыка́лин	Рычко́в	Рябы́кин
Руста́м	Рыка́лов	Рышко́в	Ря́бых
Рустя́ев	Рыка́нцев	Рышко́вский	Ря́бышев
Рутко́вский	Рыкачёв	Рю́ков	Рягу́зов
Ру́тман	Ры́клин	Рю́мин	Рядко́вский
Руфа́нов	Ры́ков	Рю́минский	Рядче́нков
Ру́хлядев	Рыку́нин	Рю́мши́н	Ря́жин
Рухма́нов	Рыкуно́в	Рю́риков	Ря́жский
Ру́цкий	Ры́лев	Рю́тов	Ряза́нкин

Рязанов
Рязанцев
Рякин
Ряковский
Ряпов
Ряполовский
Рясенцев
Рясин
Рясков
Ряхин
Ряховский
Ряшенцев
Ряшин

С

Сааков
Саакян
Сабаев
Сабакеев
Сабакин
Сабанеев
Сабанисдзе
Сабанов
Сабашников
Сабельников
Сабенин
Сабинин
Сабиров
Сабитов
Сабко
Сабликов
Саблин
Саблуков
Сабогович
Сабсай
Сабсович
Сабунин
Сабуренко
Сабуров

Савадов
Савайтов
Саваренский
Савастьянов
Саватин
Савашкевич
Савватьев
Саввин
Саввишин
Саввушкин
Савдунин
Савелов
Савёлов
Савельев
Савельичев
Савельцев
Савенко
Савидов
Савиков
Савилов
Савин
Савинков
Савинов
Савиновский
Савинский
Савинцев
Савинченко
Савиных
Савицкий
Савич
Савичев
Савкин
Савко
Савлуков
Савогин
Саводник
Савоев
Савоненко
Савонин
Савосин
Савоскин

Савостиков
Савостин
Савостьянов
Савоськин
Савочкин
Савранский
Саврасов
Савров
Савросов
Савулов
Савушкин
Савченко
Савченков
Савчук
Сагадиев
Сагайдачный
Сагалин
Сагалов
Сагалович
Сагатов
Сагин
Саградов
Сагтынский
Сагулин
Сагутонов
Садвакасов
Садеков
Садкович
Садковский
Садов
Садовников
Садовов
Садовский
Садомов
Садофьев
Садреев
Садчиков
Садчинков
Садыков
Саенко
Сажанов

Саженев
Саженов
Сажин
Сазанский
Сазиков
Сазов
Сазовкин
Сазонов
Сазонтов
Сазыкин
Сайдов
Сайдышев
Сайкин
Сайковский
Сайтанов
Сайчук
Сакаев
Сакманинов
Саков
Сакович
Сакризов
Саксаганский
Саксе
Саксеев
Саксельцев
Саксин
Саксонов
Сакулин
Сакунин
Сакызов
Салазкин
Салай
Саламатников
Саламатов
Саламахин
Саламов
Саламонов
Саландин
Саласкин
Салаутин
Салгалов

Саленко
Салехов
Салиас
Саликов
Салиманов
Салимгареев
Салимжанов
Салин
Салихов
Салищев
Салкин
Салконов
Салманов
Салмин
Салминов
Салов
Саломадин
Саломасов
Саломатин
Саломатов
Саломахин
Саломеев
Салонин
Салонинкин
Салопов
Салофненко
Салошин
Салтанов
Салтановский
Салтоказин
Салтыков
Салынов
Салычев
Салько
Сальков
Сальников
Салютин
Самаренин
Самарин
Самаркин
Самаров

Самарский
Самарцев
Самбуров
Самвелов
Самгин
Самдевятов
Самедов
Самитов
Самобаев
Самоваров
Самовольнов
Самогулов
Самоделов
Самодумов
Самодуров
Саможёнков
Самозванцев
Самойленко
Самойленков
Самойлин
Самойлов
Самойлович
Самокатов
Самоквасов
Самокиш
Самокрутов
Самолётов
Самолин
Самолысов
Самонин
Самонов
Самородов
Самородских
Саморуков
Саморядов
Саморянов
Самосвистов
Самосоров
Самосуд
Самосудов
Самотаев

Самоуков
Самофалов
Самохвалов
Самохин
Самошин
Сампилов
Самсонов
Самсоновский
Самуйлёнок
Самуйло
Самуйлов
Самульцев
Самцов
Самчев
Самчук
Самыкин
Самылин
Санаев
Санакоев
Сандаков
Сандалов
Сандальнев
Сандаров
Сандлер
Сандомирский
Сандров
Сандулов
Сандунов
Сандырёв
Санин
Санинаев
Санитаров
Саницкий
Санич
Санкин
Санков
Санковский
Санников
Санов
Санович
Саночкин

Санталин
Санталов
Сантин
Санфиров
Санькин
Санько
Саньков
Сапарин
Сапаров
Сапегин
Сапёлкин
Сапельников
Сапёров
Сапетов
Сапогов
Сапожков
Сапожник
Сапожников
Сапонов
Сапотов
Саприн
Сапронов
Сапрунов
Сапрыгин
Сапунов
Сапфиров
Сарабянов
Сараджев
Сараджишвили
Сараев
Сарайников
Саранкин
Саранцев
Саранчёв
Сарапаев
Сарапин
Саратов
Саратовец
Саратовкин
Саратовский
Саратовцев

Сарафа́нов	Сау́рин	Сва́тиков	Сви́нтич
Сарафи́нников	Сау́те́нко	Све́жев	Свину́лин
Сарба́ев	Сау́тин	Свеже́вский	Свину́хов
Сарба́тов	Сау́ткин	Свенти́цкий	Свинцо́в
Сарви́хин	Сау́шин	Свербе́ев	Свинча́ткин
Сарги́н	Сау́шкин	Све́рдлин	Свинья́н
Сарда́ров	Сафа́ев	Све́рдло́в *	Свириде́нко
Сареди́нов	Сафарали́ев	Сверцеке́вич	Свири́дов
Са́ричев	Сафа́ров	Сверчко́в	Свиридо́нов
Сарка́сов	Сафаря́н	Светёшников	Свирко́
Сарки́зов	Са́фин	Свети́лин	Сви́рский
Са́ркин	Сафи́р	Светило́вич	Сви́рченко
Сарки́сов	Сафиу́ллин	Сети́нский	Свистко́в
Саркися́н	Сафо́ненко	Светла́ев	Свисто́в
Саркися́нц	Сафо́нов	Светлако́в	Свисту́н
Сарма́тов	Сафо́нцев	Светла́нов	Свистуно́в
Сарма́тский	Сафо́нычев	Светли́кин	Сви́щёв
Са́рно́в	Сафро́нов	Све́тликов	Свия́жский
Сарта́ко́в	Саха́пкин	Светли́цкий	Свия́зев
Сарта́нов	Сахарко́в	Светли́цын	Свобо́дин
Саруха́нов	Са́харов	Светли́чный	Сво́йкин
Сарбиев	Саха́тов	Светло́в	Святло́вский
Сары́лов	Сахи́ев	Светляко́в	Святопо́лк-Ми́рский
Сарымса́ков	Сахни́н	Све́тов	Святосла́вов
Сары́пин	Сахно́вский	Светови́дов	Святота́цкий
Сары́тов	Сахо́ров	Светоза́ров	Свято́шин
Са́рычев	Сахро́нов	Светозо́ров	Свя́тский
Сарья́н	Сачко́в	Светосла́вский	Святу́хин
Сата́ев	Са́шенко́в	Све́тушкин	Сга́дов
Сатано́вский	Са́шин	Све́чи́н	Сде́льников
Сата́ров	Сая́кин	Свечко́в	Сдо́бников
Са́тин	Сая́нов	Све́чников	Сдо́бнов
Сато́нин	Сая́пин	Све́шников	Себе́кин
Сатпа́ев	Сби́тнев	Свиде́рский	Себенцо́в
Сату́нин	Сбитяко́в	Свидло́в	Себро́в
Сату́рин	Сбо́рщиков	Свидни́цкий	Сева́лкин
Сату́рнов	Сбу́син	Свидо́вский	Севасте́нков
Сатюко́в	Сбыше́вский	Свидрига́йло	Севастонья́нов
Са́уков	Свадко́вский	Свиндюко́в	Севастья́нов
Сауле́нко	Сва́йкин	Сви́нкин	Севачёв
Сау́лов	Сваро́г	Сви́нов	Севбя́нов

Севергин
Северин
Северный
Северов
Северский
Северцев
Северцов
Северьянов
Северюхин
Северянин
Севидов
Севиев
Севостьянов
Севриков
Севрук
Севрюгов
Севский
Севцов
Сегал
Сегаль
Сеглин
Седаков
Седельников
Седенков
Седин
Седлецкий
Седлов
Седморецкий
Седнев
Седов
Седунов
Седых
Сеземов
Сейдаметов
Сейнов
Сейфуллин
Секин
Секинаев
Секорев
Секошин
Секретов

Секторов
Секундов
Селедков
Селедцев
Селезнёв
Селенин
Селетков
Селетцев
Селивакин
Селиванов
Селивановский
Селивачёв
Селиверстов
Селин
Селинов
Селифанов
Селихов
Селицкий
Селищев
Селуянов
Сельвинский
Сельдяков
Сельский
Сельцов
Сельцовский
Сельянов
Селюк
Селюков
Селявин
Селявко
Селянин
Селянинов
Селянкин
Семаев
Семашко
Семевский
Семейкин
Семендяев
Семененко
Семенихин
Семенкевич

Семенко
Семенков
Семенников *
Семёнов
Семеновский
Семенцов
Семенчук
Семёнычев
Семенюк
Семериков
Семерин
Семеринов
Семёркин
Семехин
Семечкин
Семешин
Семибратов
Семиволос
Семидубов
Семикин
Семиков
Семикозов
Семилетов
Сёмин
Семиохин
Семиошин
Семипалов
Семирадский
Семирханов
Семисветов
Семихатов
Семичастнов
Сёмичев
Семичов
Семишин
Семновский
Сёмочкин
Сёмушкин
Семчишин
Семыкин
Семынин

Семьянов
Семякин
Семянников
Семяннов
Сёмячкин
Сенатов
Сенаторов
Сенатырев
Сендеров
Сендульский
Сендык
Сенекин
Сененков
Сеник
Сенин
Сеничев
Сеничкин
Сенкин
Сенков
Сенковский
Сенников
Сёнов
Сентин
Сентов
Сентюлёв
Сентюрёв
Сентюрин
Сентюров
Сенцов
Сенчагов
Сёнчев
Сенченко
Сенчищев
Сенькин
Сенько
Сеньков
Сенюков
Сенюшкин
Сенявин
Серафимов
Серафимович

Сербаринов	Серепьев	Сиверцев	Сизаков
Сербин	Сержантов	Сивицкий	Сиземов
Сербинов	Сериков	Сивичев	Сизенев
Серболов	Серин	Сивков	Сизиков
Сербский	Серкин	Сиволапов	Сизов
Сервягин	Серко	Сиволобов	Сизяков
Серганов	Серков	Сивухин	Сикачёв
Сергацков	Серно-Соловьёвич	Сивцев	Сикерский
Сергеев	Серобабов	Сивцов	Сикирин
Сергеевич	Серов	Сигаев	Сиконин
Сергеевский	Сероухов	Сигал	Сикорский
Сергиев	Серпионов	Сигалаев	Сикстинский
Сергиевский	Серпков	Сигалов	Сикунов
Сергиенко	Серпухов	Сиганов	Силаев
Сергунин	Серпуховский	Сигарёв	Силанов
Сергутин	Сертуков	Сигнибедов	Силантьев
Сердобов	Серушкин	Сигов	Силачёв
Сердцев	Серцов	Сиголаев	Силенин
Сердышев	Серый	Сигонин	Силин
Сердюк	Серьгин	Сигорский	Силитрин
Сердюков	Серяков	Сигунов	Силкин
Серебреников	Сеславин	Сиданов	Силуанов
Серебренников	Сеславинский	Сиделкин	Силуян
Серебров	Сеснев	Сидельников	Силуянов
Серебровский	Сестрин	Сиденко	Сильвестров
Серебряков	Сеткин	Сидильковский	Сильников
Серебряников	Сетов	Сидихменов	Сильнов
Серебрянников	Сеточкин	Сиднев	Сильченков
Серебрянов	Сетунов	Сиднихин	Симагин
Серебряный	Сетюков	Сидонский	Симаев
Серёгин	Сеченов	Сидоренко	Симакин
Середа	Сиабандов	Сидорин	Симаков
Середин	Сибгатуллин	Сидоров	Симанженков
Серединин	Сибилёв	Сидорович	Симанов
Серединский	Сибирцев	Сидоровский	Симанович
Серёдкин	Сибиряков	Сидорочев	Симановский
Середняков	Сиваев	Сидорский	Симахин
Середонин	Сиваков	Сидорчук	Симачёв
Серёжников	Сивачёв	Сидохин	Симашко
Серенков	Сивашев	Сидякин	Симашков
Серенсен	Сиверский	Сидячин	Симбирёв

Симби́рцев	Синюко́в	Скавро́нский	Скля́ев
Символо́ков	Синю́тин	Ска́зин	Скля́нин
Си́менов	Синя́вин	Ска́зкин	Скляре́нко
Сими́гин	Синя́вич	Ска́лдин	Скля́ров
Си́мин	Синя́вский	Ска́лкин	Скля́рский
Сими́нский	Синя́гин	Ска́лов	Скобары́хин
Си́мкин	Синя́ев	Скалозу́б	Скобе́ев
Си́мов	Синя́кин	Скалько́вский	Ско́белев
Симоне́нко	Синяко́в	Ска́льский	Скобельцы́н
Симо́нин	Сипа́йлов	Скаме́йкин	Ско́бкин
Си́монов	Сипачёв	Ска́ндов	Скобликов
Симоно́вич	Си́пин	Скарги́н	Ско́блин
Симонсо́н	Сипя́гин	Скаржи́нский	Скобло́в
Си́мочкин	Сира́хов	Ска́рзов	Ско́бников
Си́мский	Си́рачёв	Ска́рский	Скобцо́в
Симуко́в	Сире́нко	Скарю́кин	Скови́ткин
Симу́лин	Си́рин	Скарюко́в	Сковорода́
Си́мушкин	Сиро́клин	Скаря́тин	Сковоро́дин
Симче́нков	Сироте́нко	Ска́ткин	Сковоро́дников
Си́нгин	Сироти́н	Скачко́	Сковро́нин
Синде́ев	Сироти́нский	Скачко́в	Ско́горев
Синде́цкий	Сиро́ткин	Скери́	Ско́знев
Синебрю́хов	Си́ротов	Сквирский	Скозо́бов,
Синёв	Сиряко́в	Сквозни́к	Ско́ков
Сине́гин	Сиряче́нко	Сквознико́в	Сколозу́бов
Синегла́зов	Сисакя́н	Скворе́вич	Скоморо́вский
Синегу́б	Сисе́кин	Скворцо́в	Скоморо́хов
Синегу́бов	Си́снёв	Ске́гин	Скоморо́шкин
Сине́льников	Сися́ев	Ске́чин	Ско́нников
Сине́льщиков	Сита́нов	Ски́бин	Скопи́н
Синео́ков	Си́ткин	Скибне́вский	Скопи́н-Шу́йский
Синеу́сов	Ситкове́цкий	Ски́гин	Ско́пинов
Сине́цкий	Си́тник	Ски́пин	Скопи́нцев
Сини́лкин	Си́тников	Скирдко́в	Ско́пищев
Сини́лов	Си́тно́в	Ски́тёв	Скопцо́в
Сини́цкий	Сифо́ров	Склезнёв	Скорёжин
Сини́цын	Сиха́ров	Скле́мин	Ско́риков
Сини́чкин	Си́цкий	Склизко́в	Ско́ркин
Синоге́йкин	Си́чиков	Склифосо́вский	Скорлу́пкин
Синцо́в	Си́чкин	Скло́кин	Скорня́гин
Синько́в	Скабиче́вский	Склю́ев	Скорня́к

Скорняко́в	Скубы́рников	Сла́тин	Сло́нов
Скоробога́тов	Скуга́ров	Сла́тинов	Слоны́х
Ско́ров	Ску́дин	Сла́щев	Слу́гин
Скорова́ров	Скудно́в	Следнёв	Слу́дский
Скородумов	Ску́дрин	Сле́дников	Слу́ев
Скоролу́пов	Скула́нов	Слёзин	Служа́льский
Скоропио́нов	Ску́лкин	Слёзкин	Слу́жбин
Скоропи́хин	Скулко́в	Слезнёв	Служнёв
Скороплёхин	Скулча́нов	Слёзов	Слу́цкий
Скорохво́стов	Скумбрие́вич	Слепако́в	Слу́цкин
Скорохо́д	Ску́ндин	Слепнёв	Слуцко́вский
Скорохо́дов	Скура́тов	Сле́пников	Случа́ев
Скорпилёв	Скури́дин	Сле́пов	Случе́вский
Скорю́кин	Скури́хин	Слепо́й	Слуя́нов
Ско́сырев	Скуря́тников	Слепу́хин	Слю́дин
Скоти́нин	Ску́тарёв	Слепу́шкин	Слю́дников
Ско́тников	Скутаре́вский	Слепцо́в	Слю́дов
Скотобо́йников	Скуте́льский	Сле́пченко	Слю́сарёв
Ско́тти	Сла́бов	Слепышо́в	Слюсаре́нко
Скочи́нский	Сла́вин	Слепя́н	Слю́шин
Скреби́цкий	Славине́цкий	Сле́сарев	Сма́гин
Скре́четов	Слави́нский	Слесаре́нко	Смара́гдов
Скрибачи́лин	Слави́цкий	Слёткин	Смара́гов
Скрипако́в	Сла́вкин	Сли́вин	Сма́рин
Скрипилёв	Славко́в	Сливи́нский	Сма́чин
Скри́пин	Сла́влин	Сли́вкин	Смека́лов
Скрипи́цын	Сла́внин	Слизко́в	Смелко́в
Скри́пкин	Славно́в	Сли́зский	Смело́в
Скрипко́	Сла́вский	Сли́пченко	Смело́вский
Скри́пник	Славу́щев	Слитко́в	Смелько́в
Скроба́нский	Сла́вцев	Слобо́дин	Сме́льский
Скро́бов	Сла́вщик	Слобо́дкин	Смеляко́в
Скробо́тов	Славя́гин	Слободско́й	Смеля́нский
Скро́пкин	Славя́нов	Слобо́дчиков	Сме́рдов
Скрылёв	Славя́нский	Словохо́тов	Смердяко́в
Скры́льников	Сладко́в	Словцо́в	Сме́ртин
Скры́нник	Сладко́вич	Словя́гин	Смертюко́в
Скры́нников	Сладко́вский	Слое́вский	Смета́нин
Скры́пин	Сладкопе́вцев	Сломя́нский	Смета́нинкин
Скря́бин	Сласте́нин	Сло́ним	Смета́нкин
Скря́гин	Сласте́нников	Слони́мский	Смета́нников

Сметанов	Смолянский	Снопков	Соковцев
Сметнёв	Смоляр	Снопов	Соковых
Смехов	Смоляров	Снычков	Сокол
Смидович	Смондырёв	Снякин	Соколенко
Смильгис	Смонин	Снятковский	Соколик
Смилянский	Сморгунов	Собакевич	Соколиков
Смирдин *	Смородин	Собакин	Соколин
Смиренин	Смородинов	Собашников	Соколинский
Смиренкин	Смородинский	Собенин	Соколихин
Смирин	Сморчков	Собенников	Соколов
Смирницкий	Смотрицкий	Собещанский	Соколов-Микитов
Смирнов	Смуглин	Собиев	Соколов-Скаля
Смирновский	Смуглый	Соббинов	Соколовский
Смирномородов	Смужин	Собичевский	Соколухин
Смирнский	Смузиков	Собкалов	Сокольников
Смирнягин	Смуров	Собко *	Сокольский
Смит-Фалькнер	Смурыгов	Соболев	Сократов
Смокачёв	Смурый	Соболевский	Сокуров
Смоковников	Смуул	Соболь	Сокуцкий
Смолдырев	Смухнин	Собольков	Соларёв
Смоленков	Смыков	Собольщиков	Солдаев
Смоленский	Смыслов	Соболянов	Солдатенков
Смоленщин	Смышляев	Соборнов	Солдатёнков
Смоликов	Смышляков	Соборов	Солдаткин
Смолин	Снаксарёв	Собянин	Солдатов
Смолич	Снарский	Советкин	Солдатченков
Смолкин	Снастин	Советников	Соленик
Смолокуров	Снегин	Советов	Солёнов
Смолькин	Снегирёв	Совков	Солёный
Смольников	Снегищенко	Созиев	Солженицын
Смольский	Снегов	Созинов	Солин
Смольцов	Снегоцкий	Созонтов	Солинов
Смольянинов	Снегурко	Соин	Соллертинский
Смольянов	Снежкин	Соинов	Соллогуб
Смоляк	Снежко	Соймонов	Солнцев
Смоляков	Снежков	Сокальский	Солнышкин
Смолян	Снесарёв	Соков	Соловатулин
Смоляницкий	Снетков	Соковиков	Соловей
Смолянкин	Снимщиков	Соковин	Соловейский
Смолянков	Сниткин	Соковников	Соловейчик
Смолянов	Снитковский	Соковнин	Соловецкий

Соло́вкин	Соми́нский	Сосно́вский	Спева́к
Соловко́в	Со́мов	Сосу́лин	Спе́ктор
Со́ловов	Со́нин	Сосу́льников	Спе́кторов
Соловцо́в	Со́ничев	Сосуно́в	Спекто́рский
Соловьёв	Со́нкин	Сосю́ра	Спёлов
Сологу́б	Со́нюшкин	Со́тин	Спендиа́ров
Сологу́бов	Сопе́лов	Со́ткин	Спера́нский
Солоде́нников	Сопе́льников	Со́тник	Спера́нтов
Солодёнов	Со́пиков	Со́тников	Спеси́вцев
Солоди́хин	Со́пов	Сотниче́вский	Спе́хов
Соло́дкин	Сополько́в	Сотско́в	Спе́шнев
Солодко́в	Сопталёв	Со́тченков	Спе́шников
Со́лодов	Сорвачёв	Соу́стин	Спива́к
Солодо́вник	Со́рин	Софе́ев	Спивако́в
Солодо́вников	Со́ркин	Софи́ев	Спивако́вский
Солоду́ев	Соро́ка	Со́финов	Спигла́зов
Солоду́хин	Сорокаве́тов	Софо́нов	Спижа́рный
Солоду́хов	Соро́кин	Софро́нов	Спириде́нков
Соло́дченко	Сороковико́в	Со́фьин	Спири́дов
Соло́дченков	Сороколе́тов	Соха́нский	Спиридо́нов
Солома́тин	Сороколётов	Со́хин	Спи́рин
Солома́ткин	Сорокоплёхин	Сохо́цкий	Спи́ров
Солома́тников	Сорокоу́мов	Сохра́нский	Спи́рькин
Соло́мин	Сорохти́н	Со́цкий	Спирюшко́в
Соло́мкин	Сорочи́нов	Соцко́в	Спиряко́в
Соломо́ник	Сорочи́нский	Сочи́лин	Спи́тов
Соломо́нов	Соро́чкин	Сочи́лов	Спихну́лин
Солони́на	Со́рский	Со́чнёв	Спи́цын
Солони́нкин	Сосе́дов	Соше́нко	Спи́чкин
Соло́ничев	Со́сенкин	Соше́ственский	Спо́лохов
Солопа́нов	Со́сенков	Со́шин	Спо́льников
Соло́пов	Со́син	Со́шичев	Спо́рев
Солоу́хин	Сосипа́тров	Со́шников	Спо́рышев
Соло́хин	Соске́вич	Спандаря́н	Спосо́бин
Солу́нин	Со́скин	Спа́ндиков	Спра́вченко
Солуя́нов	Соско́в	Спаси́бин	Спра́ждинов
Соляко́в	Сосне́нко	Спаси́бкин	Спри́ше́вский
Соля́нин	Сосни́н	Спа́сов	Спрылёв
Соля́нкин	Сосни́цкий	Спасо́вич	Спу́нгин
Сомени́хин	Сосно́в	Спасокуко́цкий	Спышно́в
Со́мин	Сосновико́в	Спа́сский	Сре́дин

Срезне́вский
Сре́тенский
Ссо́рин
Ста́бников
Стабро́вский
Става́ссер
Ста́венков
Стави́ский
Стави́цкий
Ставни́цкий
Ставрако́в
Ставро́в
Ставро́вский
Ставро́гин
Ста́вский
Ста́вцев
Ста́дников
Стадни́цкий
Стаду́хин
Стака́нов
Ста́лин
Стальма́нов
Стально́в
Ста́льский
Станисла́влев
Станисла́вский
Стани́цин
Стани́цын
Станке́вич
Станке́ев
Станко́в
Станово́в
Станюко́вич
Стара́телев
Старбе́й
Старже́нцкий
Ста́риков
Стари́нин
Ста́ринов
Ста́рицин
Стари́цкий

Старичко́в
Старко́в
Старо́бин
Ста́ро́в
Старове́ров
Старо́вский
Стародубо́в
Стародубцев
Стародум
Старожи́лов
Старока́домский
Старосве́тов
Старосе́льский
Старосе́льцев
Старосте́нков
Ста́ростин
Стару́нин
Стару́хин
Ста́рцев
Старцо́в
Старчако́в
Ста́рченко
Ста́ршев
Старшино́в
Стары́х
Ста́сов
Стасю́к
Стасюле́вич
Стату́тов
Статы́гин
Стафе́ев
Стаха́нов
Ста́хов
Стахо́вич
Стахо́вский
Стаце́нко
Сташе́вский
Ста́шин
Сташи́нский
Стволо́в
Стеба́нов

Сте́белев
Стебелько́в
Сте́блин
Стебло́в
Стебни́цкий
Стебуно́в
Сте́бут
Сте́вен
Стега́лин
Стегно́в
Стегуно́в
Стекленко́в
Стекло́в
Стеко́льников
Стелько́вский
Стельмако́в
Сте́льмах
Стемпко́вский
Сте́нин
Стенипа́нин
Стеню́шин
Степако́в
Степане́нко
Степанко́в
Степа́нов
Степано́вич
Степа́нцев
Степа́нченко
Степа́нчиков
Степанья́н
Степаню́к
Степаня́н
Степаня́нц
Степаче́в
Степа́шкин
Сте́пенев
Сте́пин
Сте́пичев
Стёпкин
Степно́в
Степня́к

Степо́ев
Стёпочкин
Степу́нин
Степу́шин
Степы́нин
Сте́рин
Сте́ркин
Сте́рлегов
Сте́рлигов
Сте́рлин
Стерля́дкин
Сте́рник
Сте́рнин
Сте́син
Стефа́ник
Стефано́вич
Стефано́вский
Стеце́нко
Стецько́
Стецю́к
Стечи́шин
Сте́чкин
Стеше́нко
Сте́щенко
Стихотво́рцев
Стишо́в
Стобо́ров
Сто́гов
Сто́днев
Стоду́хин
Стожа́ров
Стожи́лов
Сто́йкин
Сто́йко
Стокли́цкий
Стоко́вский
Сто́колов
Сто́лбин
Столбняко́в
Столбо́в
Столбуно́в

Столбу́шкин	Стра́тьев	Стриже́нов	Стру́нин
Столе́тов	Стра́хов	Стри́жин	Стру́нкин
Сто́лин	Стра́цев	Стрижко́в	Струнко́в
Сто́лов	Страшке́вич	Стри́жнев	Стру́нников
Столпако́в	Страшко́	Стрижо́в	Стручко́в
Сто́лпник	Стра́шников	Строгалёв	Струя́нский
Сто́лпников	Страшно́в	Стро́ганов	Стры́гин
Столпо́в	Страшу́н	Строга́новский	Стрю́ков
Столпче́вский	Стребко́в	Строгачёв	Стрючко́в
Столы́пин	Стре́блев	Стро́гов	Студени́кин
Стольёев	Стрека́лов	Строго́вич	Студени́чников
Стольняко́в	Стрекачёв	Стро́гонов	Студёнкин
Столя́р	Стрекопы́тов	Стро́ев	Студе́нский
Столяре́вский	Стреле́цкий	Стро́йлов	Студи́лин
Столяро́в	Стре́лкин	Строи́телев	Студи́тов
Столя́рский	Стрелко́в	Стройко́в	Сту́днев
Столярчу́к	Стрелко́вский	Стройно́вский	Сту́дников
Стома́хин	Стре́лов	Строкате́нко	Сту́жин
Стона́лов	Стрельби́цкий	Стро́кин	Стука́лин
Сто́нов	Стре́льбищев	Стро́ков	Стука́лов
Стопа́ни	Стре́льников	Строми́лов	Стука́нов
Стопано́вский	Стрельцо́в	Стро́нгин	Стукачёв
Сто́пкин	Стреля́нов	Стро́нин	Сту́кин
Сторе́шников	Стре́мин	Стропи́лин	Сту́ков
Стори́цын	Стре́млин	Строчко́в	Сту́колов
Сто́рожев	Стре́мов	Стру́ве	Сту́лов
Сторо́женко	Стремоу́хов	Струга́цкий	Сту́льников
Сторо́нкин	Стремяко́в	Стру́гин	Ступа́к
Сторублёв	Стремя́нников	Стру́гов	Сту́пин
Стоско́в	Стре́петов	Струговщико́в	Сту́пкин
Страбы́кин	Стрепухо́в	Стру́ев	Стуче́бников
Страви́нский	Стре́хин	Струе́нков	Стуче́вский
Страже́ско	Стре́шнев	Стружа́нов	Стыдо́бский
Стра́жников	Стрига́нов	Струже́нский	Стырико́вич
Страка́нов	Стригачёв	Струженцо́в	Сты́ров
Стра́мбов	Стри́гин	Стружко́в	Стыцко́
Страме́нтов	Стригуно́в	Стру́жников	Сты́чкин
Странцо́в	Стриж	Стру́ков	Стю́шин
Стратила́тов	Стрижако́в	Стру́лев	Стя́жкин
Стратле́вский	Стрижёв	Струми́лин	Суббо́та
Страто́нов	Стриже́вский	Струми́нский	Суббо́тин

Суббо́тник	Сука́ч	Супру́н	Сута́нкин
Суббото́вский	Сукачёв	Супруне́нко	Су́ткин
Суббо́чев	Сукма́нов	Супруно́в	Суту́гин
Суви́ров	Сукни́н	Сурабе́ков	Суту́гов
Суво́рин	Су́ков	Сура́ев	Суту́лов
Суво́ров	Сукова́тов	Сура́жский	Суты́рин
Сувчи́нский	Суко́ник	Сура́нов	Сутя́гин
Суги́лин	Су́ксин	Сура́тов	Суха́нов
Сугоня́ев	Сула́ев	Сургучёв	Су́харев
Сугро́бов	Сулвату́лин	Суржа́нский	Сухаре́вский
Суда́ев	Сулейма́нов	Сурже́нко	Суха́рько́
Судаке́вич	Сулержи́цкий	Су́ржиков	Сухачёв
Суда́кин	Сулимо́вский	Су́ржин	Су́хи́н
Судако́в	Су́лин	Су́риков	Сухи́нин
Судако́вский	Су́личев	Су́рин	Сухи́нов
Су́дарев	Суло́ев	Су́ри́нов	Сухи́нский
Сударе́нков	Султа́нов	Сурко́в	Сухобо́ков
Суда́риков	Су́льев	Сурмачёв	Су́хов
Суда́ркин	Су́лькин	Сурмелёз	Сухова́ров
Суда́рушкин	Сульменёв	Сурна́кин	Сухове́йко
Суда́рчиков	Сумарко́в	Сурни́н	Сухове́ров
Судачко́в	Сумаро́ков	Сурно́в	Сухове́рхов
Суде́йкин	Сумаро́нов	Су́ров	Сухово́-Кобы́лин
Суде́ц	Сумба́тов	Сурове́гин	Сухово́льский
Суджа́ев	Сумве́ков	Суровцо́в	Суходе́ев
Суди́нин	Су́менов	Суро́гин	Суходо́лов
Судко́вский	Су́мин	Сурое́дин	Суходо́льский
Судни́цин	Су́мкин	Су́ромкин	Сухое́дов
Су́до́в	Сумпа́нов	Сурьяни́нов	Сухозане́т
Судопла́тов	Сумро́в	Суса́йков	Сухоме́л
Судьби́н	Су́мский	Суса́нин	Сухомли́нов
Судьби́нский	Сумцо́в	Суса́нов	Сухо́нин
Судьы́н	Сунгу́ров	Су́син	Сухору́ков
Суете́нков	Сундако́в	Су́скин	Сухору́чкин
Суе́тин	Су́нжев	Су́сликов	Сухо́ти́н
Суе́тов	Суно́зов	Су́слин	Сухоща́вин
Су́здалев	Сунцо́в	Су́слов	Сухти́нов
Су́здальцев	Супата́ев	Суслопа́ров	Суча́н
Сузе́ев	Супло́тов	Сусля́ев	Сучи́лов
Сук	Супо́льников	Су́сов	Су́чкин
Сука́тов	Супру́гов	Су́стов	Сучко́в

Сушенцо́в
Суши́лин
Суши́лов
Су́шин
Суши́нин
Сушке́вич
Су́шкин
Сушко́
Сушко́в
Сушо́в
Суя́зов
Схо́дкин
Счастли́вцев
Сча́стный
Счётчиков
Сыдоре́нко
Сызра́нкин
Сынко́в
Сыре́ев
Сыре́йщиков
Сы́ркин
Сы́ров
Сырова́ров
Сырова́ткин
Сырое́гин
Сырое́шкин
Сыроква́шин
Сыромя́тников
Сыромя́тов
Сыроса́ров
Сырцо́в
Сы́син
Сысо́ев
Сысо́йкин
Сысо́лин
Сысоля́тин
Сы́тин
Сы́тник
Сы́тников
Сы́тов
Сыч

Сычёв
Сыче́ников
Сычко́в
Сычу́жников
Сычу́к
Сюба́ев
Сюга́нов
Сюнько́в
Сюняко́в
Сюсю́кин
Сюта́ев
Сю́тин
Сю́ткин
Сяга́ев
Ся́син
Ся́скин
Ся́ськин
Ся́чинов

Т

Таба́кин
Табако́в
Табаро́вский
Табару́ев
Таба́чников
Таба́чный
Та́белев
Таби́дзе
Табо́лин
Таборо́вский
Табуно́в
Табунцо́в
Таваси́ев
Тава́снев
Тавга́зов
Тавле́ев
Та́вьев
Тага́нов
Тага́нцев

Та́гер
Таги́ев
Таги́льский
Таги́ров
Таго́хин
Тагуно́в
Тажиба́ев
Та́зин
Таи́ров
Тайма́нов
Тайно́в
Тайце́нов
Така́ев
Такба́ев
Тактакишви́ли
Такта́ш
Такта́шев
Талага́ев
Тала́ев
Тала́кин
Талала́ев
Талали́хин
Тала́лов
Тала́нин
Тала́нкин
Тала́нов
Тала́нтов
Тала́нцев
Тала́тин
Талашо́в
Талды́кин
Тали́бов
Тали́ев
Та́ликов
Талмудо́вский
Талы́зин
Талыко́в
Талы́нов
Та́льников
Тама́зин
Тама́зов

Тама́мшев
Тама́нцев
Тама́ркин
Тама́ров
Тама́рченко
Тама́шин
Тамби́ев
Тамбо́вский
Тами́ров
Та́ммин
Тамо́хин
Тамра́зов
Тана́ев
Тана́йлов
Танана́ев
Тана́нин
Таната́р
Танби́ев
Танги́ев
Тане́ев
Та́нин
Та́ничев
Танкиле́вич
Та́нков
Танфи́льев
Та́нцев
Таптыко́в
Тараба́нов
Тара́брин
Тарабу́кин
Тарада́нкин
Тараде́ев
Тара́ев
Тарака́нов
Тарака́нцев
Тарама́ев
Тара́мов
Тара́н
Таране́нко
Тара́нов
Тара́нтьев

Таранцо́в	Тата́ев	Твердуно́в	Телу́шкин
Тарапы́гин	Тата́ренко	Твери́тин	Телько́в
Тарару́хин	Тата́ренков	Твери́тинов	Те́льман
Тарасе́вич	Тата́ринов	Твери́тнев	Те́льников
Тарасе́нко	Тата́ринцев	Тверско́й	Тельно́в
Тарасе́нков	Тата́ркин	Тверяко́в	Теляко́в
Тара́скин	Тата́рников	Творого́в	Теляко́вский
Тара́сов	Тата́ров	Творо́жников	Теля́нин
Тара́сьев	Татау́ров	Тебенько́в	Теля́тев
Тарасю́к	Татево́сов	Тебя́кин	Теля́тников
Тарато́рин	Татевося́н	Те́велёв	Теме́рин
Тараты́нов	Тати́ев	Теверо́вский	Тёмин
Тарахо́вский	Тати́нцев	Те́вкелёв	Темирба́ев
Тарачко́в	Тати́щев	Те́влин	Темиря́ев
Тара́шкин	Тато́кин	Тевося́н	Тёмкин
Таращáнский	Тато́сов	Тегеле́шкин	Тёмчи́н
Тарбе́ев	Тату́зов	Те́гин	Темя́шев
Таре́ев	Татуко́в	Те́глёв	Тенга́ев
Таре́лкин	Тату́лов	Тезоимени́цкий	Тенгобо́рский
Тарзима́нов	Тату́шин	Тезяко́в	Тененба́ум
Тарко́в	Тау́бин	Тейтельба́ум	Те́нин
Та́рле	Тау́бкин	Те́клин	Тени́хин
Тарлыко́в	Таума́нов	Теку́тов	Те́нишев
Тарнако́в	Та́усон	Теку́чев	Те́ннер
Тарно́вский	Таути́ев	Теле́гин	Тенно́в
Тарнопо́льский	Тафа́ев	Теле́жников	Тентеле́ев
Тарса́нов	Тахтаджи́ев	Теле́йко́в	Тенте́тников
Тартако́в	Та́хтарёв *	Телелю́ев	Те́ньев
Тартако́вер	Тахта́ров	Телеля́сов	Теня́ев
Тартако́вский	Тача́ев	Теленко́в	Теодоро́вич
Тарунта́ев	Тача́лкин	Теле́пин	Тепако́в
Тару́син	Таша́ев	Те́лепнёв	Тепе́рин
Тару́тин	Ташку́лов	Телесни́н	Тепли́цкий
Тару́шкин	Та́щин	Теле́чкин	Тепли́щев
Тарха́нов	Тбо́ев	Те́лешев	Тепло́в
Та́рхов	Твардо́вский	Те́лешов	Теплу́хин
Та́син	Тва́рин	Те́ликов	Тепляко́в
Таска́ев	Твердо́в	Те́лин	Терако́в
Та́скин	Твердо́вский	Тели́цин	Тереби́н
Тасли́цкий	Твердома́сков	Тели́цын	Теребко́в
Та́ссов	Твердохле́бов	Телко́в	Те́ребо́в

Теребьев
Те́резнёв
Теремко́в
Терене́цкий
Тере́нин
Тере́нтьев
Терёхин
Те́рехов
Терехо́вич
Терехо́вский
Тереша́тов
Тере́шин
Тере́шкин
Тере́шко
Терешко́в
Терешо́нков
Тере́щенко
Терзи́ев
Те́рин
Тёркин
Терку́лов
Терла́хов
Терле́цкий
Те́рликов
Термару́ков
Термосе́сов
Тернако́в
Терно́в
Терновец
Терно́вский
Теро́нов
Тер-Петрося́н
Терпиго́рев
Терпого́сов
Терси́нцев
Терти́шников
Терюхо́в
Теря́ев
Теря́н
Тесе́мников
Тесёмников

Тесле́нко
Те́слер
Те́стов
Тетдо́ев
Тете́вин
Тете́рин
Тетёшкин
Тети́вкин
Тёткин
Те́тькин
Тетюко́в
Тетю́ркин
Теу́мин
Технеря́днов
Техо́цкий
Тиба́бишев
Тиби́лов
Тиве́рзи́н
Тига́нов
Тигра́нов
Тика́нов
Тико́цин
Тико́цкий
Тикуно́в
Тиличе́ев
Тима́гин
Тимако́в
Ти́ма́нов *
Тимано́вский
Тиманько́в
Тима́шев
Тима́шко́в
Ти́ме
Ти́мен
Тиминджи́ев
Тимирёв
Тимиря́зев
Тимко́вский
Тимо́нин
Тимо́нов
Тимори́ев

Тимо́тин
Тимофе́ев
Тимофе́евский
Тимо́хин
Тимо́хов
Тимоша́ев
Тимо́шев
Тимоше́вский
Тимоше́нко
Тимоше́нков
Тимо́шин
Тимо́шкин
Тимо́шко
Тимо́шков
Ти́мченко
Тино́вский
Ти́нхин
Тинько́в
Тиняко́в
Типа́ев
Типа́лин
Типи́кин
Типко́в
Тира́нов
Тирпуго́в
Тирта́дов
Тита́ев
Тита́нов
Титаре́нко
Тите́нко
Ти́ткин
Титло́в
Тито́в
Титро́в
Титу́шин
Титу́шкин
Тиха́нов
Ти́хви́нский
Тихменёв
Ти́хов
Тиходе́ев

Тиходу́ев
Тиходу́мов
Тихомандри́цкий
Тихоми́рнов
Тихоми́ров
Тихоне́нко
Ти́хонов
Тихоно́вич
Тихонра́вов
Тихончу́к
Тихоре́цкий
Тише́вский
Ти́шин
Ти́шкин
Тишо́в
Тища́ев
Ти́щенко
Ткач
Ткачёв
Ткаче́нко
Ткаче́нков
Ткачу́к
То́болев
Тобо́лин
Тобольди́н
Товка́ч
Товмася́н
Товстогу́б
Товстоно́гов
Товя́нский
Тога́ев
Того́ев
Тогуно́в
То́доров
Тодо́рский
То́дрин
Тока́нов
То́карев
Токарже́вский
То́карь
Токе́ев

Токмако́в	То́лтин	Топты́гин	То́цкий
Токмачёв	Толубе́ев	Топтыко́в	Точёнов
Токомба́ев	Толуза́ков	Топче́ев	Точёный
Токсанба́ев	То́луш	Топче́енко	Точи́лин
То́ксов	Толча́к	То́пчиев	Точи́лкин
То́лбин	Толча́нов	Топчи́лов	Точи́нин
Толбу́зин	Толче́ев	Торга́ев	Точи́сский
Толбу́хин	Толче́нов	Торгашёв	То́чкин
То́лин	Толчи́нский	Торгашо́в	То́щев
Толкачёв	Толы́пин	То́рго́в	Тра́вин
Толкаче́нко	То́льский	Торгова́нов	Трави́нкин
То́лков	Томали́нцев	Торгоне́нко	Тра́винов
Толко́вников	Томарёв	Торжко́в	Тра́вкин
Толкуно́в	Томаше́вич	То́рин	Тра́вников
Толма́джев	Томаше́вский	Тори́цин	Тра́гов
Толма́зов	Томашо́в	Тори́цын	Тра́йнин
Толма́сов	Томи́лин	То́рма́сов	Трапе́зников
Толмачёв	Томи́линский	Торо́вин	Тра́узов
Толмаше́вский	Томи́лкин	Торовко́в	Трафи́лин
Толобе́ев	Томи́лов	Торо́пин	Траха́нов
То́лов	То́мин	То́ропов	Трахтенбе́рг
Толокно́в	Томле́ев	То́ропцев	Тра́хтеров
Толоко́льников	Томле́нов	Торопчи́н	Траче́вский
Толоко́нников	То́мов	Торопчи́нов	Тре́бесов
Толоко́нов	Томпако́в	То́рохов	Тре́бин
Толоче́нков	То́мский	Торочёшников	Требуно́в
Толочко́в	Тонашёв	Торочко́в	Требу́хин
Толпе́кин	То́нин	Торсу́ев	Требу́шный
То́лпин	Тонкачёв	Торсуно́в	Треви́зский
Толпы́гин	То́нкин	Торуба́ров	Тре́гер
То́лстиков	То́нко́в *	Торхачёв	Трегубе́нко
Толсти́хин	Топа́зов	Торцо́в	Трегубе́нков
Толсто́в	Топи́лин	Торчако́в	Трегу́бов
Толсто́й	То́пников	То́рчиков	Тредиако́вский
Толстопя́тов	То́пов	Торчи́нский	Тредьяко́вский
Толстоу́сов	Топо́лин	То́ршин	Трезво́в
Толстоше́ин	Топольско́в	Тоска́ев	Тре́лин
Толстуно́в	Топорко́в	Тоскуно́в	Трема́скин
Толсту́хин	Топоро́в	Тотле́бен	Тренёв *
Толсты́х	Топоро́вский	Тото́лин	Трензи́нский
Толстяко́в	Топо́шин	То́хтиев	Тре́нин

Треногин	Троицкий	Трубицын	Трясучкин
Трепакин	Тройкин	Трубкин	Тубалов
Трепалов	Тройницкий	Трубников	Тубанов
Трепененков	Тронев	Трубнов	Туберозов
Трепетовский	Тронин	Трубочкин	Туболкин
Треплев	Тронинин	Трубчанинов	Тубольцев
Трепов	Тропкин	Трудов	Тубышкин
Треполин	Тропов	Трудолюбов	Тувин
Трескин	Троповский	Трудочистих	Туганов
Трескунов	Тросенко	Трукшин	Тугарёв
Трестин	Троскин	Трулов	Тугарин
Третьяков	Троскуров	Трунаев	Тугаринов
Третюхин	Тростин	Трунин	Тугиев
Треухов	Тростников	Трунов	Тугов
Трефилов	Тростянский	Трупбердин	Туголесов
Трефильев	Трофилеев	Трусенев	Туголуков
Трефолев	Трофименко	Трусканов	Тугучёв
Трехдённог	Трофимёнков	Трусков	Тудоровский
Трехметьев	Трофимов	Трусов	Тужиков
Трехов	Трохачёв	Трусоцкий	Тужилкин
Трещев	Трохов	Трутнев	Тужилков
Трещенков	Троцкий	Трутовский	Туздунов
Трещов	Трошанов	Труфанов	Тузиков
Тригорин	Трошев	Труханов	Тузков
Трилецкий	Трошин	Трухачевский	Тузов
Тринитатов	Трошкин	Трухин	Туйгин
Тринклер	Трошков	Трухменский	Тукарёв
Триполитов	Трошнев	Трухтанов	Тукачёв
Трипунов	Троян	Трушин	Тукмаков
Трипушкин	Троянов	Трушкин	Тукмачёв
Трирбдов	Трояновский	Трушков	Туков
Трифанов	Трубаров	Трындин	Тулаев
Трифилов	Трубачёв	Трынов	Тулебаев
Трифонов	Трубачевский	Трюхин	Туленков
Триханов	Трубёнков	Трякин	Туликов
Тришатов	Трубецкий	Трянин	Тулин
Тришкин	Трубецкой	Трянкин	Тулинов
Троекуров	Трубилов	Тряпицын	Тулисов
Троепольский	Трубин	Тряпичкиһ.	Тулпичкин
Троеруков	Трубихин	Трясов	Тулубов
Тройлов	Трубицин	Трясунов	Тулубьев

Тулу́пников
Тулу́пов
Ту́лу́шев
Тульчи́нский
Туляко́в
Тумако́в
Тума́нин
Тума́нов
Тума́нский
Тума́нцев
Туманя́н
Тумарёв
Тума́рин
Тума́ркин
Тума́сов
Тума́шев
Тумко́вский
Ту́нёв
Ту́нин
Туни́цкий
Туни́цын
Ту́нкин
Тунко́в
Тупа́нов
Тупи́кин
Ту́пико́в
Тупи́цын
Тупичёв
Тупи́чкин
Ту́пов
Ту́полев
Тура́ев
Турако́в
Тура́нов
Турби́н
Турга́нин
Турга́нов
Турге́нев
Турда́зов
Туре́нин
Туре́цкий

Туржа́нский
Тури́ев
Тури́лин
Ту́рин
Турка́нов
Ту́ркин
Турлыко́в
Турмачёв
Туробоев
Ту́ров
Туро́вников
Туро́вский
Туро́вцев
Ту́рок
Ту́рский
Турсунку́лов
Турта́нов
Туру́нов
Туруру́шкин
Турусбе́ков
Туру́сов
Туру́тин
Турча́нин
Турчани́нов
Турче́нков
Ту́рчин
Турчи́нов
Турчи́хин
Туры́гин
Тута́ев
Тута́ринов
Тутко́вский
Ту́тов
Тутрю́мов
Туту́ркин
Туты́хин
Туты́шкин
Ту́фелькин
Тухаче́вский
Ту́хин
Ту́чин

Тучко́в
Тучни́н
Туша́р
Ту́шин
Туши́нский
Тушке́вич
Тушно́в
Тушуно́в
Туяко́в
Тхапса́ев
Тхорже́вский
Тча́нников
Тыжно́в
Ты́кин
Тыкли́нский
Тымоше́вский
Тынчеро́в
Тыня́нов
Ты́рин
Тырно́в
Ты́рто́в
Тытаре́вский
Ты́чин
Тычи́на
Тычко́в
Ты́шев
Тышке́вич
Тюба́лин
Тю́знев
Тюко́в
Тюле́нев
Тюле́нин
Тюленько́в
Тю́лин
Тюльме́нков
Тю́льнев
Тюльпа́нов
Тюмако́в
Тюме́нев
Тюне́ев
Тю́нтин

Тю́нькин
Тюнько́в
Тюня́ев
Тюпа́ев
Тюре́мнов
Тю́риков
Тю́рин
Тю́ричев
Тю́рников
Тюряко́в
Тю́син
Тюте́нин
Тю́тиков
Тю́тин
Тю́тчев
Тю́тькин
Тютю́кин
Тютю́нников
Тютюрёв
Тюфа́ев
Тюфа́нов
Тю́хин
Тюхтенёв
Тягло́в
Тягуно́в
Тя́жев
Тяминдя́ров
Тя́мичев
Тя́пкин
Тя́пков
Тя́пло́в
Тяпу́гин
Тя́пушкин
Тя́пышев
Тя́тин

У

У́аров
Убе́йко

Уборе́вич
Ува́дьев
Ува́ркин
Ува́ров
Уве́ртышев
У́вин
Уга́ров
Угло́в
У́голёв
Уго́льников
Уго́рский
Угрю́м-Бурче́ев
Угрю́мов
Удави́хин
Уда́лкин
Удало́в
Удальцо́в
Уда́чин
Уде́льнов
У́дов
Удо́тов
Уёмов
Ужа́нов
У́же́нцев
Ужо́нков
Узде́ников
Узде́чкин
Узди́н
Узелко́в
У́зин
Узи́хин
Узко́в
У́зликов
Узло́в
Узо́ров
Узуно́в
Узю́мов
Узя́нов
Уко́лов
Укра́инский
Укра́инцев

У́ксусников
У́ку́сов
Уланбе́ков
Ула́нов
Ула́новский
Ула́нцев
Ула́нчев
Уле́дов
Уле́нков
Уле́сов
Ули́ссов
Ули́тин
Ули́цкий
Улуба́бов
Улу́пов
Улухпа́ев
Улы́бкин
Улы́бышев
Ульджаба́ев
У́льев
Улья́ненков
Улья́нин
Улья́нинский
Улья́нов
Улья́хин
Уляни́цкий
Умане́ц
Ума́нский
Уме́ренков
У́мников
Умно́в
Умня́гин
Умняко́в
У́мня́шкин
Умов
Умри́хин
Ундо́льский
Унжако́в
Унко́вский
У́нксов
Упа́тов

У́пит
Упо́ров
Ура́ев
Уразба́хтин
Ура́зов
Ура́лец
Ура́лов
Ура́льский
Ура́ндин
Ура́нов
Ура́сов
Урва́ев
Урванцо́в
Урвачёв
Уре́нев
Уре́цкий
У́рин
У́ринов
Уринсо́н
Ури́цкий
Урла́пов
У́рли́н
Урма́ев
У́рнев
Уро́дков
Уро́ев
Уруйма́гов
Урунче́й
Уру́сов
Урыва́ев
Урысо́н
У́рьев
Урю́пин
У́с
Уса́гин
Уса́нкиг
Уса́нов
Уса́тин
Усачёв
Усва́тов
Усе́йнов

Усенба́ев
Усе́нко
Усе́рдов
Усие́вич
У́сиков
Уситко́в
Уско́в
У́слар
Усма́нов
У́сов
Усо́лов
Усо́льцев
Усо́скин
Успе́нский
Уста́лов
У́стиев
У́стин
Усти́нкин
Усти́нов
Устино́вский
Устияно́вич
Устраши́мов
Устра́шкин
Устро́ев
Устря́лов
Устья́нов
Устья́нцев
Устюго́в
Устюжа́нин
Устюжа́нинов
Устюко́в
Устя́нцев
Усы́нин
Усы́пин
Усы́скин
Усы́шкин
Усю́кин
Уте́вский
Утеми́сов
Утёнко́в
Утёсов

Уте́хин
Уте́шев
У́тин
У́ткин
У́тлик
У́тлин
У́то́лин
У́точкин
Утро́бин
Утро́пов
Уту́кин
Уты́льев
Утя́тин
Уфа́ев
Уфи́мцев
Уха́лов
Уха́нов
Уха́ров
Ухва́тов
Ухи́н
Ухли́н
Ухли́нов
У́хов
Уховёртов
Ухо́рский
Ухти́щев
Ухто́мский *
Ухудша́нский
Уцми́ев
Уша́ев
Ушако́в
Уша́нов
Уша́тиков
Уша́цкий
Уше́нин
Ушере́нко
У́ше́ров
Уши́нский
Ушка́лов
Ушко́в
У́шников

Ущёкин
Уще́рбов
У́ютнов

Ф

Фабисо́вич
Фабо́рин
Фа́бриков
Фаво́ров
Фаво́рский
Фагу́тов
Фадде́ев
Фаде́ев
Фа́дин
Фадю́шин
Фа́ерман
Фазы́лов
Файбуше́вич
Фа́йер
Файзи́
Фа́йкин
Файко́
Фа́йнберг
Файнште́йн
Факторо́вич
Фалале́ев
Фалале́й
Фа́лёв
Фале́ев
Фа́лин
Фалу́нин
Фальке́вич
Фалько́в
Фалько́вич
Фалько́вский
Фа́мин
Фа́минцын
Фа́мусов
Фана́рин

Фанари́тов
Фанатю́к
Фанде́ев
Фандю́шин
Фани́ев
Фа́нин
Фанта́лов
Фаны́гин
Фарапо́нов
Фарафо́нов
Фа́рбер
Фа́рберов
Фармазо́нов
Фармако́вский
Фа́рманов
Фарпу́хин
Фа́ртуков
Фарту́нин
Фарша́тов
Фасо́лькин
Фа́стов
Фатали́ев
Фате́ев
Фатиго́ров
Фа́ти́н
Фа́ткин
Фатку́лин
Фа́тнев
Фа́тов
Фату́ев
Фатхину́ров
Фатья́нов
Фа́устов
Фа́финов
Февралёв
Фе́денёв
Фе́дечкин
Фе́дин
Феди́нин
Фе́дичкин
Фе́днев

Федо́мов
Федоне́нков
Федоре́нко
Федо́рин
Федори́нин
Федо́ринов
Федо́ричев
Фёдоров
Федоро́вич
Федоро́вский
Федору́к
Федо́рцев
Федо́рченко
Федорчу́к
Федосе́ев
Федосе́енко
Федо́сов
Федо́сцев
Федо́сьев
Федо́тенков
Федо́тиков
Федо́ткин
Федо́тов
Федо́тчев
Федо́тычев
Федо́тьев
Федула́ев
Феду́лов
Федуля́ев
Феду́нов
Феду́ркин
Феду́тинов
Федцо́в
Фе́дченко
Феды́нский
Фе́дькин
Федько́вич
Федю́кин
Федюко́в
Федю́нин
Федю́шин

Федю́шкин	Ферфи́чкин	Фи́ликов	Финоге́нов
Федюшо́в	Фесе́нко	Филимо́ненков	Финóхин
Федя́ев	Фесе́нков	Филимо́нов	Фиоле́тов
Федя́кин	Фе́сик	Фи́лин	Фио́нов
Федяко́в	Фе́скин	Фи́линов	Фио́шкин
Федя́нин	Фесько́в	Фили́пов	Фи́рин
Федя́нов	Фети́сов	Фили́ппкин	Фирко́в
Федя́чкин	Феткýлин	Фили́ппов	Фиро́нов
Федя́шев	Фетцо́в	Фили́ппович	Фи́рсов
Федя́шин	Фетюко́вич	Фили́ппо́вский	Фи́рстов
Фе́йгельсо́н	Фетю́шкин	Фили́ппчиков	Фи́рхов
Фе́йги́н	Фефе́лов	Фили́пьев	Фирю́бин
Фейзуха́нов	Фе́фер	Фи́личев	Фисе́нко
Фе́йнберг	Фефи́лов	Фи́личкин	Фи́скин
Фекли́сов	Феша́нков	Филли́пов	Фи́стов
Фели́нский	Фе́шин	Филовери́тов	Фисуно́в
Фе́личев	Фе́шкин	Филоне́нко	Фитиле́в
Фе́льгин	Фиа́лкин	Филоне́нко-Бороди́ч	Фи́тин
Фе́льдман	Фиа́лков	Фило́нов	Фицо́вский
Фе́льтен	Фиалко́вский	Филосо́фов	Фицхелау́ров
Фе́нев	Фиве́йский	Фильгачёв	Фи́шелёв
Фе́никсов	Фи́глин	Фи́лькин	Фи́шер
Фе́нин	Фи́гнер	Филько́в	Фи́шеров
Феноге́нов	Фиго́вский	Фи́льчев	Фи́шкин
Феодори́тов	Фиго́тин	Фи́льченко	Фи́шман
Феодо́син	Фигу́рин	Фильшти́нский	Фищуко́в
Феодо́сьев	Фигу́рков	Филюко́в	Флави́цкий
Феодо́тьев	Фигу́рно́в	Фи́лю́шкин	Флего́нтов
Феоду́лов	Фигуро́вский	Филя́ев	Флёров
Феокти́стов	Фиде́лёв	Филяко́в	Флеро́вский
Феопеми́тов	Фидиа́сов	Фи́мин	Флие́р
Феофа́нов	Фи́дман	Фина́гин	Флио́рин
Феофила́ктов	Фи́зин	Фина́ев	Флоре́нский.
Феофила́нтов	Физули́	Фи́нгеров	Флоре́нтьев
Феофи́лов	Филаре́тов	Фине́нко	Фло́рин
Ферапо́нтов	Фила́сов	Фине́нков	Флори́нский
Фе́рберов	Фила́ткин	Фине́шин	Фло́ров
Фе́рдман	Фила́тов	Фи́ников	Фло́тов
Фере́	Фила́то́вский	Фини́сов	Флю́ков
Фермо́р	Фила́тьев	Финкельште́йн	Фля́гин
Фе́рсман	Филенко́в	Финоге́ев	Фля́нов

Фо́гель	Фра́енов	Фру́мов	Ха́ев
Фогу́лин	Фра́йман	Фру́нзе	Хае́нко
Фойни́цкий	Фрака́сов	Фры́кин	Хаза́н
Фоке́ев	Франгу́лов	Фула́дов	Хаза́нов
Фо́кин	Франко́	Фунзи́нов	Хаза́рин
Фоломе́ев	Фра́нцев	Фу́нин	Хази́зов
Фоло́мин	Францу́зов	Фу́нтиков	Ха́зин
Фоло́мкин	Фра́ткин	Фура́ев	Ха́зов
Фо́льгин	Фре́зеров	Фура́нов	Ха́икин
Фо́лькин	Фре́йдберг	Фурду́ев	Ха́имов
Фоме́нко	Фре́йдин	Фурле́тов	Хаимча́ев
Фоми́н	Фре́йдкин	Фу́рман	Ха́имчик
Фоми́нов	Фре́йдлин	Фу́рманов	Ха́инсов
Фоми́нский	Фре́йдман	Фурначёв	Хайдуко́в
Фоми́ных	Фре́йман	Фу́рсов	Ха́йзников
Фо́мичёв	Фре́йтаг	Фу́рцев	Ха́йкин
Фо́мкин	Френёв	Фу́стов	Ха́йло́в
Фо́мушкин	Фре́нкель	Фу́тлик	Хаймо́вич
Фонако́в	Фре́нкин	Фуфа́ев	Хайратди́нов
Фонарёв	Фре́нцель	Фуфае́вский	Хайретди́нов
Фонби́зин	Фри́дер	Фуфко́в	Хайру́лин
Фонви́зин	Фри́дкин	Фуфлы́гин	Ха́йтин
Фо́нин	Фридле́ндер	Фы́ров	Ха́йтов
Фонско́в	Фри́длянд		Хала́нский
Форафо́нов	Фри́дман		Хала́псин
Форма́льский·	Фри́днин	X	Хала́тов
Фо́рмин	Фридо́лин		Халде́ев
Формо́зов	Фри́дрих	Хаба́ев	Халди́н
Фо́рстен	Фри́че	Хаба́лов	Хале́ев
Форти́нский	Фро́дин	Хаба́ров	Хале́зов
Фо́ртов	Фро́йченко	Хабибу́лин	Хале́цкий
Фортуна́тов	Фроле́нко	Хава́нов	Хали́ев
Фо́ртус	Фроле́нков	Ха́вин	Хали́зов
Фо́рченко́в	Фро́ликов	Ха́вкин	Халиле́ев
Фо́скин	Фро́лкин	Хавро́нин	Халилу́лин
Фо́тин	Фролко́в	Хавро́шкин	Ха́лин
Фо́тнев	Фроло́в	Хаврю́кин	Хали́пов
Фотья́нов	Фружко́в	Хаврюко́в	Халла́ев
Фра́дин	Фрулёв	Ха́вчин	Халту́рин
Фра́дкин	Фру́мин	Хаджа́ев	Халту́рцев
Фрадко́в	Фру́мкин	Хаджи́ев	Ха́лфин

Халы́мов	Ханы́гин	Ха́рчев	Хвощи́нский
Халю́зин	Ханы́ков	Харче́вников	Хве́дин
Халю́тин	Хапа́ев	Ха́рченко	Хве́син
Халя́вский	Хапа́лов	Харько́	Хво́ев
Халя́нин	Хапи́лин	Ха́рько́в	Хво́льсон
Хаме́тов	Ха́пкин	Харюко́в	Хво́риков
Хамзи́н	Хапко́	Хаса́нов	Хворо́бьев
Хами́дов	Ха́пов	Ха́сиков	Хво́ров
Хамиду́ллин	Хапро́в	Ха́син	Хворости́н
Хами́зов	Хапу́гин	Ха́скин	Хворости́нин
Хами́тов	Хараблёв	Хаспула́тов	Хворости́нов
Ха́мкин	Хараге́зов	Хасу́лин	Хвосте́нко
Хамко́в	Хара́дзе	Хасья́нов	Хвосте́нков
Хамо́вников	Хара́зов	Хася́нов	Хвосто́в
Хана́ев	Хара́тов	Ха́тин	Хвостуно́в
Хана́кин	Ха́рджиев	Хату́нцев	Хвощёв
Хана́нин	Харе́бов	Ха́устов	Хе́велёв
Хана́нов	Харизоме́нов	Хафи́зов	Хевро́лин
Хана́пов	Ха́рик	Хаха́ев	Хе́йдеман
Ханаса́ров	Ха́рин	Ха́халёв	Хе́йфец
Ханбе́ков	Ха́ринов	Хаха́лин	Хеле́мский
Хандами́ров	Харисто́нкин	Хаха́лов	Хелту́хин
Ханджя́н	Харито́нов	Хаха́мов	Хемни́цер
Хандка́ров	Харито́нчиков	Хаха́нов	Хе́нвин
Хандо́бин	Ха́ричкин	Хахилёв	Хе́нин
Хандо́гин	Харичко́в	Ха́хин	Хе́нкин
Хандоми́ров	Харке́вич	Хаце́рнов	Хе́нцин
Хандо́шкин	Харлако́в	Хацимо́вский	Хера́сков
Ха́ндриков	Харла́мов	Хачату́ров	Херуви́мов
Ха́ндри́н	Харла́мпиев	Хачатурья́н	Херуви́мский
Ханду́рин	Харла́нов	Хачатуря́н	Хе́син
Хане́вский	Харла́пко	Хаю́ров	Хе́ссин
Хане́нко	Харла́шин	Хаю́тин	Хетагу́ров
Ханжо́нков	Ха́рликов	Хвале́бнов	Хечу́мов
Ха́нин	Ха́рло́в	Хвали́бов	Хидоя́тов
Ха́нкин	Харлу́шкин	Хва́лин	Хи́жин
Ханко́в	Хароди́нов	Хвата́йко	Хижи́нский
Ха́нников	Харпа́кин	Хвата́лин	Хижня́к
Ха́нов	Ха́ртин	Хва́ткин	Хижняко́в
Хануко́в	Хару́зин	Хватко́в	Хилимо́нчиков
Хану́мов	Харха́рдин	Хва́тов	Хилко́в

Хи́лов	Хлопе́нков	Хова́ев	Хо́лминов
Хильке́вич	Хло́пиков	Хова́нов	Хо́лмов
Хилько́	Хло́пин	Хова́нский	Холмого́ров
Хилько́в	Хлопко́в	Хо́врин	Хо́лмский
Химако́в	Хло́пов	Хо́вский	Холмя́нский
Химу́хин	Хлопо́тин	Ходако́в	Холоба́ев
Химу́шин	Хлопотуно́в	Хо́дарев	Холоде́нко
Хи́нчин	Хлопу́ша	Хода́рин	Холоди́лин
Хинчу́к	Хлопу́шкин	Ходасе́вич	Холодко́в
Хи́рин	Хло́пченко	Ходата́ев	Холодно́в
Хи́рно́в	Хло́пьев	Хода́шев	Холо́дный
Хи́ров	Хлудко́в	Ходе́ев	Хо́лодов
Хирьяко́в	Хлу́дов	Ходжами́ров	Холо́мин
Хисмату́лин	Хлудяко́в	Хо́дзько	Холомо́нов
Хи́тарёв	Хлуно́в	Хо́дин	Холо́пов
Хито́нов	Хлу́пов	Хо́дкин	Хо́лостов
Хи́трик	Хлу́сов	Ходко́в	Холостяко́в
Хитри́н	Хлы́бов	Ходко́вский	Холще́вников
Хитро́в	Хлы́зов	Хо́днев	Хользуно́в
Хитрово́	Хлы́нин	Хо́дов	Холько́в
Хи́чин	Хлы́нов	Ходорко́в	Холя́ва
Хи́шин	Хлысто́в	Хо́доров	Хоме́нко
Хла́днев	Хлю́пин	Ходоро́вский	Хоме́нко́в
Хла́мов	Хлю́стиков	Ходо́рский	Хо́ми́н
Хла́тин	Хлю́стин	Ходо́сов	Хоми́ч
Хлеба́лин	Хлюсто́в	Хо́дотов	Хомичёв
Хле́бин	Хмаре́нко	Хо́дский	Хо́мский
Хлебко́в	Хма́ров	Хо́дцев	Хомуто́в
Хле́бников	Хмелёв	Ходы́кин	Хому́тский
Хле́бов	Хмеле́вский	Хо́дырёв	Хо́мченко
Хлебопро́сов	Хмели́нский	Хожа́лов	Хомя́кин
Хлебто́вский	Хмелько́в	Хожа́ткин	Хомяко́в
Хлебу́тин	Хме́льников	Хоза́к	Хомя́нин
Хлема́нов	Хмельни́цкий	Хози́ев	Хо́нчев
Хлестако́в	Хмельно́в	Хо́зин	Хопро́в
Хлеста́нов	Хмы́зов	Хозя́инов	Хора́ва
Хлёсткин	Хмылёв	Хола́мов	Хораса́нов
Хлёсто́в	Хнерко́в	Холима́нов	Хо́рев
Хлимако́в	Хны́жев	Хо́лин	Хоре́вин
Хлобу́щин	Хны́кин	Хо́личев	Хорже́вский
Хло́мов	Хо́ботов	Холмако́в	Хо́рин

Хороби́ткин
Хоробры́х
Хорово́дько
Хорохо́рдин
Хорохо́рин
Хороша́вин
Хороша́вка
Хороша́ев
Хороша́йло
Хоро́шев
Хороши́лкин
Хороши́лов
Хоро́шкин
Хоро́шко
Хорошко́в
Хоруже́нко
Хору́нжин
Хо́рцев
Хорько́в
Хорьяко́в
Хорю́ткин
Хорю́шкин
Хоси́дов
Хоста́тов
Хоте́ев
Хоте́нко
Хоти́ев
Хо́тин
Хоти́нский
Хоткевич
Хото́мский
Хо́тулёв
Хотя́нов
Хохлако́в
Хо́хликов
Хохло́в
Хохло́вкин
Хохлу́шин
Хохлю́шкин
Хо́холев
Хохряко́в

Хоху́лин
Хоца́нов
Хоциа́лов
Хоця́нов
Храбро́в
Храбско́в
Хра́мов
Храмо́чин
Граму́шин
Храмцо́в
Гра́мченко
Хра́нов
Храпа́ч
Хра́пин
Хра́пкин
Храпко́в
Хра́пов
Храповицкий
Храпо́вский
Храпо́нов
Храпо́нчев
Храпу́гин
Храпуно́в
Храпченко
Хребто́в
Хре́кин
Хре́лков
Хре́нкин
Хре́нников
Хрено́в
Хржано́вский
Хризоли́тов
Хрипко́в
Хрипуно́в
Хрипу́шин
Хриса́нов
Хрисо́нфов
Христиано́вич
Христи́нин
Христофо́роъ
Хританко́в

Хри́тин
Хроба́стов
Хро́мин
Хро́мов
Хромо́й
Хрому́шкин
Хромцо́в
Хро́мченко
Хромя́гин
Хро́нин
Хро́пов
Хрулёв
Хруни́дов
Хру́ничев
Хру́сло́в
Хрусталёв
Хрустачёв
Хрусто́в
Хру́цкий
Хрушко́в
Хрущёв
Хрущо́в
Хрыженко́в
Хры́нин
Хрычёв
Хрю́кин
Хрю́ков
Хрю́мин
Хря́вин
Хря́ков
Хря́пин
Хря́пкин
Хря́пов
Хря́щёв
Хря́щиков
Ху́бов
Худа́дов
Худайда́дов
Ху́дин
Худо́бин
Ху́дов

Худо́жников
Худоле́ев
Худоло́жкин
Худоро́жков
Худосо́вцев
Худоя́ров
Худяко́в
Хурги́н
Ху́рти́н
Ху́торев
Хуторе́цкий
Хуто́рский
Хутро́в
Ху́хриков
Ху́хри́н

Ц

Ца́бель
Цагаре́ли
Ца́гин
Цаго́лов
Ца́лкин
Цапа́нов
Ца́пкин
Ца́плин
Ца́пцин
Цара́пкин
Цара́пов
Царёв
Царе́вский
Царегоро́дцеі
Царегра́дски
Ца́рик
Ца́риков
Ца́рин
Цари́цын
Царско́в
Царько́в
Ша́ткин

Цату́ров
Цатуря́н
Цахи́лов
Ца́цкин
Цацу́лин
Цва́нкин
Цва́нов
Цвета́ев
Цве́тиков
Цветко́в
Цве́тов
Цвету́хин
Цви́линг
Цви́рка
Цебе́нко
Цебо́ев
Цебриков
Цего́ев
Цеди́лин
Це́йров
Це́йтлин
Целибе́ев
Цели́кин
Це́ликов
Це́лихов
Цели́щев
Целко́в
Целова́льников
Целу́ев
Цемко́
Це́нин
Це́нкин
Цепа́ев
Цепи́цин
Цепко́в
Цепно́в
Цера́ский
Цереви́тинов
Церези́н
Церко́вников
Це́ртелев

Цеса́рский
Цесе́вич
Це́ткин
Це́тлин
Цехано́вецкий
Цехано́вич
Цеховре́бов
Цешко́вский
Циба́рёв
Цибезов
Цибизов
Ци́бин
Циби́рёв
Цибу́лько
Цибу́льский
Циве́лёв
Ци́вин
Ци́влин
Циво́лько
Цига́ль
Цигле́ев
Цигулёв
Цигу́ров
Ци́зин
Ци́кин
Ци́клин
Цикли́нский
Цикуно́в
Ци́лов
Ци́льман
Цимба́лов
Цимбу́лов
Цимбу́рский
Ци́ммерма́н
Ци́мрин
Ци́нгер
Ци́нёв
Цино́вский
Ци́нский
Циолко́вский
Цио́н

Цио́нский
Ци́пин
Ци́пкин
Цире́нщиков
Цире́шкин
Ци́ркин
Ци́рков
Ци́рлин
Циру́льников
Цито́вич
Ци́трин
Цитри́нник
Ци́феров
Цифрионо́вич
Цицаре́нко
Цица́рин
Цициа́нов
Ци́циков
Ци́цин
Ци́ци́нов
Цовья́нов
Цо́глин
Цо́диков
Цома́ев
Цома́ртов
Цо́фин
Цука́нов
Цу́керма́н
Цуке́рник
Цу́кро́в
Цуку́ров
Цумарёв
Цура́нов
Цуренко́в
Цу́риков
Цурко́в
Цуха́нов
Цуца́ев
Цуцко́в
Цыбаче́нко
Цыбе́нко

Цы́бизов
Цыбиков
Цы́бин
Цы́бло́в
Цыбро́в
Цыбу́кин
Цыбу́льский
Цыбуно́в
Цывенко́в
Цыга́н
Цыга́нкин
Цыганко́в
Цыга́нов *
Цыга́рченко
Цыге́йкин
Цыдынжа́пов
Цыка́лов
Цы́кин
Цы́клин
Цы́лёв
Цымба́л
Цы́нский
Цыпеню́к
Цы́пин
Цы́пкин
Цыплако́в
Цыплёнков
Цы́пло́в
Цыплуно́в
Цыплу́хин
Цыпляко́в
Цыпу́рский
Цы́ркин
Цы́рлин
Цырулёв
Цы́син
Цыто́вич
Цыфи́ркин
Цыца́рин
Цюру́па
Цявло́вский

Ч

Чаада́ев
Чабане́нко
Чаба́нов
Чабро́в
Чабукиа́ни
Ча́гин
Чада́ев
Чадара́ин
Ча́дин
Чадо́вич
Ча́дский
Ча́ду́шкин
Чае́нко
Ча́зов
Чайва́нов
Ча́йка
Ча́йкин
Чайко́в
Чайко́вский
Ча́клин
Чако́вский
Чакры́гин
Чалбу́сов
Чалды́мов
Ча́лик
Ча́ликов
Ча́лкин
Чалма́ев
Ча́лов
Чалу́сов
Ча́лый
Ча́лых
Ча́лышев
Чандве́цкий
Ча́нкин
Ча́нко́в
Ча́нов
Ча́нцев
Ча́нышев

Чапа́ев
Чапли́ев
Ча́плин
Чапли́нский
Чапли́цкий
Чаплы́гин
Чапни́н
Чапуно́в
Чапу́рин
Чапы́гин
Ча́ркин
Чарко́вский
Чармо́сов
Чарнко́
Чарнолу́ский
Чароде́ев
Ча́рский
Чартко́в
Чаруко́вский
Чару́хин
Чару́шин
Чару́шников
Ча́рцев
Чары́гин
Часови́тин
Часо́вников
Чатро́в
Чауко́вский
Чау́сов
Чау́сский
Ча́хирёв
Чахмахчёв
Чахмачёв
Ча́цкий
Ча́чин
Ча́шкин
Ча́шников
Ча́щин
Чва́нкин
Чва́нов
Чвелёв

Чве́рткин
Чвико́в
Чви́ров
Чебако́в
Чебане́нко
Чеба́нов
Чеба́ров
Че́бичев
Чеблако́в
Чеблуко́в
Чебора́ков
Чебота́ев
Чеботарёв
Чеботаре́вский
Чебу́нин
Чебура́хин
Чебуты́кин
Чебы́лкин
Чебышёв
Чеваже́вский
Чева́ки́нский *
Че́вкин
Чеворда́ев
Чевчеха́нов
Чевычёлов
Че́гин
Чегло́в
Чегода́ев
Чего́дин
Чего́тов
Чейшви́ли
Чекалёв
Чекале́вский
Чека́лин
Чекали́нский
Чека́лкин
Чека́лов
Чека́ндин
Чекани́хин
Чека́нов
Чекано́вский

Чекарёв
Чека́рин
Чекарна́ев
Че́кин
Чеклашёв
Чеклецо́в
Чекма́зов
Чекмарёв
Чекмачёв
Че́ков
Чекри́зов
Чекры́гин
Чекрыжо́в
Чекряко́в
Чекула́ев
Чекуна́ев
Чеку́нин
Чекунко́в
Чекуно́в
Чеку́ров
Чеку́шин
Чеку́шкин
Чела́хов
Челба́ев
Челенко́в
Чели́ев
Че́лин
Чели́нцев
Челно́вский
Челноко́в
Челоби́тчиков
Челпа́нов
Че́лышев
Чельцо́в
Челю́скин
Челя́гин
Челя́дин
Челя́дников
Челя́ев
Челя́пов
Чембарёв

Чембарцев
Чемерницкий
Чемесов
Чемоданов
Чемодуров
Чемякин
Ченин
Ченцов
Чепайкин
Чепанов
Чепелёв
Чепелевский
Чепелюгин
Чепиков
Чепкунов
Чеплугов
Чеплыгин
Чепляев
Чепраков
Чепреев
Чепрунов
Чептович
Чепузов
Чепурин
Чепурковский
Чепурнов
Чепурной
Чепурняк
Чепуров
Чепцов
Чепыжев
Чепырёв
Чепышев
Черваков
Червин
Червинский
Червонный
Червонцев
Червоткин
Червочкин
Червяков

Червяковский
Червянский
Чердаков
Черданцев
Череватый
Череватцкий
Черевин
Чередеев
Чередилов
Чередник
Чередниченко
Чередов
Черезов
Черёмин
Черемисин
Черемисинов
Черемисов
Черемных
Черёмухин
Черёмушкин
Черемшанский
Черемшин
Черенков
Черенов
Черепанов
Черепахин
Черепахов
Черепашинский
Черепенин
Черепенкин
Черепицын
Черепков
Черепнёв
Черепнин
Черепов
Черепушкин
Черетов
Черешнев
Чериков
Черкалов
Черкасов

Черкасский
Черкашин
Черкесов
Черкизов
Черкинский
Черков
Черкунов
Чермак
Чермашенцев
Черменский
Чернавин
Чернавский
Чернаков
Чернашкин
Черневич
Черненко
Черненков
Чернецов
Чернечков
Чернигов
Черниговский
Черникин
Черников
Чернин
Черницын
Черниченкин
Черничкин
Чернобородов
Чернобровин
Чернобровцев
Чернобылин
Чернобыльский
Чернов
Черновалов
Черновицкий
Черногалов
Черноглазов
Черногоров
Чернозубов
Чернокозов
Черноласкин

Черномазов
Черномордик
Черномордиков
Черноморский
Чернопащенко
Чернопятов
Черноротов
Черносвитов
Черносов
Черноусенко
Черноусов
Чернухин
Чернухов
Чернушкин
Чернцов
Чёрный
Черных
Чернышёв
Чернышевский
Чернышков
Чернышов
Чернявин
Чернявский
Черняев
Черняк
Черняков
Черняховский
Чероков
Черпаков
Черпунов
Черский
Чертин
Чертков
Чертов
Чертогонов
Черток
Чертолин
Черюканов
Чесалкин
Чесалов
Ческий

Чесло́в
Чесмоча́ков
Чесно́в
Чесноко́в
Честне́йший
Честно́в
Честны́х
Честу́хин
Чета́ев
Четверго́в
Четверико́в
Четвертако́в
Четверту́шкин
Четверу́хин
Чёткин
Четко́в
Четуно́в
Четы́рин
Четы́ркин
Чеу́хов
Чефра́нов
Чеха́лов
Чеха́рин
Чехва́лов
Че́хнёв
Че́хов
Чехо́вский
Чехо́нин
Чехро́в
Чехтарёв
Чеча́ев
Чечеви́цын
Чечельни́цкий
Чече́нин
Чече́нкин
Чече́нский
Чече́нчев
Чечёткин
Че́чик
Че́чиков
Че́чин

Че́чнев
Чечно́в
Чечу́лин
Чечу́шкин
Чеши́хин
Чиауре́ли
Чи́бизов
Чибиня́ев
Чиби́рёв
Чи́бис
Чи́бисов
Чиби́щев
Чи́бриков
Чиварзи́н
Чи́виков
Чи́вилёв
Чи́вирёв
Чигарько́в
Чи́гин
Чигирёв
Чиги́рин
Чиго́рин
Чигри́нов
Чигри́нцев
Чигуно́в
Чигу́рин
Чиже́вич
Чиже́вский
Чи́жик
Чи́жиков
Чижи́тников
Чижко́в
Чижо́в
Чика́ев
Чика́лов
Чикама́сов
Чи́квин
Чи́килёв
Чи́кин
Чи́кирёв
Чики́ров

Чикли́н
Чикмачёв
Чикоба́ва
Чи́ков
Чикова́ни
Чи́колев
Чиколо́дков
Чикура́сов
Чили́кин
Чи́ликов
Чилинга́ров
Чилинги́ров
Чиля́ев
Чи́мин
Чи́минов
Чинарёв
Чиндо́рин
Чи́ненов
Чи́нкин
Чинко́в
Чи́нов
Чирви́нский
Чи́риков
Чи́рин
Чи́ркин
Чирко́в
Чирко́вский
Чиркуно́в
Чи́рский
Чи́рчик
Чи́рьев
Чирю́кин
Числи́ев
Чисто́в
Чисто́вич
Чистога́нов
Чисто́гов
Чистозво́нов
Чистопру́дов
Чистосе́рдов
Чистохва́лов

Чисту́хин
Чистяко́в
Чита́ев
Чита́я
Чиха́лин
Чихачёв
Чичаго́в
Чича́ев
Чичва́рин
Чичва́ркин
Чи́чев
Чиче́кин
Чичельни́цкий
Чиче́нин
Чиче́рин
Чи́черов
Чичерю́кин
Чичиба́бин
Чичи́гин
Чи́чиков
Чи́чин
Чичирю́кин
Чи́чкин
Чичко́в
Чичу́лин
Чка́лов
Чка́ников
Чле́нов
Чмелёв
Чмо́кин
Чму́тов
Чмы́хов
Чо́ков
Чо́колов
Чо́лин
Чо́рбов
Чо́рный
Чо́хов
Чубако́в
Чу́барёв
Чуба́ров

Чубарь
Чубенко
Чубенков
Чубин
Чубинашвили
Чубинидзе
Чубинский
Чубков
Чубов
Чубук
Чубуков
Чубунов
Чубчиков
Чубыкин
Чубырин
Чуваев
Чувакин
Чуваков
Чувалов
Чувахин
Чувашин
Чувашкин
Чувашов
Чувелёв
Чувенёв
Чуверин
Чувикин
Чувиков
Чувилин
Чувилкин
Чувырин
Чуваков
Чугаев
Чугреев
Чугуев
Чугуевский
Чугунихин
Чугунов
Чугунцев
Чугурин
Чудаев

Чудаков
Чударёв
Чударин
Чудин
Чудинов
Чудинский
Чуднов
Чудновский
Чудов
Чудовский
Чудодеев
Чудородов
Чуев
Чуенко
Чужак
Чужанин
Чуйков
Чукавин
Чукаев
Чуканов
Чукарёв
Чукарин
Чуквышкин
Чукин
Чукичев
Чуклин
Чуклов
Чуков
Чуковский
Чукреев
Чуксанов
Чукунчиков
Чулин
Чулицкий
Чулков
Чулок
Чулюков
Чумадин
Чумак
Чумаков
Чумалов

Чумандрин
Чуманенко
Чумбаров
Чумиков
Чумин
Чумичёв
Чумичкин
Чумко
Чунаев
Чунаков
Чунеев
Чунихин
Чунусов
Чупаков
Чупеев
Чупин
Чупов
Чуприков
Чуприн
Чупринов
Чупров
Чупрунов
Чупрыгин
Чупрыков
Чураев
Чураков
Чуранин
Чуранов
Чурбанов
Чуренков
Чурзин
Чуриков
Чурилин
Чурилов
Чурин
Чуринов
Чуриякин
Чурканов
Чуркин
Чурлин
Чурляев

Чурносов
Чурсин
Чурсинов
Чурюкин
Чусеев
Чусляев
Чусов
Чуткин
Чутких
Чуфаров
Чуфирин
Чуфистов
Чухаджян
Чуханов
Чухин
Чухланцев
Чухлебов
Чухнаков
Чухнов
Чухров
Чученков
Чучин
Чучкалов
Чучкин
Чучмарёв
Чучукин
Чушкин
Чуянов

Ш

Шабаев
Шабаин
Шабалов
Шабанов
Шабарин
Шабаров
Шабаршин
Шабаршов
Шабашкин

Шабашко́в	Ша́дский	Ша́мин	Ша́пошников
Шабашо́в	Шаду́рский	Ша́мкин	Шапува́ленко
Шабе́льников	Шайке́вич	Ша́мов	Шапу́ров
Шабе́льский	Шайко́в	Шамо́вский	Шапы́гин
Шабло́в	Шайта́н	Шамо́нин	Шарабри́н
Шабло́вин	Шайта́нов	Шамо́хин	Шара́нин
Шабло́вский	Шака́ров	Шамра́ев	Шара́пов
Шаблы́кин	Ша́кин	Шамра́евский	Шарафутди́нов
Ша́бболов	Шаки́ров	Шамри́цкий	Шара́шкин
Ша́брин	Шаку́ров	Шамро́в	Ша́рвин
Шабро́в	Шала́ев	Шаму́йлов	Шаргоро́дский
Шабу́нин	Шала́мов	Шамшарёв	Ша́рди́н
Шабу́ров	Шала́нин	Ша́мшев	Шаре́ев
Шабу́цкий	Шала́тов	Шамши́ев	Шаренко́в
Шава́рин	Шалау́ров	Шамши́н	Ша́риков
Ша́вёрнев	Шала́шников	Шамши́нов	Ша́рин
Ша́вкин	Шалгачёв	Шамшиня́н	Шари́пов
Шавкуно́в	Шалды́бин	Шамшуре́нков	Шарке́вич
Ша́волов	Ша́ликов	Шамы́кин	Шарко́
Ша́врин	Шали́лов	Шана́ев	Шарко́в
Шавро́в	Шали́мов	Шангале́ев	Ша́рликов
Шавруко́в	Шали́нов	Ша́нин	Шарма́нов
Шавы́кин	Шални́н	Шани́хин	Ша́рмин
Шавы́рин	Шалоу́мов	Ша́нкин	Ша́рников
Шага́ев	Шалтопа́ев	Шано́вич	Ша́ров
Шага́лин	Щалуно́в	Ша́нский	Шарова́тов
Шага́лов	Шалы́гин	Ша́нцев	Шаро́вский
Шага́нов	Шалько́в	Ша́нцер	Шарогла́зов
Шага́ров	Ша́льман	Шаншиашви́ли	Шаро́гов
Ша́гин	Ша́льнев	Шанши́ев	Шаро́ев
Ша́ги́нов	Ша́льников	Шаны́гин	Шаро́нин
Шагиня́н	Шально́в	Шаня́вский	Шаро́нов
Ша́гов	Шаля́пин	Шапа́тин	Шаро́хин
Шагу́ев	Шама́ев	Шапи́ро	Шару́тин
Шагуно́в	Шамарди́н	Шапи́ров	Шаршако́в
Шагу́рин	Шама́рин	Шапка́рин	Шары́гин
Шада́ев	Шама́ров	Ша́пкин	Шары́кин
Ша́дкин	Шама́шкин	Шапова́лов	Шары́пин
Ша́дов	Шамбу́ров	Шапо́рин	Шары́пов
Ша́дрин	Шаме́сов	Шапори́нский	Шаско́льский
Шадро́в	Шаме́хин	Ша́почкин	Ша́стик

Шата́гин
Шата́лин
Шата́лов
Шата́рин
Шателе́н
Шате́рников
Шати́лов
Шати́хин
Шатко́в
Ша́тов
Шато́лов
Шато́рин
Шато́хин
Шатро́в
Ша́тский
Шатуно́вский
Шау́лин
Шау́лов
Шаумя́н
Шау́хин
Шафаре́нко
Ша́феров
Шафигу́ллин
Шафи́ркин
Шафи́ров
Шафо́нский
Шафоро́стов
Шафра́н
Шафра́нов
Шафра́нский
Шафро́в
Шахала́мов
Шаха́нин
Шаха́нов
Шахба́зов
Шахва́рстов
Шахве́рдов
Шахиджа́нов
Ша́хин
Шахмаго́нов
Шахма́ев

Шахма́нов
Ша́хматов
Шахмато́вич
Шахми́н
Шахназа́ров
Шахно́вич
Шахно́вский
Ша́хов
Шахо́вский
Шахо́ев
Шахо́лов
Шахпаро́нов
Шахро́в
Ша́хтин
Шахуно́в
Шаху́рин
Ша́цкий
Шацко́в
Шачко́в
Ша́чнёв
Шаша́ев
Шаша́нов
Ша́шелёв
Шашенко́в
Ша́шин
Шашке́вич
Ша́шкин
Шашко́в
Ша́шников
Шашуно́в
Шашу́рин
Шаяме́тов
Шва́брин
Шва́гирёв
Швайко́в
Шване́в
Шванко́в
Шваре́в
Шварко́вский
Шва́ров
Шва́ртин

Шва́рцбург
Шва́рцман
Шва́чкин
Шва́шин
Шведко́в
Шве́дов *
Шве́дский
Шве́йкин
Шве́йцер
Шве́рин
Шве́рник
Швец
Швецо́в
Шви́дкий
Шво́рин
Шво́рнев
Шво́хнев
Швы́гин
Швы́ков
Швы́ндин
Швы́ркин
Швырко́в
Швыря́ев
Швыря́лкин
Шеба́ев
Шебалди́н
Шебали́н
Шеба́лков
Шеба́нов
Шебе́ко
Шеболда́ев
Шебу́ев
Шебу́нин
Шебуня́ев
Шебя́кин
Шевалди́н
Шевалёв
Шева́лин
Шева́лов
Шева́льды́шев
Шеваре́в

Шеве́лёв
Шеве́лкин
Шевелько́в
Шеверди́н
Шеверно́в
Шевко́в
Шевкопля́сов
Шевкуне́нко
Шевкуно́в
Шевля́гин
Шевляко́в
Ше́вцев
Шевцо́в
Шевче́нко
Шевчу́к
Шевшелёв
Ше́вырёв *
Шевяко́в
Ше́ин
Ше́йдин
Ше́йкин
Шейко́в
Ше́йндлин
Ше́йнерман
Ше́йнин
Ше́йнкин
Шека́лов
Шека́ров
Шекачёв
Шеклачёв
Шеку́тин
Шелабо́дин
Шелабу́рин
Шела́вин
Шелагу́ров
Шела́мов
Шелапу́тин
Шелату́ркин
Шела́хин
Шелгуно́в
Ше́легов

Шеленко́в
Шеле́пин
Шелепу́гин
Ше́лестов
Ше́лехов
Ше́лешнёв
Шели́мов
Ше́лихов
Шелко́в
Шелко́вников
Шелмако́в
Шело́мов
Шело́нин
Шело́нцев
Шелопа́ев
Шелу́дько
Шелуди́к
Шелуха́нов
Шелу́хи́н
Шелыга́нов
Шелы́гов
Ше́льга
Ше́льдов
Шельди́ев
Шельпяко́в
Шеля́гин
Шеля́кин
Шеляко́в
Шемада́мов
Шема́нин
Шема́хов
Шембере́в
Шеменко́в
Шеморы́кин
Шемя́ка
Шемя́кин
Шемяко́в
Шена́ев
Ше́нбок
Шенгела́я
Шендаре́в

Ше́нделёв
Ше́ндеров
Шендеро́вич
Ше́нкер
Ше́нкман
Шенку́рский
Ше́нников
Ше́нрок
Ше́нфер
Ше́ньши́н*
Ше́нькин
Шепарнёв
Шепелёв
Шепе́лин
Шепеля́шин
Шепенёв
Шепети́льников
Шепето́вский
Шепи́лин
Шепи́лов
Шепта́лов
Шепту́лин
Шептуно́в
Шепшеро́вич
Шераш́ов
Шербу́к
Шерваши́дзе
Шерви́нский
Ше́рвуд
Шерги́н
Шерго́в
Шердюко́в
Шереме́тев
Шереме́тьев
Ше́рер
Ше́рестнев
Шерете́нников
Ше́рехов
Шереше́вский
Шержуко́в
Шерко́в

Ше́рлин
Шермаза́нов
Шермако́в
Ше́рман
Шерме́нкин
Ше́рстнёв
Шерстоби́тов
Шерсто́в
Шерстю́к
Шерстя́ников
Шерша́вин
Шершако́в
Ше́ршев
Шершене́вич
Ше́ршнёв
Шершо́в
Ше́рышев
Шеряко́в
Шеста́к
Шестако́в
Шестако́вский
Шестерико́в
Шестерни́н
Шестирико́в
Шесто́в
Шестопа́л
Шестопа́лов
Шестопёров
Ше́фов
Ше́фтелёв
Ше́фтель
Ше́ффер
Шехаба́лов
Шеха́вцев
Шеха́нов
Шехмаме́тьев
Шехоба́лов
Шехо́нин
Ше́хтель
Ше́хтер
Ше́хтман

Шече́нков
Шечко́в
Шеше́лин
Ше́шин
Шешко́вский
Шешуко́в
Шешуно́в
Шиба́ев
Шиба́кин
Шибако́в
Шиба́лин
Шиба́лкин
Шиба́лов
Шиба́нин
Шиба́нов
Шибко́в
Шибря́ев
Шибу́лкин
Шиври́нский
Шига́ев
Ши́галёв
Шига́рёв
Шига́ров
Ши́гин
Шидарёв
Шидло́вский
Шика́ев
Ши́кин
Ши́ков
Шико́вник
Шикуно́в
Шиле́йко
Ши́лин
Ши́лкин
Ши́ллеров
Ши́ллинг
Ши́лов
Ши́ло́вский*
Ши́ловцев
Ши́льдер
Ши́льников

Шильянов	Ширко́в	Шишля́ев	Шку́ндин
Шиля́ев	Ширма́нов	Шишмарёв	Шкура́тов
Шиляко́в	Широбо́ков	Шишо́в	Шкуренко́в
Шима́нов	Ши́ров	Шишу́ев	Шку́рин
Шима́но́вский	Широва́тов	Шишу́рин	Шку́ров
Шима́нский	Широ́кий	Шия́н	Шкя́нов
Ши́марёв	Широ́ких	Шия́нов	Шлапобе́рский
Шимбирёв	Широ́ков	Шка́ликов	Шлапуно́в
Ши́мин	Широкого́ров	Шка́пин	Шле́зингер
Ши́мичёв	Широче́нков	Шка́пкин	Шле́йко́в
Шимке́вич	Ши́ртов	Шка́пов	Шле́йников
Шимко́	Ширшо́в	Шкапцо́в	Шле́йнов
Шимко́вич	Ширя́вцев	Шкаренко́в	Шле́мин
Шиму́к	Ширя́ев	Шка́рин	Шленёв
Шимшеле́вич	Ширя́евец	Шка́ринов	Шлёнкин
Шингарёв	Ширя́й	Шкарпе́йкин	Шлёнов
Шинкарёв	Ширя́к	Шка́тов	Шле́нский
Шинкаре́вский	Ширя́лов	Шкату́лов	Шленцо́в
Шинке́вич	Шитарёв	Шква́риков	Шлепако́в
Ши́нкин	Ши́тиков	Шква́ркин	Шлепенко́в
Шинко́в	Ши́тов	Шкво́рнев	Шлепнёв
Ши́ншин	Шифри́н	Шке́рин	Шлёпов
Шипачёв	Шиха́нов	Шкинёв	Шлепя́нов
Шипелько́в	Ши́хин	Шкинцо́в	Шлике́вич
Шипе́тин	Ши́хов	Шки́рич	Шли́хтер
Шипи́лов	Шихо́вский	Шки́ркин	Шло́мин
Шипи́цин	Шиша́кин	Шки́тин	Шлопа́к
Шипко́в	Шишако́в	Шкло́вский	Шлы́гин
Ши́по́в	Шишгалёв	Шклюков	Шлык
Шипова́лов	Шишелёв	Шкляре́вич	Шлы́ков
Шипуле́нко	Шише́нин	Шкля́ров	Шлю́ндин
Шипу́лин	Шишенко́в	Шко́дин	Шлю́хин
Шипуно́в	Шиши́гин	Школе́нко	Шлючко́в
Шипу́чин	Ши́шин	Шко́льник	Шля́гин
Шипши́н	Ши́шич	Шко́льников	Шля́ев
Ширанко́в	Шишка́нов	Шко́ндин	Шляко́в
Ширги́нов	Шишкарёв	Шко́тов	Шля́нин
Ши́риков	Ши́шкин	Шкра́бов	Шля́пин
Ши́рин	Шишко́в	Шку́дов	Шля́пкин
Шири́нский	Шишли́н	Шкулёв	Шля́пников
Ши́ркин	Шишло́в	Шку́лин	Шля́почников

Шляпу́жников
Шля́хов
Шля́хтин
Шма́гин
Шма́ев
Шма́ин
Шма́ков
Шмальга́узен
Шма́нёнко́в
Шмарёв
Шма́рин
Шма́ринов
Шма́ров
Шматко́в
Шма́тов
Шмачко́в
Шмелёв
Шме́лькин
Шмелько́в
Шмерцо́в
Шмиге́льский
Шми́дов
Шмо́нин
Шмо́нов
Шмо́ткин
Шмотряко́в
Шмуйло́вич
Шму́клер
Шмуле́вич
Шмура́тов
Шмурёв
Шмурно́в
Шму́ров
Шму́шкин
Шмы́ков
Шмырёв
Шмырко́в
Шмы́ров
Шмытко́в
Шмы́тов
Шмы́хов

Шна́пцев
Шне́ер
Шнеерсо́н
Шне́йдер
Шне́йдерма́н
Шне́йдеров
Шнирельма́н
Шни́рлин
Шнитко́в
Шни́тман
Шни́тников
Шну́ров
Шнырёв
Шо́болов
Шо́виков
Шовкопля́с
Шогенцу́ков
Шока́льский
Шо́кин
Шокола́дьев
Шо́лмо́в
Шо́лохов
Шонгу́ров
Шоны́гин
Шо́рин
Шо́ричев
Шо́ркин
Шо́рников
Шо́рохов
Шоры́гин
Шостако́вич
Шостако́вский
Шо́тин
Шоха́нов
Шо́хин
Шо́хов
Шо́хор-Тро́цкий
Шо́шин
Шо́шников
Шпа́гин
Шпа́жников

Шпа́ков
Шпако́вский
Шпалю́кин
Шпа́нин
Шпа́нов
Шпа́тьев
Шпа́чек
Шпе́ер
Шпе́кин
Шпе́ров
Шпи́гель
Шпи́гов
Шпигу́лин
Шпика́лов
Шпи́ков
Шпико́вский
Шпи́лёв
Шпилио́тов
Шпи́ндлер
Шпио́нов
Шпита́льников
Шпита́нов
Шпичине́цкий
Шпо́льский
Шполя́нский
Шпры́ков
Шпынёв
Шпы́ров
Шра́гин
Шра́йбман
Шрамко́в
Шре́дер
Шта́бель
Штакершне́йдер
Шта́нников
Шта́тнов
Штейма́н
Штейнбе́рг
Штейнге́ль
Штейнго́льд
Штейнма́н

Штейрин
Ште́ллинг
Ште́рнберг
Ште́рнин
Ште́рнов
Шти́льман
Шти́пельма́н
Штогаре́нко
Што́поров
Штра́хов
Штрепети́нский
Штро́мов
Штукарёв
Штукату́рин
Шту́кин
Штурби́н
Шту́чкин
Штыка́нов
Шты́ков
Штырёв
Шты́рлин
Шубёнкин
Шубенко́в
Шу́берт
Шу́бик
Шу́бин
Шуби́нский
Шу́бников
Шу́бов
Шува́ев
Шува́лов
Шува́ров
Шува́тов
Шуга́ев
Шуга́ров
Шу́ин
Шу́йкин
Шу́йский
Шука́ев
Шука́лов
Шука́нов

Шу́кин
Шукли́н
Шула́ев
Шулако́в
Шулга́нов
Шулёв
Шуле́йкин
Шуле́нин
Шуле́нко
Шуле́пин
Шуле́пов
Шуле́шкин
Шуле́шко
Шу́ликов
Шу́лов
Шульга́
Шульги́н
Шульги́нов
Шульго́вич
Шульже́нко
Шу́лькин
Шу́льман
Шульпи́н
Шу́льцев
Шуля́к
Шуляко́вский
Шуля́пин
Шуля́пов
Шуля́тиков
Шуля́тьев
Шуляче́нко
Шума́ев
Шумако́в
Шуманёв
Шума́нов
Шума́рин
Шума́хин
Шуме́йко
Шуми́лин
Шуми́лов
Шу́мин

Шуми́хин
Шу́мкин
Шумко́в
Шумля́нский
Шу́мов
Шумо́вский
Шу́мский
Шу́мских
Шунде́ев
Шуне́йко
Шу́нин
Шуни́нов
Шунко́в
Шуня́ев
Шу́пиков
Шупло́в
Шупляко́в
Шу́пский
Шура́ев
Шурако́в
Шура́нский
Шу́рин
Шу́ринов
Шурка́лин
Шурлы́гин
Шурма́нов
Шу́ров
Шурпи́н
Шуру́пов
Шурша́лин
Шурши́н
Шуры́гин
Шу́рьев
Шуста́нов
Шу́старёв
Шу́стах
Шу́стер
Шу́стиков
Шу́стин
Шу́стов
Шусто́вский

Шусторо́вич
Шустро́в
Шути́лов
Шу́тников
Шу́тов
Шу́тый
Шуха́ев
Шухато́вич
Шу́хин
Шу́хман
Шухми́н
Шу́хов
Шушако́в
Шуша́рин
Шуше́рин
Шушка́лов
Шушка́нов
Шушпа́нов
Шушу́ев
Шушу́кин
Шушуно́в
Шушу́рин
Шы́шкин

Щ

Ша́велёв
Шави́нский
Шаде́нко
Ша́пов
Щебла́нов
Шеблы́кин
Ше́бнев
Щегло́в
Щеглови́тов
Щегло́вский
Щегля́ев
Щёголев
Щеголе́вский
Щеголёнок

Щего́лин
Щеголи́хин
Щеголько́в
Щего́льский
Щедно́в
Щедре́нко
Щедри́н
Щедро́вский
Щёки́н
Щеко́лдин
Щёкотов
Щекочи́хин
Щеку́тин
Щеку́тьев
Щелба́нин
Щелго́в
Щёлев
Щеленко́в
Щёлин
Щелка́лов
Щелка́нов
Щелка́нöвцев
Щелкачёв
Щёлкин
Щелкопёров
Щелкуно́в
Щёлоков
Щёлохов
Щелу́хи́н
Щелчко́в
Щеми́лов
Ще́ников
Ще́нкин
Щенко́в
Ще́нников
Щено́в
Щеня́тев
Щепа́кин
Щепа́мин
Щепанко́в
Ще́петев

Шепете́нко
Щепети́лов
Щепети́льников
Щепетко́в
Щепе́тьев
Щепи́лло
Щёпин
Щепи́хин
Щёпкин
Щёпкин-Купе́рник
Щёлов
Щепо́ткин
Щепо́тьев
Щёптев
Щёрба
Щерба́к
Щербако́в
Щербако́вый
Щерба́нь
Щерба́тов
Щербатско́й
Щерба́тый
Щерба́тых
Щерба́цкий
Щербачёв
Щербелёв
Щербе́нков
Щерби́н
Щерби́нин
Щербино́вский
Щербо́в
Щерди́н
Щереди́н
Щётвин
Щети́нин
Щети́нкин
Щёткин
Щетнёв
Щечко́в
Щибо́рин
Щи́голев

Шипа́кин
Шипа́нов
Шипачёв
Ши́пин
Шиплецо́в
Шипцо́в
Ши́рский
Шитко́в
Ши́тов
Шичи́лин
Шо́голев
Шукарёв
Щу́кин
Щуко́
Щу́лькин
Щура́т
Щу́ров
Щуро́вский
Щу́сев
Щу́тин
Щу́цкий

Э

Эварни́цкий
Эве́нтов
Эве́нчик
Эвергети́дов
Эверге́тов
Э́верс
Э́версман
Эвин
Э́делев
Эдельма́н
Эдельште́йн
Э́длин
Э́здрин
Эйдельзо́н
Эйдельма́н
Эйди́нов

Э́йдлин
Эйзеншми́дт
Эйзенште́йн
Эймо́нтов
Эйра́нов
Э́йсмонт
Эйхенба́ум
Эйхенва́льд
Э́йхфельд
Эйши́нский
Э́карев
Экзарха́тов
Эконо́мов
Э́кстров
Э́ктов
Э́лдар
Элинсо́н
Э́льберт
Э́львов
Эльге́р
Эльда́ров
Эльда́шев
Эльза́ров
Э́лькин
Э́лькинд
Элькинсо́н
Эльма́нович
Эльната́нов
Эльпе́рин
Эльте́ков
Эльчани́нов
Эльчибе́ков
Элья́шев
Э́мдин
Эмера́нс
Э́меров
Эми́льев
Э́мин *
Эммануи́лов
Эммануэ́ль
Э́нгель

Энгельга́рдт
Энгельма́н
Э́нгельс
Энгие́нский
Э́нглин
Э́ндлин
Эндо́шин
Э́нкин
Эно́дин
Э́нтин
Энья́ко́в
Э́пин
Эпина́тьев
Э́пов
Э́ппель
Эпште́йн
Эра́стов
Эрде́ли
Эрде́нко
Эренбу́рг
Эрива́нский
Эрива́нцев
Эрисма́н
Э́ристов
Э́рлих
Э́рман
Э́рмлер
Э́рнесакс
Эрте́ль
Эсау́лов
Э́сипов
Э́скин
Эссбуке́тов
Э́ссен
Эста́тов
Эсте́ркин
Э́стрин
Э́тин
Э́тингов
Э́ткин
Э́тчин

Ю

Юбочников
Ювалов
Ювенальев
Юганов
Югов
Юголобов
Юдаев
Юданов
Юдахин
Юденич
Юденков
Юдин
Юдинов
Юдинцев
Юдицкий
Юдичев
Юдкин
Юдович
Юдовский
Юдочкин
Юдрин
Юдушкин
Южаков
Южанин
Южин
Южный
Юзбашев
Юзгин
Юзенков
Юзефович
Юзиков
Юзов
Юзовский
Юзякин
Юкин
Юков
Юлаев
Юлдашев
Юлёнков

Юлин
Юлисеев
Юлов
Юловский
Юматов
Юмашев
Юнаков
Юнаковский
Юнгеров
Юнин
Юничев
Юнкер
Юнкеров
Юновидов
Юношев
Юнусов
Юньков
Юбн
Юра
Юрасов
Юрганов
Юргенсон
Юревич
Юренев
Юриков
Юрин
Юринов
Юркевич
Юркин
Юрков
Юрковский
Юрлов
Юров
Юровецкий
Юровицкий
Юровский
Юртов
Юрцев
Юрченко
Юрчук
Юршев

Юрышев
Юрьев
Юрьевский
Юряев
Юрятин
Юсин
Юсипов
Юсков
Юсов
Юсупов
Юсуфов
Юсфин
Ютин
Юферёв
Юфин
Юхацкий
Юхин
Юхнев
Юхневич
Юхнин
Юхновский
Юхов
Юцевич
Юченков
Юшанкин
Юшачков
Юшин
Юшкевич
Юшкин
Юшков
Юшманов
Юшневский
Ющенко

Я

Яблоков
Яблонский
Яблочкин
Яблочков

Явич
Яворский
Ягайло
Яганцев
Ягеллонов
Ягнетинский
Яговкин
Ягодин
Ягодкин
Ягодов
Ягорский
Ягубов
Ягудаев
Ягудин
Ягужинский
Ягунков
Ягунов
Ягуньков
Ягупов
Ягупьев
Ягушкин
Ядрин
Ядринцев
Ядров
Язвиков
Язвин
Язвинский
Язвицкий
Яздовский
Язев
Язиков
Язоновский
Языков *
Язынин
Яйров
Яичников
Якименко
Якимов
Якимович
Якимчук
Якир

Якоби	Ямпольский	Ярков	Ястребцов
Якобсон	Ямщиков	Ярлыков	Ястржембский
Яковенко	Янбиков	Ярмарков	Ясюнинский
Якович	Яноорисов	Ярмолинский	Ясюченин
Яковкин	Янбухтин	Яров	Ятров
Яковлев	Январёв	Яровиков	Яхилевич
Яковлевский	Янжул	Яровицкий	Яхин
Яковов	Яникин	Ярон	Яхлаков
Яковцев	Янин	Яропольский	Яхнин
Якорев	Яницкий	Ярославский	Яхновский
Якубинский	Янишевский	Ярославцев	Яхонтов
Якубов	Янкелев	Яроцкий	Яценко
Якубович	Янкелевич	Ярош	Яцков
Якубовский	Янкин	Ярошевич	Яцковский
Якубсон	Янков	Ярошевский	Яцунский
Якунин	Янковский	Ярошенко	Яшок
Якунчиков	Янов	Ярунин	Ячевский
Якутин	Янович	Ярусов	Ячин
Якушев	Яновский	Ярушин	Ячницкий
Якушевский	Янсон	Ярхо	Яшаев
Якушенко	Янушкевич	Ярцев	Яшанин
Якушенков	Янушкин	Ярцов *	Яшвин
Якушечкин	Янчев	Ярчевский	Яшен
Якушин	Яншин	Ярченко	Яшечкин
Якушкин	Янышев	Ярыгин	Яшин
Якушов	Яньшин	Ярыжкин	Яшинин
Якшин	Янюшкин	Ясенев	Яшкин
Яликов	Япушкин	Ясинский	Яшков
Ялтышков	Яралов	Яскин	Яшников
Ялышев	Яранцев	Ясминов	Яшнов
Яльцев	Яременко	Яснов	Яшонков
Ямайкин	Ярецкий	Ясный	Ященко
Ямашев	Яриков	Ясов	Ящиков
Яминский	Ярилкин	Ястребилов	Ящин
Ямнов.	Ярилов	Ястребов	Ящишин
Ямов	Ярин	Ястребцев	

Reminder: If a stress is needed for a name that is not included in the preceding list, the reader is referred to Section A in this chapter. The information given is usually sufficient to determine a prevalent stress.

E. Individual Pronunciations

This section lists surnames of famous persons in which the accentuation differs from the generally accepted one or in which one of two generally acceptable variants was preferred by the individual concerned. The sources for the stress in the surnames of well-known persons were the *Great Soviet Encyclopedia* and the *Small Soviet Encyclopedia*, both of which seem to make every effort to record correctly the accentuation used by the bearer of each name. In the few instances where these two works disagree, the stress indicated in the *Great Soviet Encyclopedia* is given. This section includes those 'Ivanovs' that are listed in both encyclopedias.

Абросимо́в, П. В. . . . . . . *architect*
Ани́чков, Д. С. . . . . . *philosopher*
Ани́чков, Н. Н. . . . .   *pathologist*
Байко́в, А. А. . . . . . . *metallurgist*
Бальмо́нт, К. Д. . . . . *poet*
Ба́рдин, И. П. . . . . . . *metallurgist*
Ба́рдина, С. И. . . *political figure*
Бо́лотов, А. Т.
            scientist and author
Бу́рцов, И. Г. . . . . *general*
Быко́в, К. М. . . . . *physiologist*
Василько́, В. С. . . *stage producer*
Гво́здев, А. А. . . . . *scientist*
----------- М. С. . . . . *explorer*
Гмы́рев, А. М. . . . . *poet*
Головко́, А. В. . . . . . . *Ukr. author*
Гра́щенков, Н. И. . . . *neurologist*
Гребенщико́в, В. И. . *demographer*
------------------ И. В. . . . . . . *chemist*
Дехтерёв, Б. А. . . . . *artist*
Дико́в, Ю. И. . . . . . *lathe-operator*
Долобко́, М. Г. . . . . *linguist*
Дубро́винский, И. Ф.
            political figure
Егоро́в, Н. Г. . . . . *physicist*

Елчи́н, Я. А. .*military commander*
Ерто́в, И. Д.
            popular-science author
Жебелёв, С. А. . . . . *historian*
Жи́гарев, П. Ф.
            Air Force marshal
Жиро́в, В. И. . . . . . . *drill-operator*
Жи́харев, С. П. . . . . *author*
Зерно́в, С. А. . . . . *zoologist*
Зёрнов, Д. В. . . . . *scientist*
--------- Д. Н. . . . .*anatomist*
Зило́в, П. А. . . . .*physicist*
Зимелёв, Г. В. . . . . *scientist*
Зими́н, С. И.
            founder of opera theater
Ива́нов, А. А. . . . . *artist*
---------- А. И. . . . . *artist*
---------- В. В. . . . . *author*
---------- С. В. . . . . *artist*
Ивано́в, А. А. . . . . *singer*
---------- А. П. . . . . *singer*
---------- В. С. . . . . . *poster artist*
---------- И. И. . . . . *biologist*
---------- К. В. . . . . *poet*
---------- К. К.*orchestra conductor*

Иванóв, Л. А. . . . . *botanist*
--------- Л. И. . . . . *choreographer*
--------- Л. Н. . . . . *economist*
--------- М. Ф. . . . . *cattle breeder*
--------- П. П. . . . . . . *embryologist*
--------- С. П. . . . . *inventor*
--------- Я. А. . . . . *composer*
Ивáшенцов, Г. А. . *epidemiologist*
Ивáшинцов, Н. А. . . . . *admiral*
Ильéнков, В. П. . . . . *author*
------------- П. А. . . . . *chemist*
Карáзин, Н. Н. . . . . *author*
Кашкúн, Н. Д. . . . . . . *music critic*
Кéренский, А. Ф.
    Head of Provisional Gov.
Кóнашков, Ф. А. . . . . . *folk singer*
Кошелёв, А. И. . . . . *journalist*
Крапивá, К. . . . *White Rus. author*
Крóтков, Ф. Г.
    specialist in military medicine
Лáтышев, В. В. . . . . . *philologist*
Лёжнев, Б. Н. . . . . *planer*
Лопарёв, Х. М. . . . . *paleographer*
Лопухинá, Е. Ф. . . *wife of Peter I*
Лохтúн, В. М. . . . . . . *hydrographer*
Лысéнко, Н. В. . . . . *Ukr. composer*
Лысéнко, Т. Д. . . . . *biologist*
Лысéнков, Н. К. . . . . *anatomist*
Мáркович, Я. Н. . . . . *scientist*
Мóльков, А. В.
    public health specialist
Мосолóв, В. П.
    agricultural technician
Новикóв, Н. И. . . . . *author*
Нóздрин, А. Е. . . . . *poet*
Обухóв, В. М. . . . . . . *statistician*
Óбухов, В. С. . . . . *architect*
Óвцын, Д. Л. . . . . *hydrographer*
--------- И. И. . . . . *inventor*
Огарёв, Н. П. . . . . *poet*
Огнёв, И. Ф. . . . . *histologist*

Огнёв, С. И. . . . . *zoologist*
Одóевский, А. И. . . . . *poet*
-------------- В. Ф. . . . . *author*
Óжегов, С. И. . . . . . . *lexicographer*
Окнóв, М. Г. . . . . *metallurgist*
Пéшков, А. М. . . . . . . *author (Gorky)*
Плáстов, А. А. . . . . *artist*
Пузанóв, А. М. . . . *political figure*
Разéнков, И. П. . . . . *physiologist*
Рылóв, А. А. . . . . *artist*
Свердлóв, Я. М. . . *political figure*
Свердлóва, К. Т. . *political figure*
Семенникóв, В. А. . . . . . . *engineer*
Смирдúн, А. Ф. . . . . *publisher*
Собкó, В. Н. . . . . *Ukr. author*
Тáхтарев, К. М. . . . . *historian*
Тúманова, В. В. . . . . *pianist*
Тóнков, В. Н. . . . . *anatomist*
Тонкóв, И. М. . . . . *artist*
Тренёв, К. А. . . . . *author*
Ухтóмский, А. А. . . . *physiologist*
Цыганóв, Д. М. . . . . *violinist*
------------ Н. Г. . . . . *poet*
Чевáкинский, С. И. . . . . *architect*
Шведóв, Ф. Н. . . . . *physicist*
Шевырёв, И. Я. . . . . . *entomologist*
------------ С. П. . . *literary historian*
Шеншúн, А. А. . . . . *poet (Fet)*
Шúловский, Е. А. . . . . *general*
Эмúн, Н. Ф. . . . . *author*
------- Ф. А. . . . . *author*
Языкóв, Д. Д. . . . *literary historian*
----------- Н. М. . . . . *poet*
----------- П. М. . . . . *geologist*
Ярцов, А. С. . . . . *mine owner*

III

RUSSIAN GIVEN NAMES

A. General Description

Introduction

For this chapter, two alphabetical lists of Russian given names have been drawn up; each one is subdivided into two parts – masculine and feminine. The first list (Section B) consists of the most frequently used given names and corresponding diminutive forms. The types of diminutives to be included are described below. (Section B is supplemented by Section C, which gives in alphabetical order those diminutives whose derivation may be unclear, and indicates to which full name or names each diminutive can refer.) The second list (Section D) consists of less frequently used names.

The full names listed in Sections B and D were taken from the Russian half of S. F. Levchenko's work on Russian and Ukrainian names (p. 19). The names for the first list were selected with the help of several informants (see Preface).

Derivation of Diminutives

The number of expressive forms for Russian given names is extremely large. Many of these forms have a diminutive or endearing meaning; others denote familiarity; some are derogatory. Most Russian names have several expressive forms. Analyses of these forms have been made by Stankiewicz, Chernyshev, and Mitrofanova. These analyses have been utilized in the following description of the derivation of Russian diminutives.

Expressive forms of Russian given names can be divided into five morphological types.

Type I. These hypocoristica are formed as follows. A full name is reduced to a single closed syllable (a syllable ending in a consonant) that serves as a stem; to this stem is added the suffix *a*. This suffix is spelled *a* after hard consonants and *я* after soft consonants.

If the reduced stem ends in a velar or labial, the last sound of the stem is usually hard: Ви́ктор – Ви́ка, Капитоли́на – Ка́па, Семён – Сёма. A final dental or sonorant in a stem derived from a masculine name is usually soft: Борис – Боря, Фёдор – Федя. A final dental in a feminine stem is usually the same, regarding palatalization, as in the full form: Людмила – Люда, Ольга – Оля, Светлана – Света.

If a masculine name begins with a consonant, the first closed syllable usually becomes the stem for the reduced form. (See Борис, Виктор, Семён, and Фёдор above.) If the masculine name begins with a vowel, a non-initial closed syllable usually becomes the stem: Александр – Саня, Ефим – Фима, Иван – Ваня. Sometimes doublets exist: Николай – Коля, Ника. Reduced forms from feminines usually have a stem based on the initial syllable: Любовь – Люба, Милица – Миля, Надежда – Надя. Numerous exceptions exist, however, usually as members of doublets: Антонина – Аня, Тоня; Капитолина – Капа, Толя; Наталья – Ната, Таля.

An unstressed *a* of a full name may alternate with stressed *o* of the reduced stem: Матвей– Мотя, Палагея– Поля.

A few reduced forms produce additional diminutives by reduplication, i.e., repetition of the initial consonant: Боря – Боба; Варя (Варвара) – Вава; Горя (Георгий, Егор) – Гога; Коля – Кока; Лиза (Елизавета) – Лиля; Таля – Тата.

Type II. These hypocoristica are formed in the following manner. A full name or a Type I hypocoristic form is reduced to a new stem by the dropping of one or two final syllables; to this new reduced stem, which normally ends in a vowel, is added a suffix, usually *ша, ня,* or *ся:* Ермолай – Ермоша; Михаил – Миша; Марья – Маша and Маня; Таля – Таша and Тася; Семён – Сеня; Клава (Клавдия) – Клаша and Кляня; Лукерья – Луся. Sometimes, the suffix *ка* is encountered: Михаил – Мика.

Vinogradov (p. 80) points to a general tendency of avoiding homonymy with such suffixes. Thus, *Наша from Наталья and *Ваша from Василий are not formed.

Occasionally, the suffixes *уня* and *уся* are added to reduced stems ending in a consonant, as in Авдуня and Авдуся from Авдотья.

Diminutives of Type I and Type II may coincide. For example, compare Type I Тоня from Антонида or Аитонина and Type II Тоня from Толя (Капитолина).

Reduplication may occur: Таня (Татьяна) – Тата.

Type III. These forms are obtained by the suffixation of full stems. The following suffixes are used for names of both genders (before suffixes, the *a* of the stem is dropped in all diminutives): *ик:* Глеб – Глебик; *ок (ёк):* Лука – Лучок; *онька (енька):* Зоя – Зоенька; *очка (ечка):* Фома – Фомочка;

у́ня (*ю́ня*): Па́вел – Павлу́ня; *у́ся* (*ю́ся*): А́нна – Анну́ся; *у́та* (*ю́та*): Ма́рфа – Марфу́та; *у́ша* (*ю́ша*): Карп – Карпу́ша; *у́шка* (*ю́шка*): Ве́ра – Ве́рушка; *чик*: Ни́на – Ни́нчик.

The suffix *у́ха* (*ю́ха*) is derogatory: Ки́ра – Киру́ха. The stressed suffix *у́шка* (*ю́шка*) is derogatory: Ве́ра – Веру́шка. (Cf. the unstressed variant above, which is affectionate.) The suffix *ка* is familiar, often derogatory: Его́р – Его́рка.

Diminutives formed with the above-listed primary suffixes *ка, онька, очка, у́ха,* and *ушка – у́шка* cannot be combined with additional suffixes. Diminutives formed with the primary suffixes *у́ся* and *у́ша* often take the secondary suffixes *ка, онька* (*енька*), or *очка* (*ечка*) to form compound hypocoristica: Пётр – Петру́ся: Петру́ська, Петру́сенька, Петру́сечка; Ма́рфа – Марфу́ша: Марфу́шка, Марфу́шенька, Марфу́шечка.

Names with the suffix *у́ня* may take the secondary suffixes *ка, очка* (*ечка*), or *ушка* (*юшка*): Ве́ра – Веру́ня: Веру́нька, Веру́нечка, Веру́нюшка.

Type IV. This type is produced when one of the suffixes listed above in Type III is affixed to a reduced form.

Examples obtained by suffixing Type I reduced forms: Ва́ня – Ва́нька, Ванёк, Ва́ненька, Ва́нечка, Ваню́ра, Ваню́ха, Ваню́ша, Ва́нюшка, Ваню́шка, Ва́нчик; Га́ля (Гали́на) – Га́лька, Га́ленька, Галю́ся, Га́люшка, Галю́шка. The suffix *у́ля* (*ю́ля*) should be noted here. It is usually used with Type I reduced feminine forms: Ли́да (Ли́дия) – Лиду́ля; На́дя – Надю́ля. In addition, the suffix *у́ра* (*ю́ра*) may occur, usually with a familiar, sometimes derogatory meaning (similar to that of *у́ха*): Ва́ся (Васи́лий) – Васю́ра.

The secondary suffixes *ка, онька, очка,* and *ушка* may be added to compounds of Type I origin: Ва́ся – Васю́та: Васю́тка, Васю́точка.

If a suffix is added to a Type II reduced form, the resultant diminutives have two suffixes: Ма́ша (with the suffix *ша*) – Ма́шка, Ма́шенька, Ма́шечка, Машу́ра, Машу́та. Subsequent suffixation of compounds of Type II origin in *у́ня, у́ра, у́ся, у́та,* and *у́ша* with the suffixes *ка, онька, очка* and *ушка* results in diminutives with three suffixes. For example, Машу́рка (from Машу́ра) contains the suffixes *ша, у́ра,* and *ка*. Another example would be Ма́ня – Маню́ня: Маню́нечка. The latter contains the suffixes *ня, юня,* and *ечка.*

Type V. Forms of this type are obtained by dropping part of a full name or suffixed form. Many feminine full names produce such truncated forms by dropping all sounds preceding their last two syllables: Анфи́са – Фи́са; Валенти́на – Ти́на; Владиле́на, Еле́на – Ле́на; Людми́ла – Ми́ла; Светла́на – Ла́на.

The first syllable of a suffixed form may be dropped: Ольга – О́ля – Олю́ся: Лю́ся; Са́ня – Са́ша – Сашу́ра: Шу́ра; Авдо́тья – Авду́ня: Ду́ня.

In other instances, the medial part of a suffixed form is dropped: А́нна – А́ня – Аню́ся: А́ся; Па́вел – Павлу́ша; Пу́ша; Ма́рфа – Марфу́та: Му́та.

In Серафи́ма – Си́ма we see the exceptional dropping of a medial part of a full form.

Names obtained by truncation can be combined with secondary suffixes (*ка, онька, очка,* and *ушка*): А́ся – А́ська, А́сенька, А́сечка; Шу́ра – Шу́рка, Шу́ренька, Шу́рочка; Ду́ня – Ду́нька, Ду́нечка, Ду́нюшка.

Gender Differentiation of Diminutives

In several instances, diminutive forms are restricted in actual speech to one gender although they can be derived from forms denoting both genders. For example, То́ня can be formed from both Анто́н and Антони́на but is usually restricted to the latter. Similarly, Стёпа and Стёша can be formed from both Степа́н and Степани́да but, in actual speech, Стёпа usually refers to the masculine full form and Стёша to the feminine.

Types of Diminutives to Be Listed in Section B

Section B will list those diminutives whose formation is least 'predictable' and whose forms are most difficult to recognize as belonging to their source names. These diminutives are Types I, II, and V. A few diminutives are included that do not belong to the three morphological types just listed. For example, because of the consonant alternation, Лучо́к from Лука́ is included. (It is actually Type III.)

In Section B, the following stylistic comments are used: *простор.* 'substandard colloquial'; *разг.* 'standard colloquial'; *реже* 'less frequently'; *стар.* 'obsolete'.

Certain names are provided with a cross-reference (indicated by *см.* 'see') to other names because of common origin: Гео́ргий – Его́р – Ю́рий; Глике́рия – Луке́рья; Ари́на – Ири́на, and so on.

Stylistic Coloring of Given Names

Certain Russian given names exist in two variants: a church form (established by the *святцы*) and a popular spoken form. Various phonetic and orthographic changes have taken place in the popular forms. The list below illustrates some of the changes that may occur. (In the examples, the church form is given first.)

1. The ending *ий* is dropped: Антóний – Антóн.
2. The ending *ия* becomes *ья* for feminines and *éй* for masculines: Марúя – Мáрья, Иеремúя – Еремéй.
3. The ending *иан* becomes *ьян*: Валериáн – Валерья́н.
4. Initial *Ио* is simplified or dropped: Иоáнн – Ивáн, Иоакúм – Акúм.
5. An initial vowel may be dropped: Екатерúна – Катерúна.
6. Initial *Иу* becomes *Ю*: Иýлия – Ю́лия.
7. Medial *аа* and *ии* become *а* and *и* respectively: Исаáк – Исáк, Даниúл – Данúла.
8. Medial *и* becomes *у*: Киприáн – Куприя́н.
9. The consonant *ф* becomes *п*: Иóсиф – О́сип.
10. The combination *ео* becomes *е* (or *ё*): Феóдор – Фёдор.
11. Initial *Ие* becomes *Е*: Иерофéй – Ерофéй.
12. Initial *Иа* becomes *Я*: Иáков – Я́ков.
13. A final *а* is added when the preceding vowel is *и*: Кирúлл – Кирúла.

There also exist substandard variants, some of which provide the stems for frequently used diminutives: Костантúн (Константúн) – Кóстя; Володúмир (Владúмир) – Волóдя.

Some of the names listed by Levchenko are usually felt to be characteristic of a certain nationality or ethnic group. Examples follow. *Polish:* Бронислáв, Казимúр, Станислáв, Ян, Бронислáва, Ядвúга, Я́на. *Jewish:* Абрáм, Лáзарь, Моисéй, Самуúл, Соломóн, Эммануúл, Лúя, Мариáмна, Рахúль, Сáрра, Эсфúрь. *German:* Адóльф, Вильгéльм, Гéнрих, Карл, Лю́двиг, Эрнст, Бéрта, Гертрýда, Изóльда, Луúза.

Some names are felt to have a general West European coloring; many such names probably entered Russian through French. Examples: Альбéрт, Альфрéд, Арнóльд, Артýр, Леóн, Леонáрд, Оскáр, Раймóнд, Эдуáрд, Беатрúса, Диáна, Жáнна, Жозефúна, Кларúса, Матúльда, Регúна, Эвелúна, Эдúта, Элеонóра.

Certain names, consisting of Slavic roots, have an Old Russian or South Slavic flavor: Борисла́в (-а), Любоми́р (-а), Мечесла́в (-а), Миросла́в (-а), Мстисла́в (-а), Ростисла́в (-а), Светоза́р (-а), Святосла́в (-а), Чесла́в (-а), Ярополк, Яросла́в (-а), Любоми́ла, Рогне́да.

A few names listed by Levchenko were created during the Soviet era: Владле́н (Владиле́н), Ким, Лени́на, Нине́ль (*Ле́нин* backward), Октябри́на, Свобо́да, Стали́на. Most of these artificial creations have gone out of use.

Names possessing a foreign, Old Russian, or Soviet coloring have at various times enjoyed temporary popularity in the Soviet Union.

A few names are characteristic of the Russian village and are rare among city dwellers: Авваку́м, Аки́м, Акули́на, Луке́рья, Матрёна, Фёкла.

Declension and Stress

The declension of given names and diminutives coincides generally with that of common nouns. The only fluctuations arise with feminine names of non-Russian origin that do not end in unstressed *a*. Such names, ending in another vowel (including stressed *a*) or a consonant, usually are not declined: До́лли, Ме́ри, Нана́, Джун, Люси́ль. Traditional (biblical) names ending in a soft consonant, however, are declined: Рахи́ль, Рахи́ли; Руфь, Ру́фи; Эсфи́рь, Эсфи́ри; Юди́фь, Юди́фи. Also to be noted here is the Soviet creation Нине́ль, Нине́ли. According to this model, Bylinski declines Эте́ль (under the entry for Во́йнич). Names ending in stressed *a* (from the Turkic languages) that are in considerable use by Russians are declined: Фатьма́, Фатьмы́.

In the declensional forms of given names, the stress usually remains on the same syllable as in the nominative. Exceptions are Ерма́к, Ермака́; Пётр, Петра́; Фрол, Фрола́ (or Фро́ла); Лев, Льва́.

Formation of Patronymics

The Russian patronymic is formed by adding *ович* 'son of' or *овна* 'daughter of' to the father's name. The variants *евич* and *евна* are used if the name ends in *й* or a soft consonant. Examples: Ива́н – Ива́нович, Ива́новна; Андре́й – Андре́евич, Андре́евна; И́горь – И́горевич, И́горевна. In Я́-ков – Я́ковлевич, Я́ковлевна an *л* is inserted after the *в*. Patronymics are usually contracted in actual speech. For example, Ива́нович, Серге́евич, and

Никола́евна are pronounced Ива́ныч, Серге́ич, and Никола́вна. No contraction is possible, however, if the stress is on the *ович, овна*: Петро́вич, Петро́вна; Льво́вич, Льво́вна. A 'fleeting' vowel is found in the names Лев, Льва and Па́вел, Па́вла.

If the father's name ends in *ий*, the patronymic usually ends in *ьевич*: Васи́лий – Васи́льевич, Васи́льевна. In a few instances, the ending *иевич* is used: Дми́трий – Дми́триевич. Occasionally, both endings are admissible, one variant being used more frequently: Саве́лий – Саве́льевич, and less frequently, Саве́лиевич. The *Dictionary* will indicate the few instances where the *иевич* ending prevails in the patronymic by marking the name concerned with an asterisk: Вале́рий*, Гео́ргий*, Дми́трий*, and so forth.

If the father's name ends in stressed *а*, the patronymic endings are *и́ч, и́нична*: Лука́ – Луки́ч, Луки́нична. The names Илья́, Кузьма́, and Фома́ form their patronymics according to this model.

If the father's name ends in unstressed *а*, the patronymic is, in several instances, *ич, ична*: Са́вва – Са́ввич, Са́ввична. (The *чн* in the endings *ична* and *и́нична* is pronounced like *шн*.) Ники́та forms its patronymic in the same manner. Most names in unstressed *а* take *ович* and *овна*. Examples: Гаври́ла – Гаври́лович, Гаври́ловна. The names Вави́ла, Дани́ла, Кири́ла, and so on form their patronymics in the same manner.

The stress in the patronymic is normally on the same syllable as in the given name: Бори́с – Бори́сович. This often contrasts with the penult stress characteristic of surnames in *ович*: Борисо́вич. The stress in the patronymics Петро́вич from Пётр and Миха́йлович (usually shortened to Миха́лыч) from Михаи́л, however, must be noted. In the declension of patronymics, the stress usually remains on the stem. However, the stress is on the case endings if the patronymic ends in *и́ч*: Ильи́ч, Ильича́.

B. Most Frequently Used Names and Their Basic Diminutive Forms

For information concerning the types of diminutives listed below and the meanings of the stylistic comments and cross-references, see page 153.

The meaning of the asterisk as used below is explained on page 156.

167 Tanya - Tatiana Tanuska ?

162 Larissa

157 Pétés (Sasha)
Alexander

Masculine Names

А

Абра́м, реже Авра́м—
Абра́ша

Адриа́н—А́дрик, А́дя

Аки́м, реже Яки́м—
Ки́ма

Алекса́ндр—А́лек,
А́лик, Са́ня, Са́ша,
Шу́ра

Алексе́й—А́лекс,
Алёша, А́лик, Лё-
ля, Лёня, Лёша

Анато́лий—То́ля, То́-
ся, То́ша, Ту́ля

Андре́й—А́дя, Андрю́-
ша

Ани́сим и Они́сим—
Ни́ка, Си́ма

Анто́н, реже Анто́-
ний* —Анто́ша,
То́ша

Аполло́н, реже Апол-
ло́ний* —Аполло́ша,
Апо́ля, По́ля

Арка́дий—А́рдик,
А́рик, Арка́ша

Арсе́ний—Арсе́н,
А́рся, Се́ня

Арте́мий и Артём—
Тёма

Архи́п—Хи́па

Афана́сий—Афо́н,
Афо́ня, Фа́ня, Фо́ня

Б

Богда́н—Да́ня

Бори́с—Бо́ба, Бо́ря,
Бу́ся

Борисла́в—Сла́ва

В

Вади́м—Ва́дя, Ди́ма

Валенти́н—Ва́ля

Вале́рий* —Ва́ля,
Ле́ра

Валерья́н и Валериа́н
—Ва́ля, Ле́ра

Васи́лий—Ва́ся

Вениами́н—Ве́ня

Вике́нтий—Ви́ка,
Вике́ша, Ке́ша

Ви́ктор—Ви́ка, Ви́тя

Виссарио́н—Ви́ся

Вита́лий—Ви́тя,
Та́лик

Владиле́н и Владле́н
—Вла́дя

Влади́мир—Вла́дя,
Во́ва, Воло́дя,
Во́ля, Ди́ма

Владисла́в—Вла́дя,
Сла́ва

Вла́с, реже Вла́сий

Все́волод—Воло́дя,
Все́ва, Се́ва, Сёва

Вячесла́в—Сла́ва

Г

Гаврии́л и Гаври́ла
—Га́вря, Га́ня

Генна́дий—Ге́на, Ге́ня

Гео́ргий* (см. также
  Его́р и Ю́рий)—
  Га́га, Го́га, Го́ра,
  Го́ря, Го́ша, Гу́ня,
  Жо́ра, Жорж, Жу́ра,
  Ю́ра

Гера́сим—Га́рша,
  Ге́ра

Ге́рман—Ге́ра, Ге́ша

Глеб

Григо́рий—Григо́р,
  Гри́ня, Гри́ша

Гу́рий—Гу́ря

Д

Дави́д и Давы́д
  Да́ня, До́дя

Дамиа́н, см. Демья́н

Дании́л и Дани́ла—
  Да́ня

Деме́нтий—Дёма

Деми́д, стар. Диоми́д
  —Дёма

Демья́н, стар. Дами-
  а́н—Дёма, Демья́ша

Дени́с—Де́ня

Дми́трий*, реже
  Дими́трий* —Ди́ма,
  Ми́тя

Е

Евге́ний—Ге́ка, Ге́ня,
  Ге́ша, Же́ка, Же́ня

Евгра́ф—Гра́ня,
  Гра́ша, Евгра́ша

Евдоки́м—Евдо́ша

Евфи́мий, см. Ефи́м

Его́р (см. также
  Гео́ргий и Ю́рий)—
  Го́га, Го́ра, Го́ря,
  Егу́ня

Емелья́н—Еме́ля

Ереме́й—Ерёма, Е́рик

Ерма́к, см. Ермола́й

Ермола́й, реже Ерма́к
  —Ермо́ша

Ефи́м—Фи́ма

Ефре́м—Ефра́ша,
  Рёма

З

Заха́р, реже Заха́рий

Зино́вий—Зи́ник

И

Иа́ков, см. Я́ков

Ива́н, стар. Иоа́нн
  —Ва́ня

Игна́тий и Игна́т—
  Игна́ша

И́горь—Го́рик, Го́ша,
  И́га

Иереми́я, см. Ереме́й

Илия́, см. Илья́

Илларио́н—Ла́ря

Илья́, стар. Илия́—
  Илью́ша, Илю́ша,
  И́ля

Инноке́нтий—Ке́ня,
  Ке́ша

Иоа́нн, см. Ива́н

Ио́сиф и О́сип—О́ся

Ипа́тий—Па́тя

Ипполи́т—По́ля

Иродио́н, см. Родио́н

Исаа́к и Иса́к

Исидо́р, см. Си́дор

К

Карп

Касья́н, реже Касси-
  а́н—Ка́ся

Ким

Кири́лл и Кири́ла—
  Ки́ра

Климе́нт и Climе́нтий,
  разг. Клим—Кли́ма

Козьма́, см. Кузьма́

Кондра́тий и Кондра́т
  —Кондра́ша

Константи́н—Ко́стя

Косма́, см. Кузьма́

Кузьма́, реже
  Козьма́ и Косма́—
  Ку́зя

Л

Лавре́нтий–Ла́врик,
Ля́ря

Лев, разг. Лёв–Лёва

Леони́д–Лёка, Ле́ня,
Лёня, Лёша

Лео́нтий, реже Лео́нт
–Лёня

Лука́–Лука́ш, Лука́-
ша, Лучо́к

М

Мака́р и Мака́рий

Макси́м–Макс, Си́ма

Марк

Марты́н

Матве́й, реже Матфе́й
–Мо́тя

Мефо́дий–Мефо́дя

Миро́н–Миро́ша, Ро́ня

Митрофа́н–Митро́ша,
Ми́тя, Фа́ня

Михаи́л–Ми́ка, Ми́ня,
Ми́ша

Моде́ст–Де́ся, Мо́дя

Мстисла́в–Сла́ва

Н

Наза́р, реже
Наза́рий*–За́рик

Нау́м

Никано́р–Ни́ка

Ники́та, простор.
Мики́та–Ни́ка

Ники́фор–Ки́фа, Ни́ка

Никоди́м–Ди́ма, Ни́ка

Нико́ла (см. также
Никола́й)–Ко́ля,
Ни́ка

Никола́й–Ко́ка, Ко́ля,
Ни́ка

Нил–Ни́ля

О

Оле́г–Лёля

Они́сий

Они́сим, см. Ани́сим

Ону́фрий*–О́ня

О́сип, см. Ио́сиф

П

Па́вел–Па́ва, Па́ня,
Па́ша, Пу́ша

Пантелеймо́н, простор.
Пантеле́й–Па́ня

Пётр–Пе́тя

Пи́мен–Пи́ма

Плато́н–Пла́та, То́ша

Полика́рп–Карп, По́ля

Порфи́рий–Фи́рик

Пота́п, реже Пота́пий
–Та́пик

Пров, реже Про́вий

Проко́фий и Проко́пий
–Про́ня, Про́ша

Про́хор–Про́ня, Про́ша

Р

Родио́н–Ро́дя

Рома́н–Ро́ма, Рома́ша

Ростисла́в –Ро́стя,
Сла́ва

С

Са́вва

Саве́лий и Саве́л–
Са́ва

Севастья́н и Севасти-
а́н–Се́ва, Сёва,
Севастя́ша

Семён, стар. Симео́н
–Сёма, Се́ня

Серафи́м–Си́ма

Серге́й–Серёжа,
Серж

Си́дор, реже Иси́до́р

Симео́н, см. Семён

Си́мон–Си́ма

Софро́н, реже
Софро́ний*

Спиридо́н–Спи́ра,
Спиридо́ша, Спи́ря

Станисла́в и Ста́сий*
–Сла́ва, Стась

Степа́н и Стефа́н–
Сте́ня, Сте́па

Т

Тара́с, реже Тара́сий*

Теодо́р, см. Фёдор

Тере́нтий–Терёха,
Терёша

Тимофе́й–Ти́ма,
Тимо́ша, Ти́ша

Ти́хон–Ти́ша

Три́фон–Три́ша, Фо́ня

Трофи́м–Тро́ша, Фи́ма

Ф

Фёдор, стар. Феодор
и Теодо́р–Фе́дя

Федо́т, стар. Феодо́т
–Фе́дя

Фили́пп–Фи́ля

Флор, см. Фрол

Фо́ка

Фома́

Фрол и Флор–Ло́ра

Х

Харито́н

Э

Эдуа́рд–До́ля, Эдя

Ю

Ю́рий (см. также
Гео́ргий и Его́р)–
Ю́ра, Ю́ша

Я

Яки́м, см. Аки́м

Я́ков, стар. Иа́ков–
Я́ша

Feminine Names

А

Авдо́тья, см. Евдоки́я

Ага́пия–Ага́ша, Га́ня,
Га́па, Га́ша

Ага́фья–Ага́ша, Га́ня,
Га́ша

Аглаи́да и Агла́я–
Гла́ша

А́гния–А́гня, Гу́ся,
Нюша

Аграфе́на (см. также
Агриппи́на)–Гру́ня,
Гру́ша, Фе́ня

Агриппи́на (см.
та́кже Аграфе́на)–
И́на, Пи́на

А́да и Аделаи́да

Акили́на, разг. Аку-
ли́на–Аку́ля, Ки́ля,
Ку́ля, Ли́на

Аксе́нья, Акси́ния и
Акси́нья, см.
Ксе́ния

Алекса́ндра–А́ля,
Кса́на, Са́ндра,
Са́ня, Са́ша, Шу́ра

Али́на–А́ля, Ли́на

Али́са–А́ля

А́лла–А́ля

Анаста́сия–А́ся, На́с-
тя, Ста́ся, Та́ся

Ангели́на, реже
Анже́ла и Анжели́-
ка–Ге́ля, Ли́ка,
Ли́на

Ани́сия и Ани́сья–
А́ня, Кса́на, Ни́ся,
Нюся, Нюша

А́нна–А́ня, А́ся,
Ню́ня, Ню́ра, Ню́ся,
Ню́та, Нюша

Антони́да—И́да, То́ня

Антони́на—А́ня, Ни́на,
То́ня, То́ся

Анфи́са—Фи́са

Аполлина́рия—Ли́на,
Поли́на, По́ля

Ариа́дна—А́да, А́ра

Ари́на (см. также
Ири́на)—Ари́ша,
О́ря, Ри́на

Афана́сия—Фа́ня,
Фо́ня

Б

Бэ́ла

В

Валенти́на—Ва́ля,
Ти́на

Вале́рия—Ва́ля, Ле́ра

Варва́ра—Ва́ва, Ва́ря

Васили́са—Ва́ся

Ве́ра

Веро́ника—Ни́ка

Викто́рина—Ви́ка

Викто́рия—Ви́ка,
Ви́тя, То́ра

Ви́та

Владиле́на и Владле́на
—Вла́дя, Ле́на

Г

Гали́на—Га́ла, Га́ля,
Ли́на

Георги́на—Ги́на

Глафи́ра—Гла́ня,
Гла́ша

Глике́рия (см. также
Луке́рья)—Ли́ка

Д

Да́рья, реже Да́рия—
Да́ня, Да́ря, Да́ша

Ди́на

Доми́ни́ка—Ми́ка, Ни́ка

До́ра

Е

Е́ва

Евге́ния—Ге́ка, Ге́ня,
Же́ка, Же́ня

Евдоки́я, разг. Авдо́-
тья—Авдо́ша,
Авду́ня, Авду́ся,
До́тя, Ду́ня, Ду́ся,
Ду́ша

Евфроси́нья и Евфро-
си́ния—Фро́ся

Екатери́на, разг.
Катери́на—Ка́тя,
Ке́тти, Ке́тя,
Ки́тти, Ко́ка

Еле́на, простор.
Алёна—Е́ля, Лёка,
Лёля, Ле́на, Ли́ля,
Не́лли, Не́ля

Елизаве́та, разг.
Лизаве́та—Ли́за,
Ли́ля, Эли́я

З

Зи́на, см. Зинаи́да и
Зино́вия

Зинаи́да, разг. Зи́на
—И́да

Зино́вия, разг. Зи́на

Зо́я

И

И́да

И́нна—Ине́сс, Ину́ся

Ираи́да—И́да, И́ра

Ири́на, простор.
Ори́на (см. также
Ари́на)—И́ра, Ири́-
ша, О́ря, Ри́на

Иу́лия, см. Ю́лия

К

Капитоли́на—Ка́па,
Ли́на, То́ля, То́ня,
То́ся

Катери́на, см. Екате-
ри́на

Ки́ра

Кла́вдия–Кла́ва,
    Кла́вдя, Кла́ня,
    Кла́ша

Кла́ра–Ла́ра

Клементи́на–Кли́ма

Ксе́ния, разг. Аксе́-
    нья и Акси́нья–
    Аксю́ня, Кса́на,
    Ксе́ня, Ксю́ня,
    Ксю́ша.

Л

Лари́са–Ла́ра, Ри́са

Ли́дия–Ли́да

Ли́я, реже Ле́я

Луке́рья, реже Глике́-
    рия–Лука́ша, Лу́ся,
    Лу́ша

Любо́вь–Лю́ба, Лю́ся

Людми́ла–Лю́да,
    Лю́ка, Лю́ся, Ми́ка,
    Ми́ла

М

Ма́йя

Маргари́та–Марго́,
    Ри́та

Мариа́нна, см. Марья́на

Мари́на–Ма́ня, Ма́ра,
    Мари́ша, Му́ра,
    Ри́на

Мари́я, разг. Ма́рья–
    Ма́ня, Ма́ра, Ма-
    ри́ша, Ма́ша, Ме́ри,
    Му́ня, Му́ра, Му́ся

Ма́рта

Ма́рфа–Му́та

Марья́на и Мариа́нна
    –Марья́ша

Матро́на, разг. Мат-
    рёна–Матрёша,
    Матю́ша, Мо́тря,
    Мо́тя

Мела́ния, разг. Мала́-
    нья–Мала́ша, Ми́ля

Милица– Ми́ля

Н

Наде́жда–На́дя

Ната́лья, реже Ната́-
    лия–На́та, Ната́ша,
    Та́ля, Та́ся, Та́та,
    Та́ша, Ту́ся

Не́ля

Ни́на

Нине́ль–Не́лли, Не́ля

Но́нна

О

Октябри́на–Ри́на

Олимпиа́да–А́да, Ли́па

О́льга–Лёля, Лю́ся,
    Лю́ша, Ля́ля, О́ля

П

Параске́ва, разг.
    Праско́вья–Па́ня,
    Пара́ня, Пара́ша,
    Па́ша

Пелаге́я, реже Пела-
    ги́я, простор.
    Палаге́я–Пала́ша,
    По́ля

Поли́на–Ли́на, По́ля

Праско́вья, см.
    Параске́ва

Р

Раи́са–Ра́я

Рена́та–На́та, Ре́на

Ро́за–Ро́зи

Рокса́на–Кса́на

С

Светла́на–Ла́на,
    Све́та

Серафи́ма–Си́ма,
    Фи́ма

Софи́я и Со́фья–
    Со́ня, Со́фа, Со́фи

Степани́да и
    Стефани́да–Па́ня,
    Сте́ша, Стёша

Т

Таисия–Тася, Тая

Тамара–Мара, Тама, Тома

Татьяна–Таня, Тата, Таша, Туся

Текла, см. Фёкла

Ф

Файна–Фаня, Фая

Фёкла, реже Текла

Феодосия, разг. Федосья–Феня, Феся

Э

Элла

У

Ульяна–Уля

Устинья–Устя, Утя

Х

Христина–Кристя, Тина, Христя

Ю

Юлия, стар. Иулия–Юля

C. Alphabetical List of Diminutive Forms

For an explanation of the function and scope of this section see page 150.

А

Агаша–Агапия, Агафья

Ада–Ариадна, Олимпиада

Адя–Андрей, Адриан

Адрик–Адриан

Акуля–Акулина

Алек–Александр

Алекс–Алексей

Алёша–Алексей

Алик–Александр, Алексей

Аля–Александра, Алина, Алиса, Алла

Аня–Анисия, Анна, Антонина

Аполя–Аполлон

Ара–Ариадна

Ардик–Аркадий

Арик–Аркадий

Ариша–Арина

Арся–Арсений

Ася–Анастасия, Анна

Афоня–Афанасий

Б

Бóба–Борис

Бóря–Борис

Бýся–Борис

В

Вава–Варвара

Вадя–Вадим

Валя–Валентин, Валентина, Валерий, Валерия, Валерьян

Ваня–Иван

Ва́ря–Варва́ра

Ва́ся–Васи́лий, Василиса

Ве́ня–Вениами́н

Ви́ка–Вике́нтий, Ви́ктор, Викто-ри́на, Викто́рия

Ви́ся–Виссарио́н

Ви́тя–Ви́ктор, Вита́лий, Викто́рия

Вла́дя–Владиле́н, Владиле́на, Влади́-мир, Владисла́в

Во́ва–Влади́мир

Воло́дя–Влади́мир, Все́волод

Во́ля–Влади́мир

Все́ва–Все́волод

Г

Га́вря–Гаврии́л

Га́га–Гео́ргий

Га́ла–Гали́на

Га́ля–Гали́на

Га́ня–Ага́пия, Ага́фья, Гаврии́л

Га́па–Ага́пия

Га́рша–Гера́сим

Га́ша–Ага́пия, Ага́фья

Ге́ка–Евге́ний, Евге́ния

Ге́ля–Ангели́на

Ге́на–Генна́дий

Ге́ня–Генна́дий, Евге́ний, Евге́ния

Ге́ра–Гера́сим, Ге́рман

Ге́ша–Ге́рман, Евге́ний

Ги́на–Георги́на

Гла́ня–Глафи́ра

Гла́ша–Аглаи́да, Глафи́ра

Го́га–Гео́ргий, Его́р

Го́ра–Гео́ргий, Его́р

Го́рик–И́горь

Го́ря–Гео́ргий, Его́р

Го́ша–Гео́ргий, И́горь

Гра́ня–Евгра́ф

Гра́ша–Евгра́ф

Гри́ня–Григо́рий

Гри́ша–Григо́рий

Гру́ня–Аграфе́на

Гру́ша–Аграфе́на

Гу́ня–Гео́ргий

Гу́ря–Гу́рий

Гу́ся–А́гния

Д

Да́ня–Богда́н, Дави́д, Дании́л, Да́рья

Да́ря–Да́рья

Да́ша–Да́рья

Дёма–Деме́нтий, Деми́д, Демья́н

Де́ня–Дени́с

Де́ся–Моде́ст

Ди́ма–Вади́м, Влади́мир, Дми́-трий, Никоди́м

До́дя–Дави́д

До́ля–Эдуа́рд

До́тя–Авдо́тья

Ду́ня–Авдо́тья

Ду́ся–Авдо́тья

Ду́ша–Авдо́тья

Е

Е́ля–Еле́на

Еме́ля–Емелья́н

Ерёма–Ереме́й

Е́рик–Ереме́й

Ж

Же́ка–Евге́ний, Евге́ния

Же́ня–Евге́ний, Евге́ния

Жо́ра–Гео́ргий

Жорж–Гео́ргий

Жу́ра–Гео́ргий

З

Зáрик—Назáр
Зи́ник—Зинóвий

И

Йга—Йгорь
Йда—Антони́да,
 Ираи́да, Зинаи́да
Йля—Илья́
Йна—Агриппи́на
Йра—Ираи́да, Ири́на

К

Кáпа—Капитоли́на
Карп—Поликáрп
Кáся—Касья́н
Кáтя—Екатери́на
Кéня—Иннокéнтий
Кéтти—Екатери́на
Кéтя—Екатери́на
Кéша—Викéнтий,
 Иннокéнтий
Ки́ля—Акили́на
Ки́ма—Аки́м
Ки́ра—Кири́лл
Ки́тти—Екатери́на
Ки́фа—Ники́фор
Клáва—Клáвдия
Клáня—Клáвдия

Клáша—Клáвдия
Кли́ма—Климéнт,
 Клементи́на
Кóка—Николáй,
 Екатери́на
Кóля—Никóла,
 Николáй
Кóстя—Константи́н
Кри́стя—Христи́на
Ксáна—Алексáндра,
 Ани́сия, Ксéния,
 Роксáна
Ксéня—Ксéния
Ксю́ня—Ксéния
Ксю́ша—Ксéния
Кýзя—Кузьмá
Кýля—Акили́на

Л

Лáна—Светлáна
Лáра—Клáра, Лари́са
Лáря—Илларио́н,
 Лаврéнтий
Лёва—Лев
Лёка—Леони́д, Елéна
Лёля—Алексéй, Елéна,
 Олéг, Óльга
Лéна—Владилéна,
 Елéна
Лéня—Леони́д
Лёня—Алексéй,
 Леони́д, Леóнтий

Лéра—Валéрий, Ва-
 лéрия, Валерья́н
Лёша—Алексéй,
 Леони́д
Ли́да—Ли́дия
Ли́за—Елизавéта
Ли́ка—Ангели́на,
 Гликéрия
Ли́ля—Елéна,
 Елизавéта
Ли́на—Акили́на, Али́на,
 Ангели́на, Аполли-
 нáрия, Гали́на,
 Капитоли́на, Поли́на
Ли́па—Олимпиáда
Лóра—Флор (Фрол)
Лукáша—Лукá,
 Лукéрья
Лýся—Лукéрья
Лучóк—Лукá
Лýша—Лукéрья
Лю́ба—Любóвь
Лю́да—Людми́ла
Лю́ка—Людми́ла
Лю́ся—Любóвь,
 Людми́ла, Óльга
Лю́ша—Óльга
Ля́ля—Óльга

М

Макс—Макси́м
Малáша—Мелáния

Máня—Мари́на, Мари́я

Мáра—Мари́на, Мари́я, Тамáра

Мари́ша—Мари́я

Матю́ша—Матрóна

Мáша—Мари́я

Мéри—Мари́я

Ми́ка—Доми́ника, Людми́ла, Михаи́л

Ми́ла—Людми́ла

Ми́ля—Мелáния, Мили́ца

Ми́ня—Михаи́л

Ми́тя—Дми́трий, Митрофáн

Ми́ша—Михаи́л

Мóдя—Модéст

Мóтря—Матрóна

Мóтя—Матвéй, Матрóна

Му́ня—Мари́я

Му́ра—Мари́на, Мари́я

Му́ся—Мари́я

Му́та—Мáрфа

Н

Нáдя—Надéжда

Нáстя—Анастáси́я

Нáта—Натáлья, Ренáта

Нéлли—Елéна, Нинéль

Нéля—Елéна, Нинéль

Ни́ка—Ани́сим, Верóника, Доми́ника, Никанóр, Ники́та, Ники́фор, Никоди́м, Никóла, Николáй

Ни́ля—Ни́л

Ни́на—Антони́на

Ни́ся—Ани́сия

Ню́ня—А́нна

Ню́ра—А́нна

Ню́ся—Ани́сия, А́нна

Ню́та—А́нна

Ню́ша—А́гния, Ани́сия, А́нна

О

Óля—Óльга

Óня—Онýфрий

Óря—Ари́на, Ири́на

Óся—Óсип

П

Пáва—Пáвел

Палáша—Пелагéя

Пáня—Пáвел, Пантелéймон, Параскéва, Степани́да

Парáня—Параскéва

Парáша—Параскéва

Пáтя—Ипáтий

Пáша—Пáвел, Параскéва

Пéтя—Пётр

Пи́ма—Пи́мен

Пи́на—Агриппи́на

Плáта—Платóн

Поли́на—Аполлинáрия

Пóля—Аполлинáрия, Аполлóн, Ипполи́т, Пелагéя, Поликáрп, Поли́на

Прóня—Прокóфий, Прóхор

Прóша—Прокóфий, Прóхор

Пу́ша—Пáвел

Р

Рáя—Раи́са

Рéма—Ефрéм

Рéна—Ренáта

Ри́на—Ари́на, Ири́на, Мари́на, Октябри́на

Ри́са—Клари́са

Ри́та—Маргари́та

Рóдя—Родиóн

Рóма—Ромáн

Рóня—Мирóн

Рóстя—Ростислáв

С

Сáва—Савéлий

Са́ндра—Алекса́ндра

Са́ня—Алекса́ндр,
Алекса́ндра

Са́ша—Алекса́ндр,
Алекса́ндра

Све́та—Светла́на

Се́ва—Все́волод,
Севастья́н

Сёва—Все́волод,
Севастья́н

Сёма—Семён

Се́ня—Арсе́ний, Семён

Серёжа—Серге́й

Серж—Серге́й

Си́ма—Ани́сим, Макси́м, Серафи́м,
Серафи́ма, Си́мон

Сла́ва—Борисла́в,
Владисла́в, Вячесла́в, Мстисла́в,
Ростисла́в, Станисла́в

Со́ня—Софи́я

Со́фа—Софи́я

Спи́ра—Спиридо́н

Спи́ря—Спиридо́н

Ста́ся—Анаста́сия

Сте́ня—Степа́н

Стёпа—Степа́н

Сте́ша—Степани́да

Стёша—Степани́да

Т

Та́лик—Вита́лий

Та́ля—Ната́лья

Та́ма—Тама́ра

Та́ня—Татья́на

Та́пик—Пота́п

Та́ся—Анаста́сия,
Ната́лья, Таи́сия

Та́та—Ната́лья,
Татья́на

Та́ша—Ната́лья,
Татья́на

Та́я—Таи́сия

Тёма—Арте́мий

Терёха—Тере́нтий

Ти́ма—Тимофе́й

Ти́на—Валенти́на,
Христи́на

Ти́ша—Тимофе́й,
Ти́хон

То́ля—Анато́лий,
Капитоли́на

То́ма—Тама́ра

То́ня—Антони́да,
Антони́на, Капитоли́на

То́ра—Викто́рия

То́ся—Анато́лий,
Антони́на, Капитоли́на

То́ша—Анато́лий,
Анто́н, Плато́н

Три́ша—Три́фон

Тро́ша—Трофи́м

Ту́ля—Анато́лий

Ту́ся—Ната́лья,
Татья́на

У

У́ля—Улья́на

У́стя—Усти́нья

У́тя—Усти́нья

Ф

Фа́ня—Афана́сий,
Афана́сия, Митрофа́н, Фаи́на

Фа́я—Фаи́на

Фе́дя—Фёдор, Федо́т

Фе́ня—Аграфе́на,
Феодо́сия

Фе́ся—Феодо́сия

Фи́ля—Фили́пп

Фи́ма—Ефи́м, Серафи́ма, Трофи́м

Фи́рик—Порфи́рий

Фи́са—Анфи́са

Фо́ня—Афана́сий,
Афана́сия, Три́фон

Фро́ся—Евфроси́нья

Х

Хи́па—Архи́п

Хри́стя—Христи́на

Ш

Шу́ра–Алекса́ндр,
Алекса́ндра

Э

Э́дя–Эдуа́рд
Эли́я–Елизаве́та

Ю

Ю́ля–Ю́лия
Ю́ра–Гео́ргий, Ю́рий
Ю́ша–Ю́рий

Я

Я́ша–Я́ков

D. Less Frequently Used Names

Masculine Names

A

Авваку́м
А́вгуст
Августи́н
Авде́й
Авени́р
Аве́ркий
Аверья́н
Авксе́нтий
Автоно́м
Ага́пий и Ага́п
Агапи́т
Агафа́нгел
Агафо́н
Агафо́ник
Агге́й
Ада́м
Адо́льф
Аза́рия
Алфе́й
Альбе́рт
Альвиа́н
Альфре́д

Амвро́сий
Амо́с
Амфило́хий
Ана́ний
Анаста́сий
Андриа́н и
  Андрия́н
Андро́ник
Аники́й и Ани́-
  кий
Аники́та
Анти́п
Антони́н
Аполлина́рий
Ардалио́н
Аре́фа и Аре́-
  фий
Ариста́рх
Арно́льд
Артемо́н
Арту́р
Аскало́н
Аско́льд
Афиноге́н

Афо́н и Афо́ний
Африка́н
Ахи́ллий и
  Ахи́ла

Б

Бенеди́кт и
  Венеди́кт
Болесла́в
Бонифа́тий и
  Вонифа́тий
Боя́н
Бронисла́в

В

Вави́ла
Вале́нт
Варлаа́м
Варла́мпий
Варсоно́фий

Варфоломе́й
Вассиа́н
Венеди́кт / и
  Бенеди́кт
Виле́н
Вильге́льм
Вонифа́тий и
  Бонифа́тий
Вуко́л

Г

Галлактио́н
Гедео́н
Гела́сий
Ге́нрих
Герва́сий
Гермоге́н
Глике́рий
Гоно́рий
Го́ргий
Горде́й

Д

Да́рий
Димитриа́н
Доме́тий
Дона́т
Дорофе́й
Доси́фе́й

Е

Евла́мпий
Евло́гий
Евме́ний
Евсе́вий
Евста́фий
Евстигне́й
Евстра́т и
  Евстра́тий
Евти́хий и
  Евти́х
Евфимиа́н
Евфра́сий
Евфроси́н
Елеаза́р
Е́лий
Елисе́й
Епифа́ний и
  Епифа́н
Ерми́л
Ерофе́й

З

Зи́гмунд
Зино́н
Зоси́ма
Зот
Зо́тик

И

Иерони́м
Измаи́л
Изо́сим
Ила́рий
Илиа́н
Илиодо́р
Илли́рик
Ио́в
Ио́на
Иосафа́т
Иоси́й и Иоси́я
Ира́клий
Ирине́й и
  Ири́ний
Иса́в
Иса́й и Иса́ия
Иусти́н, см.
  Усти́н

К

Казими́р
Кали́на
Калли́ник
Калли́ст
Каллистра́т
Капито́н
Карио́н
Карл
Квинтилиа́н
Ке́сарь
Киприа́н, см.
  Куприа́н
Кир
Кириа́к и
  Кирья́к
Ки́рик
Кла́вдий
Клео́ник
Ко́нон
Корне́й

Корни́л и
  Корни́лий
Ксенофо́нт
Куприя́н и
  Киприа́н

Л

Лавр
Ла́зарь
Лео́н
Леона́рд
Леопо́льд
Ло́нгин и
  Ло́ггин
Лука́н, см.
  Лукиллиа́н
Луки́й
Лукиллиа́н и
  Лука́н
Лукья́н
Люби́м
Любоми́р
Лю́двиг

М

Маври́кий и
  Мавр
Македо́н и
  Македо́ний
Макро́вий
Максиа́н
Максимиа́н
Максимилиа́н
Мануи́л
Мара́т
Марда́рий и
  Марда́р
Мариа́н
Марке́лл
Маркиа́н

Мартиниа́н и
  Мартья́н
Меле́тий
Мене́й
Мерку́рий
Мечесла́в
Ми́лий
Ми́на
Миросла́в
Мисаи́л
Михе́й
Моисе́й
Мо́кий

Н

Нарки́сс и
  Нарци́сс
Нафанаи́л
Некта́рий
Нео́н
Неофи́т
Не́стор
Ника́ндр
Ни́кон
Никтополио́н
Ни́фонт

О

Олефи́р
Оли́мп и
  Оли́мпий
Олимпиа́н
Онисифо́р
Оре́нтий
Оре́ст
Орио́н
Оси́я
Оска́р

П

Павли́н
Паи́сий
Палла́дий
Па́мва
Памфи́л
Панкра́тий
Парамо́н
Парме́ний
Парфе́ний
Пафну́тий
Пахо́м и
  Пахо́мий
Питири́м
Полие́вкт
Помпе́й
По́нтий
Прота́сий
Птоломе́й

Р

Радисла́в
Радоми́р
Раймо́нд
Рафаи́л
Руви́м
Русла́н

С

Савва́тий
Саве́рий
Самсо́н
Самуи́л
Светоза́р
Святосла́в
Севери́н

Северья́н и
  Севериа́н
Селиво́н
Селифа́н
Серапио́н
Сигизму́нд
Си́ла
Сила́нтий
Сильве́стр
Сисо́й
Созо́нт и
  Созо́н
Сокра́т
Соломо́н
Софо́ний
Страто́н и
  Страто́ник

Т

Ти́мон
Тиму́р
Тит
Трифи́ллий

У

Усти́н и
  Иусти́н

Ф

Фа́вий
Фавст и
  Фавстиа́н
Фадде́й
Фалале́й
Фала́сий

Фанти́н
Феду́л, см.
  Феоду́л
Фе́ликс
Фемисто́клей
Феоге́н
Феодо́сий
Феоду́л и Феду́л
Феокти́ст
Феофа́н
Феофи́л
Феофила́кт
Ферапо́нт
Филаде́льф
Филаре́т
Фила́т
Филимо́н
Филого́ний
Фирс
Флавиа́н
Фла́вий
Флего́нт
Флоре́нтий
Флориа́н
Фортуна́т
Фо́тий и Фот

Х

Хари́сим
Харла́мпий и
  Харала́мпий
Хриса́нф
Христиа́н
Христофо́р

Ч

Чесла́в

Э

Эммануи́л
Эра́зм
Эра́ст
Эрнст и Эрне́ст

Ю

Ювена́лий
Ю́зеф
Юлиа́н
Ю́лий
Ю́лиус
Ю́ний
Юстиниа́н

Я

Яку́б
Ян
Януа́рий
Яропо́лк
Яросла́в

Feminine Names

А

А́вгуста
Авиа́та
Ага́та
Агафо́ника
Агне́сса
Агне́та
А́за
Алевти́на
Альви́на и

Альби́на

Анато́лия

Арте́мия

Б

Беатри́са

Бе́рта

Богда́на

Борисла́ва

Бронисла́ва

В

Ва́нда

Ва́сса

Веро́на и
  Веро́ния

Виле́на

Вилени́на

Вило́ра

Вирги́ния

Вирине́я

Витали́на

Вита́лия

Влади́мира

Владисла́ва

Во́ля

Г

Гаи́на

Гертру́да

Д

Дани́ила

Дже́мма

Диа́на

Диони́сия

До́мна, Домни́-
  кия и Домни́ка

Дорофе́я и
  Дороте́я

Е

Евдо́ксия

Евла́лия

Евла́мпия

Евни́кия

Евпра́ксия

Евсе́вия

Евста́фия

Евти́хия

Евфи́мия

Евфра́сия

Еписти́ма и
  Еписти́мия

Ж

Жа́нна

Жозефи́на

З

Земфи́ра

Зла́та

И

Ива́нна, стар.

Иоа́нна

Изабе́лла

Изо́льда

Ила́рия

Ине́сса

Иоа́нна, см.
  Ива́нна

Ио́сифа

Исидо́ра

Иулиа́ния и
  Улья́на

Иули́тта, см.
  Ули́та

Иу́ния, см. Ю́ния

Иусти́на, см.
  Усти́нья

Ифиге́ния

И́я

К

Кале́рия

Кали́на

Калли́ста

Ками́ла

Кари́на

Ка́рмия

Кароли́на

Кики́лия

Кириа́кия

Клари́са

Клеопа́тра

Конста́нция

Корне́лия

Л

Лени́на

Леока́дия

Леони́да

Леони́лла

Леоно́ра, см.
  Элеоно́ра

Лео́нтия

Лиа́на и Ли́на

Ли́лия

Ли́на, см.
  Лиа́на

Луи́за

Луки́на

Луки́я

Любоми́ла

Любоми́ра

Людви́га

М

Ма́вра

Магдали́на

Майна

Макри́на

Мальви́на

Мариа́мна

Мариони́лла

Мартиниа́на

Мати́льда

Мелети́на

Мелитри́са

Мечесла́ва

Минодо́ра

Миросла́ва

Митродо́ра

Михайли́на

Мстисла́ва

Му́за

Н

Неони́лла
Ни́ка
Ни́ла
Нимфодо́ра

О

Оли́мпия

П

Па́вла
Павли́на
Платони́да
Поликсе́ния
Пульхе́рия

Р

Ра́да
Раймо́нда
Рахи́ль
Реве́кка
Реги́на
Ри́мма
Рогне́да
Роза́лия
Рома́ния и
  Рома́на
Ростисла́ва
Русла́на
Руфи́на
Руфь

С

Сави́на и
  Саби́на
Саломи́я, см.
  Соломо́ния
Са́рра
Светоза́ра
Свобо́да
Святосла́ва
Севастиа́на
Синклитики́я,
  Синклити́я и
  Синкли́та
Соломи́я, см.
  Соломо́ния
Соломони́да
Соломо́ния,
  Соломи́я и
  Саломи́я
Стали́на
Станисла́ва
Сте́лла
Стефа́ния
Суса́нна

Т

Тами́ла
Тере́за и
  Тере́зия

У

Ули́та, стар.
  Иули́тта

Ф

Фа́вста
Февро́ния
Феодо́ра
Феодо́тия
Феокти́ста
Фео́на и Фео́ния
Феофа́ния
Феофи́ла
Филаре́та
Фло́ра
Фоти́ния и
  Фоти́на

Х

Хари́та
Харити́на
Хри́са
Хри́сия

Ц

Цеци́лия

Ч

Чесла́ва

Э

Эвели́на
Эди́та
Элеоно́ра и
  Леоно́ра
Эльви́ра
Эми́лия
Э́мма
Эсфи́рь

Ю

Юзе́фа
Ю́ния, стар.
  Иу́ния

Я

Ядви́га
Я́на
Яросла́ва

SELECTED BIBLIOGRAPHY

Benson, Morton. "The Stress of Russian Surnames." *Slavic and East European Journal,* VIII (1964), 42–53.

Chernyshev, V. "Les Prénoms russes: Formation et vitalité." *Revue des études slaves,* XIV (1934), 212–222.

Davis, Patricia Anne. "Soviet Given Names." *Names,* XVI (1968), 95–104.

Davydoff, G., and P. Pauliat. *Précis d'accentuation russe.* Paris, 1959, p. 44.

Deatherage, Melvin E. "Soviet Surnames: A Handbook." Oberammergau, 1962. (Mimeographed)

Forsyth, James. *A Practical Guide to Russian Stress.* Edinburgh and London, 1963, pp. 110–114.

Kiparsky, Valentin. *Der Wortakzent der russischen Schriftsprache.* Heidelberg, 1962, pp. 68–81, 90–92, 264–265.

Narumi, K. *Словник русских имен и фамилий.* Tokyo, 1983.

St. Clair-Sobell, James. "Some Remarks on the Pronunciation of Russian Surnames in the English-Speaking World." *Three Papers in Slavonic Studies.* Vancouver, 1958, pp. 23–34.

──────── and Irina Carlsen. "The Structure of Russian Surnames." *Canadian Slavonic Papers,* IV (1959), 42–60.

Shevelov, George. "The Structure of the Root in Modern Russian." *Slavic and East European Journal,* XV (1957), 106–124.

Stankiewicz, Edward. "The Expression of Affection in Russian Proper Names." *Slavic and East European Journal,* XV (1957), 196–210.

Unbegaun, B. O. "Les Noms de famille du clergé russe." *Revue des études slaves,* XX (1942), 41–62.

──────── . *Russian Surnames.* Oxford, 1972.

──────── . "Structure des noms de famille russe." *Troisième Congrès International de Toponymie et d'Anthroponymie: Actes et Mémoires.* Louvain, 1951, pp. 433–436.

Vaşcenko, Victor. *Nume de familie şi prenume ruseşti: Dicţionar invers.* Bucharest, 1975.

──────── . О морфемной структуре русских фамилий. *Romanoslavica,* XVI, 1968, стр. 137–160.

Аванесов, Р. И. Русское литературное произношение. Изд. второе. Москва, 1954, стр. 144–148.

Агеенко, ф. Л., и М. В. Зарва. Словарь ударений для работников радио и телевидения. Москва, 1984.

Академия наук СССР. Грамматика русского языка. Москва, 1960, I, стр. 138–139, 180, 222, 300.

Большая советская энциклопедия. Изд. второе. Москва, 1949–1958.

Былинский, К. И. Словарь ударений. Москва, 1960.

Виноградов, В. В. Русский язык. Москва-Ленинград, 1947, стр. 80–81, 196–197.

Добромыслов, В. А., и Д. Э. Розенталь. Трудные вопросы грамматики и правописания. Изд. второе. Москва, 1958, стр. 8, 51–52, 111.

Ицкович, В. А. Ударение в личных именах и отчествах в русском языке. "Русский язык в школе," 1961, No. 6, стр. 18–19.

———. Ударение в фамилиях в русском языке. "Вопросы культуры речи, " 1963, стр. 53–65.

Калакуцкая, Л. П. Склонение фамилий и личных имен в русском литературном языке. Москва, 1984.

Левченко, С. Ф. Словарь собственных имен людей. Изд. второе. Киев, 1961.

Малая советская энциклопедия. Изд. третье. Москва, 1958–1960.

Митрофанова, О. Д. Об эмоционально-оценочных личных собственных именах в современном русском языке. *Jezyk rosyjski,* XII (1959), vi, 6–14.

Петровский, Н. А. Словарь русских личных имен. Москва, 1966.

Селищев, А. М. Происхождение русских фамилий, личных имен и прозвищ. "Ученые записки Московского университета. Труды кафедры русского языка," 1948, выпуск 128, стр. 128–152.

Список абонентов московской городской телефонной сети. Москва, 1960, стр. 211–847.

Суперанская, А. В. Грамматические наблюдения над именами собственными. "Вопросы языкознания," 1957, No. 4, стр. 79–82.

———. Русская форма иноязычных личных женских имен. "Вопросы культуры речи," выпуск III, 1961, стр. 150–153.

———. Ударение в собственных именах в современном русском языке. Москва, 1966.

Угрюмов, А. А. Русские имена. Вологда, 1962.

Успенский. Л. В. Ты и твое имя. Ленинград, 1960.

Чернышев, В. И. Русские уменьшительно-ласкательные личные имена. "Русский язык в школе," 1947, No. 4, стр. 20–27.

Чичагов, В. К. Из истории русских имен, отчеств и фамилий. Москва, 1959.